Die Braut des Satans

Im Namen Jesu und im Namen Mariä befehle ich euch, ihr höllischen Geister, weichet von uns (ihnen) und diesem (jenem) Ort und waget nicht wiederzukehren und uns (sie) zu versuchen und uns (ihnen) zu schaden. Jesus! Maria! (3mal) – Heiliger Michael, streite für uns! Heilige Schutzengel, bewahret uns von allen Fallstricken des bösen Feindes!

(Es empfiehlt sich, vor der Lesung oder der Weitergabe des Buches obigen Privatexorzismus zu beten, unter Anwendung des Kreuzzeichens – wenn möglich – mit Weihwasser)

CLOTHILDE BERSONE

DIE BRAUT DES SATANS

Roman

Frei nach dem Französischen herausgegeben
von Michael Galeatus

KRAL VERLAG

Die erste deutschsprachige Ausgabe erschien 1931 in der Verlagsanstalt und Druckerei Albert Angerer in Waldsassen, die fast unverändert in die vorliegende Ausgabe übernommen wurde.

Die Abbildungen hat freundlicherweise das Bildarchiv des Süddeutschen Verlages, München, zur Verfügung gestellt.

Die Deutsche Bibliothek - CIP-Einheitsaufnahme

Bersone, Clothilde:
Die Braut des Satans: Roman / Clothilde Bersone. Frei nach dem Franz. hrsg. von Michael Galeatus. – Abensberg: Kral, 1993
ISBN 3-87442-049-3

Umschlaggestaltung: GrafikDesign Alexander Willweber, München
Gesamtherstellung: J. Kral Verlagsdruckerei GmbH, 93326 Abensberg
Printed in Germany
ISBN 3-87442-049-3

Inhalt

Vorwort

Dieser Roman ist fast Seite für Seite den unveröffentlichten Lebenserinnerungen von Clothilde Bersone entnommen, die zu Paris in den Jahren 1877-1880 die Geliebte des James A. Garfield war, welcher 1880 zum Präsidenten der Vereinigten Staaten gewählt wurde und 1881 einem Attentat zum Opfer fiel.

Garfield war damals in tiefster Verborgenheit das Haupt der Hohen Loge der Illuminierten Frankreichs, deren Mitglied – nach ihren Lebenserinnerungen – Clothilde Bersone unter dem Namen „Nymphe der Nacht" war, und zwar zuerst als sogenannte Aufgenommene, dann als Eingeweihte und Erleuchtete und schließlich als souveräne Großmeisterin, als welche sie vom Geist selbst erwählt wurde.

Irgendwo in einer Klosterbibliothek liegt ein doppeltes, authentisches Manuskript dieser Lebenserinnerungen aus dem Jahr 1885. Dieses wurde gewissenhaft abgeschrieben und von dem kürzlich erst verstorbenen Jesuitenpater X. mit kritischen und sehr treffenden Randbemerkungen versehen.

Warum hat man dieses Material zu einem Roman verarbeitet? Es war unmöglich, die volle geschichtliche Verantwortung zu übernehmen für alle die schweren Anschuldigungen – seien sie nun wahr oder falsch –, welche die Verfasserin nicht nur gegen die führenden Persönlichkeiten der Dritten Republik, sondern auch gegen die bekanntesten Führer der Opposition schleudert.

In einer kritischen Ausgabe hätten wir alle diese Namen erwähnen und belasten müssen. So aber haben wir uns bemüht, in diesem Roman so wenig Namen wie nur möglich zu nennen und sie aller persönlichen Charakteristik zu entkleiden. Selbst die Namen eines Grévy, Ferry, de Lanessan, Tirard und anderer weniger Bekannter, die wir zufällig beibehalten und hinsichtlich deren Orthographie wir oft die Phantasie haben walten lassen, sollen unter diesen Umständen nicht buchstäblich verstanden werden, als ob damit dem persönlichen Ruf dieser Männer des öffentlichen Lebens im geringsten geschadet werden soll. Man betrachte sie lediglich als Schicksalsnamen, anstelle von Pseudonymen. Man sehe in ihnen Gestalten, die notgedrungen auftreten müssen; handelt es sich doch um einen abgeschlossenen, noch nicht allzu fern von uns liegenden Zeitabschnitt, in dem gewisse bekannte Persönlichkeiten des öffentlichen Lebens aufgetreten waren, die nun in diesen Lebenserinnerungen nicht als Privatpersonen, sondern als Vertreter einer bestimmten Richtung angeklagt werden.

Wenn man aber durchaus nicht zugeben will, daß dies Tatsachen der Vergangenheit sind, so betrachte man sie eben als solche der Gegenwart.

Was wir mit diesem Buch erzielen wollten, ist in der Tat dieses: Seit 1871 wird Frankreich von einer geheimen Macht beherrscht, die den Großorient und die Großloge nur als Werkzeug benutzt. Kurz gesagt:

Satan ist der wahre Herr Frankreichs. Auf Wunsch Satans soll die III. Republik die Internationale der Freimaurerei zur Herrschaft bringen. Diese Republik ist die wahre „Braut des Satans". Dies zu zeigen, ist der Sinn und das Ziel dieses Werkes. Wir leben nicht mehr in einer *Demokratie,* sondern in einer *Dämokratie,* um einen Ausspruch Msgr. Gouthe-Soulards zu gebrauchen.

Über den Inhalt des Buches möge das Publikum selbst sein Urteil fällen.

Zum Schluß möchten wir bemerken, daß die Lebenserinnerungen einer vom Teufel besessenen Dirne trotz all der von uns bei der Veröffentlichung angewandten Vorsicht nur in die Hände gebildeter und reifer Menschen gelangen sollten.

Samstag, den 29. September 1928, am Fest des heiligen Erzengels Michael.

Erster Teil

Die Große Ottomanische Loge der Illuminierten

1. Das geheimnisvolle Klingelwerk

Es war in Konstantinopel Mitte Dezember 1874, als mein Vater und ich gegen 10 Uhr abends uns in selten angeregter und freundschaftlicher Unterhaltung befanden. Voller Freude fühlte ich, daß unsere Liebe, nach der ich mich bisher so sehr gesehnt hatte, wärmer und inniger geworden war. Ich war 18 Jahre alt und wußte, daß ich sehr schön, ja verhängnisvoll schön war. Ich war sehr klug, aber meine Lebensverhältnisse standen meinen ehrgeizigen Plänen hemmend im Weg. Nur ein wenig Zärtlichkeit hätte mir in Ermangelung anderer Freuden genügt, um mein Leben erfreulich zu gestalten und meine überschwengliche Natur und mein maßloses Temperament, das gleich einem gefangenen Vögelchen in der Hand eines Kindes um sich schlug, zu befriedigen. Meinem leidenschaftlichen, verzehrenden Bedürfnis nach Anhänglichkeit entsprach weder meine glaubenslose Erziehung im Kolleg noch die kalte und lieblose, immer einen gewissen Abstand wahrende Fürsorge meiner Mutter. So lebte ich – ganz meinem Hochmut hingegeben – in allerlei bitteren Gefühlen, die sich immer wieder bis zum Haß und zu schrecklichen Rachegelüsten gegen meine Umgebung steigerten.

Würde es meinem Vater, mit dem ich eben erst zusammengetroffen war, gelingen, diesen Abgrund, der meine Seele zu verschlingen drohte, zu überbrücken? Er bemühte sich sichtlich, freundlich, ja lieb zu sein, und ich suchte im Lauf unserer angeregten Unterhaltung herauszubekommen, ob er wirklich meine Liebe um meiner selbst oder um einer anderen, fremden Rivalin willen gewinnen wollte. Da meine kindliche Gesinnung meinem Vater gegenüber schon recht matt und abgeschwächt war, stand sie dieser wenig ehrerbietigen Überlegung keineswegs im Weg. Allzulange hatte ich in Italien unter meiner Mutter leiden müssen. Sie grollte meinem Vater, weil er sie verlassen hatte, und übertrug unglaublicherweise diesen Groll auch auf mich. Dadurch hatte sie mir die Fähigkeit der vertrauensvollen Hingabe, die den kleinen Kindern eine Quelle so vieler Freuden ist, genommen. Am heutigen Tag nun schien mir in meiner jugendlichen Begeisterung das Ende dieser Prüfungen gekommen zu sein und eine Zeit voller Lust und Freude anzubrechen.

Ach, wie hätte ich diesen Mann lieben mögen, mit aller Achtung, Einfachheit und blinder Hingabe einer wahren Tochter! In meinem bisherigen Dasein, dessen Himmel ohne Gott und dessen Jugend ohne Mutter gewesen, wäre ein geliebter Vater gleichsam die beruhigende Erfüllung aller meiner Wünsche gewesen! Vater! Ach wenn doch dieser Name endlich hätte von meinen Lippen kommen können, wenn ich doch vor ihm hätte knien, meine Hände in die seinen legen und meinen Kopf an seine Schulter lehnen können! Wieviele schlechte Träume wären da vergangen, wieviele Gefahren, Verirrungen und künftige Sünden wären nicht möglich gewesen! Für mich war dieser Name Erlösung und Heilsbotschaft zugleich.

Irgend etwas Schweres lastete auf unserer Unterhaltung. Es herrschte ein gewisses feierliches Etwas, das vertrauliche Mitteilungen verhinderte und auf Ausbrüche fröhlicher Stimmung drückendes Schweigen folgen ließ.

Meinem Vater war meine seelische Überreizung, der ich im Lauf unseres Gesprächs verfallen war, nicht entgangen, und er war sich wohl bewußt, daß sich zwischen uns beiden ein stilles Drama abspielte. Zwei- oder dreimal war er schon daran, verwirrt und auch verliebt, das entscheidungsvolle Wort zu sagen, das uns beide für immer aneinander ketten würde. Aber es fehlte uns zu einer wirklichen Vertrautheit jene Offenheit und Aufgeschlossenheit der Herzen, die die Frucht eines langen Zusammenseins ist. Uns beide bedrückten zu viele Sünden der Vergangenheit und zu viele verschwiegene Dinge; ein geheimnisvolles Verhängnis lastete auf unserer Aussprache, es fehlte nämlich jener unsichtbare Segen, der die Geschicke der Familien begleitet, die nach dem Herzen Gottes leben. Ein feindliches Auge und ein feindlicher Wille schien uns zu verfolgen. Mein Herz war eben daran, sich aufzutun. Ich sah eine Träne in den Augen meines Vaters schimmern, als ich ihn an die vielen Jahre erinnerte, die ich fern von ihm zubrachte, ohne von ihm auch nur ein Zeichen der Fürsorge und Liebe zu empfangen. „Verzeih mir, Clothilde, verzeih mir tausendmal“, begann er gerade zu sagen: Verzeihung, dieses große Wort der Wiedergutmachung!

Plötzlich ertönte in der Wandtäfelung ein merkwürdiges dumpfes Klingeln, das kaum wahrnehmbar, aber doch im ganzen Gemach zu hören war. Es war ein elektrischer Anruf, der von regelmäßig folgenden Schlägen unterbrochen war, die an die Morsezeichen des Telegraphen erinnerten; zuerst sieben, dann drei, dann ein Schlag: 7 und 3 und 1. Neugierig wandte ich den Kopf und horchte auf. Mein Vater erhob sich etwas verlegen von seinem Stuhl.

„Was ist das?“ fragte ich ihn.

„O nichts, ein Anruf der Gesandtschaft. Wahrscheinlich ist soeben eine diplomatische Nachricht eingetroffen, die ich sofort entziffern muß. Ich muß dich jetzt verlassen, mein Kind. Gehe ganz unbesorgt schlafen, du bist hier in guter Hut. Auf Wiedersehen morgen früh!“

Er sah wohl ein, daß er mich nicht täuschen konnte. Schon öfters hatte er mich des Abends rasch verlassen, besonders freitags, und war erst spät in der Nacht heimgekehrt. Ich vermutete, daß irgendeine Liebschaft dahinter steckte. Ich litt weniger darunter, weil ich das etwa für Sünde gehalten hätte, als aus brennender Eifersucht. Mein Hochmut duldete es nicht, daß irgendeine andere neben mir herrschen sollte, und es war mir unerträglich, daß die Meinen irgendein Geheimnis vor mir hatten.

Es war für mich ein empfindlicher Schlag, daß mein Vater durch jene ihn ganz beherrschende Verbindung rücksichtslos von meiner Seite gerissen wurde, wenn ich mich mit ihm aussprechen wollte. Heftig erhob ich mich und versperrte ihm den Weg.

„Du wirst jetzt nicht von mir gehen. Ich glaube nicht an die Geschichte mit der Gesandtschaft; dein Büro ist jetzt geschlossen, du kannst es leicht, ohne mich zu verlassen, anderweitig erreichen. Dies ist hier ein ganz anderes, außergewöhnliches Zeichen. Ich möchte wissen, wer es wagt, dich mir auf diese Weise zu entziehen. Ich habe ein Recht auf eine überzeugende Erklärung!"

Mein Vater war in größter Verlegenheit und versuchte nicht mehr, mich zu überreden. „Es ist sinnlos von dir, ich versichere dir! Ich verbitte mir jeden weiteren Auftritt. Ich muß jetzt gehen, laß mich!"

„Nein und abermals nein! Ich bitte dich um die besondere Gunst, Papa, heute abend bei mir zu bleiben, denn es handelt sich bei mir um alles, um mich, um mein Herz, um mein ganzes Leben! Wir waren doch gerade daran, uns für immer zu verstehen. Laß daher deinen heutigen Ausgang. Hier, nimm Papier und Umschlag und schreib ein Wort der Entschuldigung. Halte dich doch bitte unter allen Umständen heute für mich frei. Sag, ich sei krank, aber verlaß mich jetzt nicht!"

„Um diese Stunde finde ich niemand, der den Brief besorgen könnte."

„Gut, dann gehe ich mit dir!"

„Das ist unmöglich!"

„Es ist alles andere möglich, nur das nicht, was du vorhast. Du kennst mich noch nicht!"

„O, Clothilde, ich kenne dich besser, als du denkst."

Mein Widerstand hatte ihn sehr aufgebracht. Zornig blickten wir uns an. Er wollte unter allen Umständen loskommen. Eine unheimliche Angst sprach aus seinen Zügen. Schließlich brach er in ein sardonisches Lachen aus: „Schön bist du, daß du einen Engel zu Fall bringen könntest. Nimm dich in acht, Clothilde!"

Heftig stieß er mich zurück, ich strauchelte und fiel zu Boden. Rasch öffnete er die Tür, schlüpfte hinaus und schloß sie zweimal hinter sich ab. Ich hörte, wie er im Gang davon lief und rasch die Treppe hinunter eilte. Als ich mich endlich ganz betäubt erhob, war nicht mehr daran zu denken, ihn einzuholen. Ich war bis zu seiner Rückkehr gefangen.

2. Stürmische Erklärungen

Welch furchtbare Nacht verbrachte ich ganz allein mit meinen schmerzlichen Gedanken! Immer und immer wieder lief ich zum Balkon und suchte die Nacht mit meinen Blicken zu durchdringen. Es war nicht möglich. Die Etage war zu hoch, die Straße zu finster. Ich konnte nicht feststellen, ob mein Vater das Haus wirklich verlassen und wohin er sich gewandt hatte. Wiederholt trat an mich die Versuchung heran, mich hinunter zu stürzen, damit er bei seiner Rückkehr nur noch meinen Leichnam vorfände. Aber liebte er mich denn so sehr, daß mein Tod eine wirkliche Strafe für ihn sein würde? Lebend wollte ich mich an seinem Schmerz weiden, und die Rache ist, wie man bei uns zu Lande sagt, ein Gericht, das man kalt ißt. Es hieß also warten, warten um jeden Preis, um den Dolchstoß in dieses grausame Herz überlegter zu führen. Tausend niederträchtige Pläne jagten einander in meinem Geist. Zwanzigmal kehrte ich ins Zimmer zurück, warf mich verzweifelt in die Stühle, wälzte mich am Boden, biß mich aus Wut auch in die Hände.

Ich hatte mich schließlich überzeugt, daß der geheimnisvolle Ruf in der Nacht nur vom Haus selbst ausgehen konnte. Ich vermutete eine Liebschaft mit einer Bediensteten, einer Armenierin oder einer Jüdin; und deshalb verließ der elende Vater seine Tochter, die sich so sehr nach seiner Liebe sehnte, in dem Augenblick, wo er für immer sich neu mit ihr verbinden wollte.

Mit all diesen vergifteten Gedanken mischten sich die schlimmsten Erinnerungen aus meinem 18jährigen Dasein, vor allem an ein nie gestilltes Liebesbedürfnis. Mein ganzes Leben entrollte sich vor meinem geistigen Auge.

Das Drama meiner ersten Kindheit in Italien stand vor mir. Ich entstammte einer angesehenen Familie. Die Eltern waren sehr glücklich verheiratet. Da, eines Abends, ähnlich dem heutigen, ein furchtbarer Auftritt zwischen meinen Eltern. Die Gründe waren wohl dieselben wie heute abend. Voller Entsetzen mußte ich alles mitanhören.

Am nächsten Morgen, ich war 3 1/2 Jahre alt, hatte ich keinen Vater mehr. Er war entflohen, und jedermann in meiner Umgebung bemühte sich, ihn mir als etwas Entsetzliches und Brutales zu schildern. Ich möchte sogar sagen, ich hatte keine Mutter mehr; denn sie schien in mir den Mann zu hassen, den sie einst geliebt und dessen bittere Erinnerung ich für sie künftighin war.

Die kleine Clothilde Bersone erlebte nie mehr das Lächeln der Eltern über ihrem Bettchen, das einst für einen Augenblick den innigen Morgen ihres Lebens beschienen hatte. Sie war nur noch der Auswurf der Liebe, die sich nunmehr in Haß gewandelt hatte.

Bald wurde ich für meine Mutter mehr noch als eine ärgerliche Erinnerung: ein Hindernis. Sie träumte ohne Zweifel von einer Wiederverheiratung, und dafür war ich ihr hinderlich. Sie dachte nur noch daran, sich eines lästigen Zeugen zu entledigen. Mit 8 Jahren kam ich in ein großes internationales Institut der Halbinsel. Es war eine Art ultrasozialistisches Kloster, wo meine Erziehung sozusagen vollendet wurde. Unsere Fehler verbesserte man nicht, im Gegenteil, man pflegte sie mehr als unsere guten Eigenschaften. Wohl hütete man unsere Unschuld. Umsomehr stachelte man in uns eine leidenschaftliche Liebe zur Unabhängigkeit von jedem Joch auf. Die wurden am meisten belobt, die sich von jedem Vorurteil und jeder hergebrachten Sitte freimachten. In diesem Erziehungsprogramm gab es keinen Platz für Gott. Er wurde dort weder geliebt noch gehaßt: Er wurde gar nicht beachtet. Von diesem Zeitpunkt an entstand in meinem Herzen jene gähnende Leere, die ich später vergebens durch ein leidenschaftliches Leben, durch irdische Torheiten und Verbrechen auszufüllen suchte. Selbst meine schlimmsten Taten konnten mir nie jenen Abgrund verbergen und das ferne Grollen verhindern, das aus seiner Tiefe emporstieg. Selbst Satan in Person vermochte nicht, ihn zu füllen.

Meine Mutter besuchte mich nur ganz kurz während der Ferien oder hin und wieder an den Besuchstagen. Sie ermüdete mich durch ihr Geschwätz und verschwand immer so schnell wie möglich. Nach der Anschauung der Welt hatte sie ihre Pflicht als Mutter so ungefähr erfüllt; in Wirklichkeit war ich eine Waise. Um mich zu trösten, warf ich mich leidenschaftlich auf das Studium. Mich gelüstete dabei nach den ersten Plätzen und Belobigungen. Ich erlernte fünf oder sechs Sprachen und glänzte in allen Künsten, die in der Gesellschaft gerne gesehen sind.

Mit 17 Jahren hatte ich schon eine Menge Diplome erworben. Ich hatte „alle Bücher gelesen". Durch das Studium von Rousseau und Voltaire und einigen italienischen Philosophen war ich fast ein Freigeist geworden, war beim radikalsten Materialismus angelangt. Das Übernatürliche erschien mir ganz undenkbar. Der Mensch stammte nach meiner Meinung vom Affen ab. Nach seinem Tod würde er in nichts aufgehen. Moral war für mich nur eine gesellschaftliche Übereinkunft, nicht geschaffen für große Seelen.

Mit Unterstützung eines meiner Lehrer hielt ich nach Abschluß meiner Studien in der Stadt einige Vorträge über diese gefährlichen Fragen. Dabei genoß ich den vergiftenden Einfluß des menschlichen Beifalls in vollen Zügen.

Gleich hatte ich erkannt, daß ich auf meine Zuhörer trotz der Brutalität meiner Gedanken einen bezaubernden Einfluß ausübte, den ich auf meine Beredsamkeit zurückführte. War es mein Gesichtsausdruck oder der Klang meiner einnehmenden Stimme? Auf jeden Fall war es meine Jugend, die mehr wirkte als meine Darlegungen oder mein Stil, den ich mit Eifer zu verbessern suchte.

Meine Vorträge wurden bald Stadtgespräch. Daher mußte ich in kurzer Zeit auf sie verzichten, mit Rücksicht auf ein etwaiges

Eingreifen der Polizei oder der kirchlichen Behörden. Dieser Verzicht fiel mir schwer, und ich bewahrte immer die Vorliebe für das öffentliche Auftreten. Ich freute mich der Macht, die das gesprochene Wort auszuüben vermag.

In diesem Zeitpunkt erhielt ich einen Brief meines Vaters. Er war damals der italienischen Gesandtschaft in Konstantinopel zugeteilt und wünschte mich zu sehen. „Mag er doch selbst kommen!" rief ich. Aber meine Mutter war anderer Meinung. Sie war nämlich über meine Vorträge einigermaßen erschreckt und hielt es für gut, mich für einige Monate auf Reisen zu schicken. Sie begleitete mich bis nach Brindisi, wo ich ein Schiff des Österreichischen Lloyd bestieg. Es war eine traurige Reise trotz der Schönheit der Punkte, die wir berührten. Korfu, Piräus, Athen, Saloniki und die Dardanellen eilten an mir wie im Traum vorbei. An allen Gliedern zitternd kam ich in Konstantinopel an. Hatte ich doch meine Mutter mit größerer Abneigung denn je verlassen. Unser Abschied war eisig gewesen. Was würde ich nun hier finden?

Glücklicherweise war der erste Eindruck weniger unangenehm als ich gedacht hatte, weil ich durch das lärmende Drum und Dran der Landung abgelenkt wurde. Mein Vater war von lebhafter Herzlichkeit. Er war mir sofort sympathisch.

Er verstand es sehr gut, mich zu beschäftigen und abzulenken, indem er mich die ersten Tage in die vornehme Gesellschaft einführte. Niemals hatte ich mir meinen Eintritt in die Welt so glanzvoll vorgestellt. Ich fand in meiner Eitelkeit viel Freude daran. Überall gut aufgenommen und gefeiert, lebte ich in einer Art Taumel über meine Erfolge, bis zu jenem verhängnisvollen Abend, wo inmitten des glückverheißenden Zusammenseins die fürchterliche Störung eintrat, von der ich schon sprach.

Welch eine Enttäuschung für mich und welcher Fall aus der Höhe! In meiner überreizten Einbildung übertrieb ich mein Mißgeschick und malte es mir in schwärzesten Farben aus. Als der Morgen anbrach, lag ich im Wohnzimmer ohne Licht im Fieber mit eingesunkenen Augen, aber mein Entschluß stand fest.

Gegen 5 Uhr früh kehrte mein Vater zurück. Er war stark ermüdet und schämte sich seiner Heftigkeit. Zugleich aber schien er zu irgendeinem Entschluß gelangt zu sein. Ich bemerkte, daß er mich neugierig betrachtete, indem er sich den Anschein gab, daß er mich wegen der durchwachten Nacht bedaure.

„Ist nun der Nervenschock vorbei, mein Fräulein? Kannst du nun ernstlich mit mir reden?“ sagte er in scherzendem Ton. Ich gab ihm darauf keine Antwort. Ich stand dabei vor einem Spiegel und tat so, als ob ich meine Frisur in Ordnung bringen müßte. Ich drehte ihm dabei den Rücken zu und beobachtete ihn aufs genaueste durch den Spiegel. Schließlich schwieg auch er.

Mit gekünstelter Ruhe teilte ich ihm nach einiger Zeit meinen Entschluß mit. Da ihm meine Anwesenheit hier in seinem Haus lästig wäre, so würde ich heute abend ins Hotel gehen, um das nächste Schiff zu erwarten, das nach Italien abginge. Er versuchte darauf mit einigen Späßen zu antworten, daß ich nicht wüßte, welche Macht ein Vater in der Türkei über seine Tochter hätte und daß ich mich nicht so vom Bart des Sultans wegschleichen würde.

Mit eiskaltem Ton antwortete ich ihm, daß er kein Türke sei, und ich fragte ihn, ob er etwa wünsche, daß ich der Gesandtschaft seine Äußerung mitteile.

Jetzt konnte er seine Verlegenheit nicht weiter verbergen und lief brummend im Zimmer umher. Schließlich nahm er Platz und sprach:

„Clothilde, es war unrecht von mir, dich gestern abend so zu behandeln, ich bitte dich um Verzeihung. Du bist ja erst 18 Jahre alt, aber dein Verstand und deine Urteilskraft sind schon weiter entwickelt, als es nach deinem Alter der Fall sein sollte. Du hättest sicher meine Gründe verstanden, wenn ich gestern Zeit gehabt hätte, sie dir auseinanderzusetzen. Versuch doch wieder, ganz ruhig zu werden und mich jetzt anzuhören.

Ich gebe zu, mein armes Kind, nur allzu früh bist du durch meine Schuld unglücklich geworden. Mach du mich nicht unglücklich, indem du mich zurückstößt unter dem Vorwand, daß ich dich allzu lange von mir ferngehalten. Du weißt nicht, wie schwer mir diese Trennung wurde und unter wieviel Gewissensbissen ich leiden mußte. Daher bin ich zu allem bereit, um dich von all den schrecklichen Gedanken zu befreien, die dich diese Nacht so geplagt haben."

Er schwieg und betrachtete mich eine Weile schweigend. Ich bewegte mich gar nicht. Er meinte wohl, daß mir nicht beizukommen sei. Ich schwieg aber hauptsächlich aus Neugierde, um zu erfahren, was für eine Entschuldigung er finden würde. Er schüttelte traurig den Kopf:

„Es ist schon hart für mich, Clothilde, daß du von mir wie von einem Verbrecher Rechenschaft verlangst, anstatt dich vertrauensvoll an deinen Vater zu wenden. Begreifst du denn nicht, Unglückliche, daß ich die schrecklichsten Schwüre brechen muß und uns beide den größten Gefahren aussetze, wenn ich deine kindliche Neugierde befriedige. Warum quälst du mich und verlangst von mir Unmögliches?" Hartnäckig schwieg ich. Seine Erzählung hatte mich zunächst gerührt, dann aber meine Wißbegierde aufs neue erregt.

„Du willst es also doch wissen?" rief er in heftigem Ton.

„Ja, sprich!"

„Es sei denn! Der Würfel ist gefallen. Um so schlimmer für mich und vielleicht auch für dich. Es wird einmal eine Zeit kommen, wo du diesen Fehler bereust.

Ich war also erst kurze Zeit in Stanbul, als ein furchtbares Unglück über mich hereinbrach. Um mich in meinem Schmerz zu betäuben, ergab ich mich mit Leidenschaft dem Spiel. So ließ ich mich eines Abends bereden, in ein Spielhaus in Pera zu gehen, wo einige internationale Abenteurer ein Teufelsspiel betrieben. Nachdem ich dem Hauptspiel einen Augenblick zugesehen hatte, setzte ich mich an einen Tisch, wo man nur um einen bescheidenen Einsatz zu spielen schien. Dies war aber nur eine Finte. Kaum hatte ich begonnen, als mir ein gewaltiges Vermögen zu winken schien. Aber das Glück schlug um, und ich verlor 60 000 Lire. Du weißt, daß dies Ehrenschulden sind, die man bezahlen muß. Wo hätte ich eine solche Summe an einem Tag beschaffen können? Etwa beim Diplomatischen Korps? Unmöglich! Einstimmig hätte man dort meinen Leichtsinn verurteilt und meine Laufbahn wäre zerstört gewesen. – Oder bei den Türken? Ich hatte bei diesen keinen Freund, von dem ich einen solchen Dienst hätte verlangen können. Ich war schon entschlossen, mich zu erschießen; ich wollte dir schon meinen letzten Brief schreiben, mein Kind, als sich ein türkischer Besucher meldete und trotz der entgegenlautenden Weisung an meinen Diener mein Zimmer betrat. Mit lächelnder Miene sagte er:

‚Allah und seinem Propheten sei Dank! Sie haben treue Freunde, die gut für Sie sorgen. Mein lieber Freund, Sie haben eine furchtbare Unvorsichtigkeit begangen, aber wir werden Sie nicht im Elend sitzen lassen. Hier sind die 60 000 Lire. Persönlich wäre es mir schwergefallen, sie Ihnen vorzustrecken. Seit heute morgen bin ich auf den Beinen, um diese Summe aufzutreiben.‘

‚Wie soll ich Ihnen diese Summe zurückerstatten?‘

‚Sie bezahlen sie zurück, wann und wie Sie können. Das beste Mittel, diese Schuld zu begleichen, wäre Ihr Eintritt in die Gesellschaft, von der ich Ihnen schon so oft gesprochen.‘“

Und nun berichtete mir mein Vater, daß in Stanbul eine Großloge der Illuminierten des Orients ihren Sitz habe, die selbst sechs anderen souveränen Großlogen angeschlossen sei, welche über die ganze Erde verstreut die gewöhnliche Freimaurerei und die anderen geheimen Gesellschaften leiteten. Der Chef dieser Loge führe den Titel Großorient und hieß damals Allah Verdi, dessen Nachfolger Bou Achmed, der nachmalige Achmed Pascha, wurde.

„Nach einiger Zeit empfing mich Allah Verdi auf das liebenswürdigste. Er ging sogar in seinem Takt so weit, zu behaupten, daß er gar keine Kenntnis von dem Darlehen habe, das man mir gegeben hatte. Der Großmeister selbst habe auch gespielt und zwar auf seine eigene Rechnung. In der Loge seien alle Eingeweihten Brüder und schulden sich gegenseitige Hilfe. – Als ich ihn verließ, war ich sein Anhänger geworden. Ich hatte alle Verpflichtungen auf mich genommen, die er nur wünschen konnte, unter anderem auch die, mich sofort zu jeder Versammlung zu begeben, auf das Zeichen hin, das du, mein Kind, heute Nacht gehört und so mißverstanden hast."

Dieser lange Bericht brachte mir eine gewisse Entspannung, konnte mich aber nicht völlig entwaffnen.

„Du wirst begreifen, Clothilde", begann mein Vater von neuem, „daß ich dir soeben eine ungeheuer schwerwiegende Tatsache anvertraut habe. Meine Logeneide verbieten mir eine solche Mitteilung unter den schwersten Strafen. Andererseits verbietet die selbstherrliche türkische Regierung jede Art von geheimen Gesellschaften, von denen also niemand wissen darf. Auf jeden Fall bedeutet ein Wort deinerseits über meine Mitteilungen für uns beide den Tod oder noch Schlimmeres. Aber ich weiß, Clothilde Bersone, daß du Italienerin bist, und wenn auch eine Frau, so doch imstande, deine Zunge zu hüten. Du wirst das Vertrauen nicht enttäuschen, das ich in dich gesetzt habe."

Ich geruhte, es ihm zu versprechen.

Ich zweifelte nicht, daß der Bericht größtenteils wahr gewesen. Trotzdem kam es mir vor, als ob mein Vater mitunter aus Berechnung spräche. Es schien mir, als ob er eine eingelernte Rolle spiele. Ich blieb also mißtrauisch. Er meinte, es handle sich bei mir nur noch um einige wenige Bedenken von der vergangenen Nacht her, und er erbot sich, um diese zu zerstreuen, mir bei Tag die Loge zu zeigen.

Jetzt war ich wirklich erstaunt. Ich äußerte ihm meine Bedenken, daß wir bei einem solchen indiskreten Besuch überrascht werden könnten. Ich sah gleich, daß er eine solche Störung viel weniger befürchtete, als er sagte: „Ich weiß, zu welcher Stunde das Personal nicht da ist. Wir haben also nichts zu befürchten."

Ich nahm das Anerbieten an, aber sofort bemächtigte sich meiner der Verdacht, daß dieser sogenannte geheime Besuch heute Nacht zwischen meinem Vater und jenen geheimnisvollen

Mitverschworenen verabredet und daß jene angeblich vertraulichen Mitteilungen ihm diktiert worden seien. Kurz gesagt: Ich argwöhnte, es handle sich weniger darum, mir die Loge zu zeigen, um mein Mißtrauen zu zerstreuen, als vielmehr mich der Loge zu überantworten, die von meiner Anwesenheit in Kenntnis gesetzt worden war. Mein Vater hatte sich dann diesem Zwang gefügt, und ich diente ihm nur als Werkzeug für seinen persönlichen Ehrgeiz, oder aber, man hatte ihn so in der Gewalt, daß man alles von ihm verlangen konnte. In dem einen wie in dem andern Fall mußte ich sein Anerbieten ablehnen. Leider war mein Eigendünkel so groß, daß ich mir schmeichelte, das Geheimnis zu ergründen, das für mich wichtiger war als für die Loge, um mich an meinem Vater zu rächen, indem ich seine verbrecherischen Absichten gegen ihn selbst wandte.

Bevor wir uns trennten, fand mein Vater, obwohl unsere Versöhnung eine recht kühle war, noch ein letztes herzliches Wort: „Mein armes Kind, es wäre besser gewesen, du hättest mich nicht gefragt."

Und wieder sprach dasselbe Entsetzen aus ihm wie heute Nacht, als er fortfuhr: „Clothilde, du bist rasend schön – und hochmütig. Ich habe Angst um dich!"

„Was willst du damit sagen, Vater?"

„Du wirst es nur zu bald erfahren!"

Er umarmte mich und verließ mich beinahe ebenso barsch wie in der vergangenen Nacht.

3. Die erste Begegnung mit dem Drachen

Dem Vorschlag meines Vaters legte ich keinen allzu großen Wert bei. Ohne Hast, aber auch ohne Zögern bereitete ich mich auf den Besuch vor. Meine Neugierde und eine innere Macht trieben mich an; ich hätte schwören mögen, daß ich bald mehr über die Sekte der Illuminierten erfahren werde, als mein Vater mir hatte durchblicken lassen.

Ich ließ mich nicht von ihm täuschen, als er mir erklärte, daß es sich nur um eine Gesellschaft von ehrenwerten, unabhängigen, gebildeten Männern handle, die auf ehrenhafte Weise ihre Zeit verbringen wollten.

Meine religiöse Bildung war gleich Null. Ebensowenig wußte ich über die religiösen Bestrebungen der Freimaurer. Wohl hatte ich Silvio Pellico und eine ganze Literatur über die Carbonari gelesen. Ich nahm bestimmt an, daß ein politisches Ziel und geheime Verpflichtungen sich mit dem unschuldigen Programm verbanden, das man nach außen hin vorgab. Wie hätte ich auch die Tiefe des Abgrundes ahnen können, in den mich mein Vater bewußt hinabzog? Trotz allen Zorns der letzten Nacht hätte ich ihn doch nicht für so entartet gehalten.

Es war am 17. Dezember gegen 3 Uhr nachmittags, als ich zum ersten Mal die Großloge der Illuminierten des Orients als einfache Besucherin betrat.

Ich will hier keine lange Beschreibung folgen lassen; denn alle höheren Logen der Welt sind so ziemlich nach dem gleichen Plan gebaut, mögen dabei die äußeren Formen, Ausmaße und besonderen Einzelheiten verschieden sein.

Ich erkannte rasch, daß der Teil, den wir betraten, der allerbedeutungsloseste des ganzen Hauses war. Über und unter uns lagen sicherlich die Gemächer, welche die wahren Geheimnisse bargen und die man nur den Eingeweihten öffnet. Wir betraten einen großen Wartesaal, den man im Orient „Avly" nennt, vielleicht in Erinnerung an die frühere römische Aula. Zur Rechten liegt das schwarze Zimmer, in dem der Kandidat seine Prüfungen bestehen muß, zur Linken ein Ankleideraum, wo die Eingeweihten, nachdem sie im Avly Hut und Mantel abgelegt haben, ihre Schurzfelle, ihren freimaurerischen Schmuck, ihre Toga und andere symbolische Kleidungsstücke anlegen, bevor sie die Loge betreten.

Zwischen dem schwarzen Zimmer und dem Ankleideraum befindet sich ein Vorraum, dessen Türen und Wände gepolstert sind, damit sie kein Geräusch aus dem Sitzungssaal dringen lassen.

„Das sind aber Vorsichtsmaßregeln, damit die Leute hier bei ihren unschuldigen Vergnügungen geschützt sind", sagte ich lachend.

Mein Vater legte den Finger auf die Lippen, um nicht antworten zu müssen. Nun betraten wir die Loge selbst, die auch „Tempel der Freimaurer" heißt.

Es war ein schöner, rechteckiger Saal, von ungewohnter Höhe und mit ausgesuchten Möbeln ausgestattet.

Zwei Meter von der Eingangstüre entfernt stand ein Skelett. Ich mußte lachen, denn ich dachte dabei an einen Kasperlstreich, der große Kinder erschrecken soll. Inmitten der Loge blieb ich vor einem merkwürdigen Tier aus weißem Marmor, das drohend auf einem Sockel lag, wie gebannt stehen. Vergeblich suchte mein Vater, mich davon wegzubringen. Die Vorderpfoten des Tieres zerschmetterten eine Krone, die hinteren eine Tiara. Das Tier hatte sieben Köpfe mit fast menschlichem Aussehen. Mehrere erinnerten an Löwenköpfe, hatten aber unter sich keine Ähnlichkeit miteinander, die übrigen trugen Hörner.Ein merkwürdiges, unbeschreibliches Leben ging von dem Tier aus, dessen vieldeutige Blicke auf mir zu ruhen schienen und mich bannten.

„Dies ist der Drache", sagte mein Vater. „Man nennt ihn hier Idra, das ist die Hydra der Illuminierten."

Fast mit Gewalt mußte er mich von dem Tier wegziehen, dessen unerklärlicher Zauber mich bannte, und ich selbst gestand mir nicht den fremden und plötzlichen Einfluß ein, den dieses Bildnis auf meinen Geist und meine Sinne ausübte. Die Statue war nur ein ganz mittelmäßiges Kunstwerk. Ich selbst war jedem Symbolismus alter Figuren, in denen sich der Aberglaube vergangener Jahrhunderte verkörperte, ganz abhold. Es fehlte mir leider jede Spur von Glauben an das Übernatürliche, sei es göttlicher, sei es teuflischer Art. Ich glaubte weder an Beschwörungen noch an Magie noch an irgendein dem menschlichen Geist fremdes und übergeordnetes Wesen, sei es im Himmel oder in der Hölle – dank der Behauptungen der modernen Wissenschaft.

Und doch war mein Herz wie vom Blitzstrahl einer fremden Macht getroffen, die es wie eine Beute nicht mehr aus den Krallen ließ und in lebendige Ketten schlug, gegen die sich mein Hochmut und mein Unabhängigkeitstrieb vergebens empörte. Von wem und wodurch war ich auf einmal gefesselt, verwirrt und gerührt worden? Eine geheimnisvolle Macht hatte ihre Netze über mich geworfen und mich gefangen.

Ich wußte es nicht und hätte mich schon beim bloßen Gedanken daran empört. Eine Art traumhafte Erstarrung und vertrauliche Berührung hatte sich meiner blitzartig bemächtigt und ließ mich in einen Zustand von Verlorensein im Halbdunkel eines Gaukelspiels sinken.

Ich versuchte den ebenso kalten wie unbeweglichen Marmor des Tieres zu berühren. Mein Vater faßte mich am Arm, als ob ich die Majestät der Gottheit geringschätzig mißachtete.

„Komm!“ stammelte er in größter Nervosität. „Es ist schon mehr als genug!“ Er sah verwirrt aus. Er schien mir wie ein Sieger, der gleichzeitig vom Entsetzen gefaßt ist, als er sagte:

„Ich zweifle nicht, man hat mir gesagt, du, Clothilde Bersone, wirst die erwählte Herrscherin sein, die Königin der Illuminierten, die hoch über deinem Vater und über uns allen steht.“

Er zog mich mit sich fort. Über dem Ungetüm füllte ein gewaltiges Bild die Wand, das zwei Drittel des Hintergrundes im Saal ausmachte. Es war das Bildnis Mazzinis, des höchsten Führers der Carbonari, dann des Rates der vollkommenen Meister, aus dem diese neue Sekte der höheren Illuminierung hervorging, die wiederum alle Maurer niederen Grades beherrschte. Mazzini stand aufrecht da, auf einen ähnlichen Drachen wie der hier im Saal befindliche gestützt. In der Hand hielt er eine Königskrone, deren einzelne Schmuckteile er mit teuflisch grausamem Lachen auszubrechen schien. Zu seinen Füßen lagen Häupter, die mit Kronen oder Mitren geschmückt waren. Was aber vor allem meine Einbildungskraft entzündete, war der Anblick einer hinter den Tribünen stehenden, sozusagen flüßigweißen Frauengestalt, welche Mazzini eine Schale reichte, die mit Blut gefüllt war, während sie in der andern Hand eine Erdkugel hielt, um deren Sockel sich eine Schlange wand.

Mazzini trug die prachtvolle Kleidung des Großorients der Großloge der Illuminierten. Ein Scharlachüberwurf bedeckte einen kurzen Rock aus weißem Flanell und reichte bis zum Ellenbogen und bis zu den Knien. Auf der Brust war er zusammengehalten von einer Sonne mit drei Strahlen. Diese Gewandung war noch bedeckt von einer Toga aus Samt, mit Gold durchwirkt, auf dem Haupt trug er eine dreieckige Krone. Neben ihm auf einem Tischchen befanden sich die verschiedenen symbolischen Werkzeuge der Freimaurerei.

Ein Schauer überlief mich. In dieser Frau, dieser Nymphe, erkannte ich mein Bild wie in einem Spiegel, während die Augen des Drachen Flammen spien, die mich in helle Wolken hüllten. Ich sah meinen Vater an und erwachte wie aus einem schweren Traum. Auch er war ganz fahl.

„Ja", stieß er hervor, „wir hatten schon zwei Nymphen. Sie sind tot. Die Großoriente erwarten die dritte, die nicht sterben, und die im Namen des Drachen sprechen wird."

Ich versuchte zu lachen, doch nur ein hartes Schluchzen entrang sich meiner Kehle: „Laß uns gehen, ich habe Angst!"

Er drückte auf einen Griff, und der Saal wurde in ein Meer von Licht getaucht. Drei Säulen standen je einander gegenüber. Eine siebente stand in der Mitte des Saales. Über dem Stuhl des Präsidenten befand sich ein Elfenbeinkruzifix, dessen Bedeutung mir inmitten dieser Türken und Atheisten ein Rätsel war. Je drei weitere Sitze umgaben auf beiden Seiten den Präsidentenstuhl. Sie standen an einem halbkreisförmigen Tisch. Hinter den Säulen reihten sich wie in einer Schule die Bänke aufeinander, auf denen Tintenfaß, Bleistift, Papier und Federhalter lagen. Darüber befand sich eine Art von Galerie, die in Logen wie im Theater eingeteilt war und deren Bestimmung mir mein Vater freundlichst erklärte. Ich aber war von einer unsagbaren Erschütterung ganz gebrochen. Eine Flut von widersprechenden Gedanken erdrückte mich so, daß ich unfähig war, weiter zuzuhören. Mein Vater mußte mich nach Hause führen, wo ich stumm und zermürbt in einem Zustand ankam, der mehr an Halluzinationen und Geistesgestörtheit grenzte.

4. Gaukeleien und Ausschweifungen

Was war eigentlich geschehen? Nichts und Alles. Ich fühlte, daß mein Los für immer entschieden sei. Und doch hätte ich nicht sagen können warum. Mehr denn je fühlte ich mich entschlossen, Herrin meines sich seltsam weitenden Schicksals zu bleiben.

Unerwartete Perspektiven hatten sich eröffnet, wobei ich mir aber immer einen freien Entschluß wahren wollte. Wenigstens wurden dadurch die Fesseln gesprengt, die mich bis jetzt eingeengt hatten.

Ich träumte davon, all diese geheimnisvollen Dinge zu beherrschen und sie meinen ehrgeizigen Plänen dienstbar zu machen. Durch sie wollte ich die Welt beherrschen, oder wenigstens einen jener Männer, die im geheimen oder öffentlich die Herren der Welt sind.

Entschlossen schüttelte ich die Autosuggestion von mir ab, die mich während des Morgenbesuches in der Loge umfangen hatte. Ich machte mich vor mir selbst lustig über meine Schwächen und Kindereien und nahm mir vor, die Egeria eines neuen Mazzini zu werden mit dem bißchen Klugheit und Geschick, das für eine solche Rolle erforderlich schien.

Mein Vater schien mich ganz zu durchschauen. Er hatte umsonst, selbst noch zu den Füßen des Drachen, zu dem er mich geführt hatte, die Komödie besorgter Zärtlichkeit vorzutäuschen gesucht. Er wußte viel mehr, als er mir gesagt hatte, und spielte nur die Rolle des Vermittlers einer höheren Macht. Entweder mußte er aus gemeiner Furcht oder aus niedriger Berechnung als untergeordnetes Organ so handeln. In dem einen wie in dem andern Fall, welch elende Gesinnung? Unter was für niederträchtigen Gesichtspunkten opfert man nicht die Liebe eines eben erst wiedergefundenen Kindes.

Ich haßte ihn jetzt weniger, nachdem meine furchtbare Erregung von der Nacht sich etwas gelegt hatte; aber ich verachtete ihn jetzt um so mehr. Ein tiefer, unüberwindlicher Ekel entfremdete ihn mir vollständig, wie mich bisher schon eine namenlose Trockenheit von meiner selbstsüchtigen, geizigen Mutter fernhielt. Dieser Spieler und Verschwender galt mir nichts mehr. Durch ihn also würde ich bis zum Gipfel meiner Macht gelangen, ohne daß er selbst dabei einen Vorteil für sich gewinnen wird. Das sollte meine Rache sein!

Als wir uns wieder trafen, sprach ich zu ihm wie eine gekränkte Königin, die ihm Befehle erteilt:

„Wie kann ich einer Logensitzung beiwohnen, ohne gesehen zu werden?“

„Das ist ganz unmöglich!“

„Ich will es trotzdem, koste es, was es wolle!“

Er überlegte einen Augenblick: „Gut, es gibt hierfür nur ein Mittel. Ich werde den Großorient um seine Genehmigung bitten.“ Ich bemerkte in seinen Augen ein ironisches Lächeln. „Es wird dir sehr merkwürdig vorkommen. Du wirst niemanden erkennen, und niemand wird dich erkennen.“

Ich merkte gleich, daß er log. War es nun, weil man meinen Wunsch schon vorhersah und die Antwort des Großorients schon im voraus ausgemacht hatte? Auf jeden Fall ließ die Antwort nicht auf sich warten.

Vor der öffentlichen Sitzung wollte mich Achmed Pascha sehen. Von neuen Hoffnungen beseelt, stimmte ich sogleich zu. Wie sehr sollte ich enttäuscht werden!

Der alte Achmed Kaiserli Pascha sah trotz seiner 80 Jahre noch vornehm aus und empfing mich wie eine ausländische Prinzessin. Er zeigte mir sein ganzes, mit ausgesuchter orientalischer Pracht ausgestattetes Palais. Wir kamen sogar bis zu seinem Serail, wo diesem Greis 300 Frauen, teils Freie, teils Sklavinnen, zur Verfügung standen.

Bei Tisch war er die Liebenswürdigkeit und Rücksicht selbst. Nie hätte ich in ihm den unerbittlichen Feldherrn, den Sieger über die Russen vermutet, oder gar den fanatischen Parteimann, der im kommenden Jahr den Sultan Abdul Azis absetzte und vielleicht sogar ermorden ließ.

Wir saßen im Rauchzimmer. Seine Unterhaltungsgabe und sein Mienenspiel wurden mir bald unangenehm. Er setzte eine unveränderliche Miene auf, die sehr gut sein scharfes Profil und seine ausgeprägten Gesichtszüge unter dem Turban zur Geltung brachte. Seine Augen aber leuchteten verschmitzt und boshaft. Er war sicher sehr grausam und gerissen.

Im Lauf unseres Gesprächs lobte er meinen Geist, meine Bildung und meine Talente. Er bestätigte mir – was mir schon mein Vater mitgeteilt hatte –, daß die Großlogen der Illuminierten nur ausnahmsweise und auf höhere Weisung Frauen aufnehmen würden. Zwei seien schon Mitglieder der Loge gewesen, sie hätten ihr aber nicht viel Ehre gemacht, aber man erwarte große Dinge von einer Dritten, deren Wahl unmittelbar bevorstände. Er zweifle nicht, daß ich diese erwählte und besonders gesegnete Frau sei. Überdies spräche er nicht im eigenen Interesse, wohl wissend, daß ich, selbst wenn ich in die Loge von Stanbul eintreten würde, berufen wäre, eine größere Rolle auf einer bedeutenderen Bühne zu spielen. Um jede seiner Lobeserhebungen noch besonders zu unterstreichen, überbot er sich in den ausgesuchtesten Schmeicheleien.

Da ich bis jetzt nichts gesagt hatte, grüßte er mich als Freimaurer und erklärte, ich gehöre schon, bevor ich alle ihre Prüfungen abgelegt hätte, zu ihnen, da eine mächtige Schutzmacht sich meiner angenommen habe.

Ich fragte mich, was für eine Schutzmacht das sein könnte. Da ich aus ihm und aus meinem Vater nichts weiter herausbringen konnte, war ich über beide äußerst aufgebracht. Trotz aller ihrer Bemühungen ging ich auf nichts ein und entschloß mich, die berühmte Sitzung, die am 22. Januar 1875 stattfinden sollte, abzuwarten.

Umsonst versuchte mein Vater, mich zu bewegen, auf die Anerbietungen Achmed Paschas einzugehen. Da warf mein Vater die Maske ab und enthüllte mir endlich seine unehrbaren Pläne: „Du handelst unrecht, meine Tochter“, wiederholte er immer wieder, „früher oder später wirst du schließlich doch zustimmen; denn niemand entgeht dem Geschick, das die Mächte ihm einmal bestimmt haben. Wenn du jetzt gleich Mitglied unserer Loge wirst, so erwirbst du mir die Gunst des Bou Achmed, der sehr geschmeichelt sein wird, weil er den übrigen Orienten eine solche Kraft gesichert hat. Unsere Brüder sind überall sehr zahlreich und mächtig. Vielleicht werde ich in meiner Gesandtschaft befördert werden. Wer weiß! Man schickt mich vielleicht dahin, wo du willst, und du bleibst dann immer der gute Schutzgeist meiner Laufbahn.“

Ich ersuchte ihn, mich in Ruhe zu lassen. Er schwieg und wurde klein wie ein geprügelter Hund. Aber ich erriet, daß er sich viel von der nächsten Versammlung versprach, um meinen letzten Widerstand brechen zu können. Ich war jetzt für ihn der beste Trumpf seines ganzen Lebens. Ich hätte ihn am liebsten verprügelt.

Am Morgen vor der Versammlung gab es zwischen uns beiden einen heftigen Auftritt. Für die Sitzung hatte ich ein elegantes, aber einfaches schwarzes Samtkleid gewählt, mit einem dazu passenden Schmuck. Plötzlich erschien ein Bote von Achmed Pascha und übergab mir eine Diamantenkette von hohem Wert. Ich wollte dieses allzureiche Geschenk ablehnen, wenngleich mir diese ritterliche Handlung eigentlich gefiel. Mein Vater hingegen fand dies ganz in der Ordnung. Er erklärte mir, daß die hochgestellten Persönlichkeiten im Orient sich so gegen Fremde verhalten, und in der Tat bestätigten mir einige andere Geschenke, die ich später von der Frau des portugiesischen Gesandten und vom Marquis Spagnolini erhielt, daß dieser Brauch in manchen Gesellschaftskreisen üblich ist.

An diesem Tag aber kam mir das Geschenk wie ein Hohn vor. Ich machte meinem Vater lebhafte Vorwürfe, daß er die Ehre seiner Tochter im voraus an jeden Geschenkgeber verkaufe. Er antwortete hierauf nichts, da er sich wohl nicht mehr mit mir herumstreiten wollte und ernstlich bestrebt war zu vermeiden, daß ich die gewünschte Einladung im letzten Augenblick ablehnen würde. Wohl oder übel mußte ich entweder der Sitzung mit diesen Diamanten geschmückt beiwohnen oder überhaupt nicht kommen. Ich entschied mich endlich ziemlich spät am Abend, doch hinzugehen. Die Diamanten brannten mir aber auf der Schulter wie heißes Eisen.

Um 11 Uhr betrat ich mit meinem Vater die Loge. Die unteren Bänke waren schon besetzt, die oberen Logen überfüllt. Von den sieben Sesseln der höchsten Eingeweihten waren sechs besetzt, nur der Großorient war nicht zugegen. Ich achtete zunächst nicht darauf. Sofort hatte mich eine sonderbare Angst gepackt, und ich war ganz außer mir, trotz meines festen Entschlusses, mich über nichts zu wundern.

Keiner der Anwesenden zeigte sein menschliches Antlitz, sondern alle trugen als Masken Pferdeköpfe in verschiedenen Farben. Es war dies ein geheimnisvoller Brauch dieser Sekte, wie ich später erfuhr. Die Köpfe kamen mir wie beseelt und lebend vor. Diese Maskerade stieß mich aber mehr ab, als sie mich zu interessieren vermochte.

Ganz leise fragte ich meinen Vater nach dem Grund hierfür. Er antwortete mir ausweichend. Ich hätte doch gewünscht, nicht erkannt zu werden und auch die Regel der Loge schreibe vor, daß niemand in einer Vollsitzung erkannt werden dürfe. Daher diese Pferdemaske.

Seine Worte überzeugten mich gar nicht. Ich sah meinen Vater im natürlichen Zustand und mich selber betrachtete ich in meinem Taschenspiegel. Ich allein wurde also von allen gesehen. Ich selbst aber sah nichts. Diese neue Täuschung empörte mich.

„Wo ist Achmed Pascha?“ fragte ich. „Warum ist er nicht da?“

„Sicherlich beschäftigen ihn große Aufgaben im Dienst der

Hohen Pforte", erwiderte mein Vater in wachsender Verlegenheit.

„Ich bedaure das sehr", antwortete ich fast laut, „wenn man jemand zu einem Fest eingeladen hat, geht man selbst hin. Überdies sieht dieser Herr ja so die Diamanten gar nicht, die er mir schicken ließ."

Mein Vater faßte mich entsetzt am Arm, indem er mir rasch meinen Fächer vor den Mund hielt. Der Saal hatte nämlich eine sehr gute Akustik, so daß die Stenographen in ihrem Verschlag unsere leisesten Worte hören konnten. Zum Glück füllte jetzt gerade der Lärm anderer Stimmen den Raum. Über mir hielten verschiedene Redner inhaltsleere und großsprecherische Reden über die Interessen der Völker und die Pflichten der Regierenden.

Da entdeckte ich in der Loge uns gegenüber einen Unbekannten mit Pferdekopf, der mich unausgesetzt betrachtete und instinktiv erriet ich, daß es Achmed Pascha sei, der mich genau beobachten wollte, ohne selbst gesehen zu werden. Später erhielt ich die Bestätigung für diese Vermutung.

Als die Sitzung beendet war, erhielt ich um drei Uhr in der Früh im Avly von seiner Hand eine Einladung zum Dinner, das gleich eingenommen werden sollte.

Meine Prüfung schien befriedigt zu haben, und ich nahm das Anerbieten an, entschlossen, die traurige Erfahrung dieses Tages bis zum Ende durchzukosten.

Ich stieg mit meinem Vater in einen unterirdischen Raum, der sich unter der Loge befand. Hier trug niemand mehr einen Pferdekopf. Achmed Pascha begrüßte mich lächelnd. An seiner Seite nahm ich Platz.

Wir waren bei Tisch nur zu sechst, und die Veranstaltung trug den Charakter eines Festes in bester Gesellschaft. Allerdings sprach man dem Wein etwas stark zu. Um 6 Uhr morgens trank man immer noch, entgegen allen Vorschriften des Korans. Achmed Pascha war völlig betrunken und allmählich artete das Fest in eine Orgie aus. Unqualifizierte Vorschläge wurden gemacht und ich sah, wie man in einem Nebenraum die Vorbereitungen für eine andere Ausschweifung traf.

Entsetzt gab ich meinem Vater, der glücklicherweise nüchtern geblieben war, ein Zeichen; ich konnte mich, ohne Abschied zu nehmen, entfernen. Unterwegs sagte ich nichts über all das, was ich gesehen hatte.

Meines Vaters Freunde hatten wirklich alle Grenzen des Anstandes überschritten, und er selbst konnte nicht mehr glauben, daß mir die niedere Gesinnung dieser Kreise, denen er mich zuführen wollte, verborgen blieb.

In meinem Zimmer angelangt, warf ich erleichtert mein Paradegewand und den Schmuck, der mir die Schamröte ins Gesicht trieb, von mir. Ich warf mich auf ein Sofa, um nachzudenken und ein wenig auszuruhen.

Der Duft der türkischen Wasserpfeifen, der immer noch an mir haftete, war mir allmählich lästig in den Kopf gestiegen, und ich öffnete ein Fenster, um die frische Morgenluft einzuatmen. Sind das jene mächtigen Männer, die eine höhere Weisheit suchen, fragte ich mich. Trotzdem setzen sie ihr Leben aufs Spiel und unterziehen sich den schlimmsten Torturen, um sich unedlen und törichten Vergnügungen hinzugeben. Welches Geheimnis birgt wohl diese gemeine Posse, die sie untereinander aufführen? Glauben sie denn, mich so hinters Licht führen zu können?

Nein! Ich werde nicht in diese Gesellschaft von Schwachköpfen und Lebemännern eintreten. Wenn ich mich jemals einem Geheimverband anschließe, so müssen seine Mitglieder ernst und charakterfest sein.

Die Menschen hatten meine Erwartungen enttäuscht. Aber leider lauerte über ihnen eine Macht, die mich nicht mehr losließ.

5. Die Folterkammer

Erst gegen 10 Uhr zeigte sich mein Vater. Er erkundigte sich im gleichgültigsten Ton, ob ich nicht zu müde sei. Offenbar hatte er erraten, daß die Gaukeleien dieser Nacht, weit entfernt, meinen letzten Widerstand zu brechen, mich vielmehr in meinem Entschluß befestigt hatten, nichts mehr von Achmed Pascha oder der Loge der Illuminierten im Orient zu erbitten oder anzunehmen. Sein schöner Traum, befördert zu werden, zerrann, und er verließ mich sofort wieder in der Sorge, den persönlichen Schaden, den mein Verhalten ihm zufügen könnte, möglichst zu verhindern. Ich sah ihn den ganzen Tag nicht mehr. Auch die nächsten Tage sah ich ihn fast gar nicht. Er hatte sich von neuem einem zügellosen Leben oder der Sorge um sein Fortkommen hingegeben. Ich interessierte ihn gar nicht mehr, da ich ihm keinen Vorteil brachte. Er war sogar gekränkt, daß ich ihm so schlechte Dienste erwies.

Nach außen hin deutete nichts darauf hin, daß ich in Ungnade gefallen sei. Im Gegenteil! Die Einladungen in der guten Gesellschaft häuften sich, und ich lebte in einem Taumel von Festen und Huldigungen, während mein Herz von neuem unter einer furchtbaren Leere litt.

Von Bou Achmed erfuhr ich nichts mehr. Trotzdem mußte ich immerfort an die Loge denken. Wenn mich auch die Schlußorgie abgestoßen und der ganze Mummenschanz bei der Sitzung kalt gelassen hatte, so plagte mich doch die Neugierde, zu erfahren, was hinter all dem steckte. Umsonst suchte ich hierfür eine natürliche, befriedigende Erklärung zu finden.

Ich brachte meine Gedanken nicht mehr los von der siebenköpfigen Schlange, vom Drachen aus weißem Marmor in der stillen Loge, von der goldhaarigen Nymphe, auch nicht vom Bild Mazzinis. Eines Abends erzählte mir mein Vater etwas verlegen, daß er einige persönliche Vorkehrungen in der Loge zu treffen habe, und er fragte mich, ob ich ihn nicht dahin begleiten wolle, um eine Fahne dort auszubessern, eine Arbeit, worauf er sich nicht verstehe. Einen Augenblick zögerte ich mit der Antwort. Die Erinnerung an jenen geheimnisvollen Raum war mir peinlich, und ich befürchtete einen neuen Anschlag auf mich. Zu gleicher Zeit aber wollte ich in meinem Hochmut nicht ängstlich erscheinen.

„Gut", sagte ich, „gehen wir!"

Wir stiegen bis zu dem Gemach herab, wo wir die Nacht gespeist hatten, und ich ließ mich dort nieder, um die mir aufgetragene Arbeit zu beginnen.

Als ich zu nähen begonnen hatte, bemerkte ich, daß mein Vater vorsichtig eine geheime Tür hinter mir öffnete, nachdem er sich überzeugt hatte, daß ich ganz in meine Arbeit vertieft war.

„Fürchte dich nicht, ich komme gleich wieder."

„Gut", antwortete ich ihm, „beeile dich, ich möchte nicht hier allein bleiben."

Kaum aber hatte er mir den Rücken zugekehrt, als ich ihm von Neugierde getrieben folgte. Er hörte mich erst kommen, als er eine zweite Tür durchschritten hatte. Er konnte mir den Weg nicht mehr verlegen. Umsonst bat er mich, umzukehren und ihm nicht weiter zu folgen.

„Nein", erwiderte ich, „laß das, es ist beschlossene Sache, du kannst dich auf meine Verschwiegenheit verlassen. Du hast nichts zu fürchten. Seit langem mache ich mir Gedanken darüber, was hinter euren sogenannten brüderlichen Festen stecken mag. Ich will und muß dahinter kommen."

Durch ein Wirrsal von Gängen und Treppen gelangten wir schließlich bis an ein tiefes Gewölbe.

„Bleibe wenigstens hier stehen", sagte mein Vater, „wozu sollst du das sehen? Ich fürchte, du wirst furchtbar erschrecken."

Ich sah ihn von oben herab an und sagte: „Was könnte mich erschrecken, was du dir ja auch ansiehst?"

Er öffnete, ohne selber das grausige Schauspiel zu ahnen, das unser harrte, die Tür, und wir betraten eine Art Krypta, in der sich eine Menge Folterinstrumente befanden. Am Boden lagen blutige Reste: Hände, Füße, Arme, Köpfe. Ein furchtbarer Geruch herrschte in dem Raum. Mein Vater wollte nur zwei künstliche Gliederpuppen besichtigen, deren Kleidung mit Blut befleckt war. Die eine trug eine Krone, die andere eine Tiara. Daneben lagen blutige Dolche, die den Beweis erbrachten, daß bei den Aufnahmefeiern nicht nur eine Puppe oder eine mit Farbstoff gefüllte Blase vom Dolch getroffen wurde, sondern ein lebender Mensch, und daß die Schale, welche die Nymphen hierorts diesen großen Erlösern der Völker darreichten, mit dem frischen Blut der eben gemordeten Opfer gefüllt war.

Ich war entsetzt und wie von Sinnen. Zugleich fühlte ich in mir den wilden Instinkt der Condottieri oder Carbonari erwachen. Der Durst nach Menschenblut, der berauschender ist als jeder andere Trieb, begann mich zu verzehren.

Mit einem wilden Schrei und weit aufgerissenen Augen zeigte ich auf die schauderhaften sieben Häupter des Drachen, die mir aus der Tiefe dieses dampfgeschwängerten Abgrunds aufzusteigen schienen. Bewußtlos fiel ich zu Boden. Ich erwachte erst einige Stunden später in meinem Zimmer auf dem Bett. Mein Vater saß neben mir und betrachtete mich mit Entsetzen. Erleichtert atmete er auf, als ich endlich wieder zu mir kam und auf seine Fragen vernünftig antwortete. Er war schon in großer Sorge, ich hätte den Verstand verloren, und Tränen flossen ihm über die Wangen. Ich wollte ihm schon danken für sein Mitgefühl, als er unglücklicherweise wieder von seiner verdorbenen Laufbahn zu sprechen begann:

„Warum habe ich dir nachgegeben, als du so gebieterisch fordertest und deine Augen so blitzten und der Hölle zu gebieten schienen? Wir sind hier in der Türkei, du hast gesehen, was hier ein Menschenleben wert ist. Wenn der Großorient erfährt, daß du vor deiner Aufnahmeprüfung in dieses Geheimnis des Todes eingedrungen bist, so könnte ich leicht in dieser Folterkammer enden und du in seinem Harem."

Ich bedeutete ihm, daß er nichts zu befürchten habe. Damit er mich in Ruhe ließ, tat ich so, als ob ich schlafen wollte. Mit großen Augen musterte ich die Tapete, an der, wie mir schien, endlose Ströme von Blut herabflossen.

Mein Vater, der aufs höchste erschreckt war, verließ mich den ganzen Tag nicht. Er ließ sich bei mir sein Essen servieren, aß aber nur sehr wenig. Ich selbst konnte nichts zu mir nehmen, denn alles schien mir den Geschmack jenes verfluchten Blutes an sich zu tragen. Obgleich ich einen Ekel vor diesem Blut empfand, so verzehrte doch gleichzeitig ein unstillbarer Durst nach diesem Blut mein Inneres. Furchtbare Rachegedanken stiegen in mir auf.

Ich brauchte das Geheimnis der Illuminierten nur der türkischen Polizei zu verraten. Sie würden leicht ins Netz gehen, entweder in der Großloge von Buyuk-Dere oder in der Filiale von Galata. Bou Achmed und mein Vater würden dasselbe furchtbare Ende finden, das sie anderen bereitet hatten. Und ihre Genossen in den andern Ländern? Da hätte ich die Möglichkeit, auf der ganzen Welt einen meinem Genie und meinem Stolz entsprechenden Riesenkampf gegen diese ganze Gesellschaft zu führen.

Gegen diese hochanständigen und zugleich vatermörderischen Gedanken kämpfte in mir eine andere schaurige Macht. Trotz des ersten Schreckens wuchs die Sekte der Illuminierten vor meinen Augen ins Riesenhafte. Dieses Blut reinigte sie von aller äußeren Lächerlichkeit und reinigte sie von aller Tändelei. Hinter diesem Komödiantenvorhang erkannte ich endlich ihre ganze teuflische Verruchtheit und das Vorhandensein eines wirklichen, schauerlichen Geheimnisses, das um den Preis so vieler im Dunkel vollführter Morde gehütet und gerächt werden mußte. Es kam mir nicht mehr so nebensächlich vor, ob ich ein Mitglied oder vielleicht gar die Königin dieser furchtbaren, mit solchen Mitteln arbeitenden Sekte werden würde oder nicht.

An Wagemut fehlte es mir nicht, um mit einem Satz die Stufen dieses Thrones zu erklimmen, vor dem mein Vater so sehr sich erniedrigt hatte. Endlich würde ich mich bezahlt sehen für soviel Unbehagen, Angst und Verzweiflung! Mir winkte die Krone, vielleicht auch das Herz des künftigen Erlösers der Menschheit, der um den Preis von so viel Verbrechen endlich das Glück zur

Herrschaft bringen würde und den Stolz einer Gott und die Natur bemeisternden Menschheit!

Ein doppeltes Ideal! Zwei entgegengesetzte Pläne! Sie hetzten mich auf meinem Lager in Fieberwahn!

„Clothilde", sagte mein Vater, als es dunkel geworden war, „wollen wir nicht ein wenig ausgehen? Die Nacht ist kühl und friedlich auf dem Bosporus."

Dankbar nahm ich das Anerbieten an, in der Hoffnung, meinen heißen Kopf etwas kühlen zu können.

Als wir an den Quai kamen, dachte ich, wir würden den einen oder anderen Dampfer besteigen, der zum Goldenen Horn fährt. Mein Vater nahm einen Nachen, der ihm immer für seine Ausflüge zur Verfügung stand. Wir setzten uns an den Bug, zwei Schiffer ruderten uns langsam nach Therapeia zu. Der wundervolle Himmel des Ostens spiegelte sich in den Fluten, die schon vom Ufer den Lichterglanz der Villen und Paläste empfingen. Aus den Tiefen des ewigen Geheimnisses breitete sich ein unsagbarer Friede über meine Seele.

Zu gleicher Zeit wurde ich aber auch von einem anderen süßen Taumel ergriffen. Es kam wie eine unendliche Verzweiflung über mich, doch ohne innerliches Sichaufbäumen, ohne Laut nach außen. Langsam neigte ich mich zu den Wellen hin, als ob ich meine heiße Hand darin kühlen wollte. Als wir die Spitze von Yeniköy erreichten, versank ich in den Wellen, verloren in freudigen Gedanken an ein glückliches Leben in den Armen eines geliebten Vaters und auf den Knien einer sorgenden Mutter.

Mein Vater sprang in das Wasser und hatte alle Mühe, mich aus den Tiefen wieder an Bord der Gondel zu bringen. Ich war bewußtlos geworden.

6. In den Händen des Schicksals

Ach, wäre ich doch auf dem Grund des Bosporus geblieben! Acht Tage schwebte ich fieberkrank zwischen Leben und Tod. Jeden Morgen ließ Achmed Pascha nach mir fragen,und abends schrieben sich zahllose Besucher bei mir ein. Ich empfing niemanden und erklärte meinem Vater, daß ich sobald als möglich nach Italien zurückkehren würde. Er stimmte mir zu, nachdem ich ihm versprochen hatte, keinen Selbstmord mehr zu versuchen, ihn nicht ganz zu vergessen und einige Abschiedsbesuche zu machen, vor allem bei Achmed Pascha.

Dieser empfing mich mit großer Höflichkeit und drückte mir sein lebhaftes Bedauern über meinen Weggang aus. Zugleich äußerte er die Hoffnung, daß man nicht alle Beziehungen zwischen uns abbrechen würde.

Von der Loge sprach er nur mit großer Zurückhaltung. Bezüglich meiner Aufnahme in die Loge beschränkte er sich auf allgemeine Redensarten, auf die ich ihm mit ebenso nichtssagenden Entschuldigungen antwortete. Er wollte mir auf alle Einwürfe schriftlich antworten, wenn ich ihm zu schreiben erlaube. Aber erst, wenn ich in Paris wäre.

„Ich gehe nicht nach Paris“, antwortete ich ihm, „ich kehre nach Italien zurück.“

„Ja, aber Paris wird Sie doch einmal unwiderstehlich anziehen, zumal man Sie dort wünscht; früher oder später werden Sie dort eine der Unsrigen werden.“

„Niemals!“ antwortete ich ihm mit dem ganzen Feuer meiner Jugend.

„Das wäre wirklich schade“, begnügte er sich auf diese herausfordernde Erklärung zu sagen, „auf jeden Fall werde ich Sie nicht vergessen. Sie haben Geist und Herz, sind schön, unzugänglich und über alle Vorurteile erhaben. Sie würden unser Stolz sein!“

Ich verneigte mich, um das Gespräch zu beenden; denn der listige und herausfordernde Blick dieses hohen und undurchdringlichen Sektierers erfüllte mich mit einem geheimen Unbehagen. Ich hatte das Gefühl, als ob er über mein ganzes Leben auf das genaueste unterrichtet wäre, selbst über das, was mein Vater mir versprochen hatte, ihm nicht zu sagen.

Er schien mir alle Vorkommnisse während meines hiesigen Aufenthaltes absichtlich herbeigeführt zu haben. Und instinktiv fühlte ich, er würde wohl trotz meiner bevorstehenden Flucht auch für alle Zukunft dieses fortsetzen, wie ein Tiger, der eine Gazelle zu Tode jagt.

Beim Abschied bat er mich, in seinem Namen und Auftrag dem türkischen Botschafter beim König von Griechenland einige Papiere zu überbringen, die er nur mir anvertrauen könne. Ich witterte den Hinterhalt und blickte ihn scharf an. Er hielt den Blick ruhig aus und überreichte mir das mit fünf Siegeln versehene Paket.

Wie eine Sklavin nahm ich mechanisch den umfangreichen Brief an mich und zog mich zurück, während er mich mit einer eigenartigen Geste grüßte, nämlich mit dem Gruß der hohen Eingeweihten, wie ich später erfuhr, und wie ein jüdischer Gesetzeslehrer in prophetischem Ton sprach: „Möge dich der Geist behüten und zu uns zurückführen, o glorreiche, machtvolle und erwählte und erleuchtete Nymphe! Dich hat der Drache unter allen Frauen erwählt!“

Vierzehn Tage später schiffte ich mich auf der *Segesta* ein, wobei mich ein Vertreter des Großorients ohne mein Wissen begleitete, mit dem Auftrag festzustellen, ob ich meine Mission in Athen auch auf das genaueste erfüllte. Nach Ablauf eines Monats landete ich in Genua, wo meine Mutter mich erwartete. Sie war verschlossener und liebloser denn je. Während der folgenden Monate bewarben sich zwei junge Leute um meine Hand. Ich schätzte sie, und vielleicht wäre ich mit ihnen glücklich geworden. Der eine war mir besonders lieb. Ich will aber seinen Namen in dieser schmutzigen Lebensgeschichte nicht erwähnen. Die liebe Erinnerung an ihn und das Geständnis unserer Liebe ist für mich ein Lichtpunkt in diesen sonst so dunklen Kapiteln. Meine Mutter wies beide ab, sie waren ihr beide nicht reich genug. Vielleicht auch waren ihr beide zu christlich für eine ganz anders gesinnte Gattin. Denn wie bald wäre dann die Achtung der jungen Leute vor ihr geschwunden! Schließlich haßte ich meine Mutter aus ganzem Herzen, weil sie mir diese Lebenshoffnungen zerschlagen hatte. Meinen Vater, der kein Lebenszeichen mehr von sich gab, haßte ich ebenso.

Schließlich fand ich einen dritten Bewerber. Dieser schien meiner Mutter willkommen. Es war der Graf Daniel X. Er war jung, von angenehmem Äußeren und sehr reich. Seine Liebe zu mir war wild und ungestüm. Ich wäre gerne seine Frau geworden, was auch der Wunsch meiner Mutter war. Er aber hatte weniger lautere Pläne mit mir vor. Eifrig legte er mir nahe, mit ihm nach Paris zu fliehen. Dieser Versuchung konnte ich kaum widerstehen, da ich auf diese Weise meiner Mutter und der ganzen furchtbaren Not meines Herzens entronnen wäre. Ein innerer Ruf drängte mich dauernd, in jener freiheitlichen und fortschrittlichen Stadt die Fäden meines Geschickes neu zu knüpfen.

Eines Abends, als ich diese schlechten Gedanken in mir erwog, wurde mir ein Brief überbracht, der mich aufs tiefste erschütterte. Er war von Achmed Pascha. Es war nicht der angekündigte Brief, aber er enthielt ein schmeichelhaftes Anerbieten, das gleichzeitig wie ein lockendes Zurückrufen klang:

„Wenn Sie für die Zukunft noch keine Verpflichtungen übernommen haben, kann ich Ihnen eine hervorragende, ehrenvolle Stellung anbieten. Einer meiner Freunde, der in Paris wohnt, bat mich, ihm eine gebildete, vornehme Dame zu nennen, der man einige ernsthafte Geschäfte anvertrauen könne, über die man sie später orientieren wird. Wo findet man nun diese seltene Dame? Nur Sie können es sein. Die letzten Monate haben Ihnen sicher mehr Ruhe gebracht hinsichtlich der Beurteilung unserer Gesellschaft, und Sie werden ohne Zweifel nicht mehr so viel Abneigung haben, Mitglied zu werden, nachdem wir Ihnen so entgegengekommen sind.

Auf jeden Fall sehen Sie mich bald in Paris, wenn Sie unverzüglich dahin abreisen, und wir können dann unsere Gespräche auf nutzbringendere Art und Weise fortsetzen."

Er gab mir noch eine Adresse in Frankreich an, und ich war sofort entschlossen, seinem Ruf Folge zu leisten. Ich wollte vor allem dem unerträglichen Leben in meiner Familie entfliehen und gleichzeitig den nötigen Abstand von dem Grafen Daniel wahren. Ich wollte ihm eben meinen Entschluß mitteilen, als er in mein Zimmer trat. Meine Mutter war fort oder hatte uns absichtlich allein gelassen.

Er entdeckte den Brief gleich. Er fragte mich, woher er sei. Ich verweigerte ihm die Auskunft, worüber er sehr eifersüchtig wurde. Außer sich über meinen Widerstand, entriß er mir einen Teil des Briefes. Sofort erkannte er an der Form bestimmter Buchstaben, daß er von einem hohen Eingeweihten stamme. Er selbst gehörte der gewöhnlichen Freimaurerei an, und zwar einem niederen Grad. Ohne Zweifel war er über alles im Bilde und spielte eine ähnliche Rolle bei mir wie mein Vater.

„Ah, dein Briefschreiber gehört der hohen Loge an!"

„Woher weißt du das?" fragte ich ihn. Er fürchtete, mir zuviel zu sagen und schwieg zuerst. Dann wünschte er mir Glück, falls ich einer großen Loge angehörte. Schließlich teilte ich ihm den Inhalt des Briefes mit.

„Also reisen wir morgen früh!" rief er begeistert. Umsonst suchte ich ihm begreiflich zu machen, daß ich unbescholten bleiben und allein reisen wolle. Er befand sich in einem Zustand großer Erregung, die teils von unserem Wortwechsel, teils von unserem Alleinsein herrührte. Seine Leidenschaft kannte keine Grenzen. Schließlich mißbrauchte er mich mit einer Brutalität, die mich mit Haß und Ekel gegen ihn und mit maßlosem Rachedurst erfüllte.

Als er mich in Anbetracht der letzten Vorbereitungen für die Reise verließ, war ich seine Beute, seine Sklavin geworden, geschändet und entehrt für immer. Die ganze Nacht hindurch weinte ich aus Wut und Verzweiflung. Als endlich der Morgen anbrach, stand mein Entschluß fest.

Ja, ich werde Freimaurerin! Mein Schicksal treibt mich mit wilder Macht dazu. Ich werde Freimaurerin, um ihre Macht und ihre Geheimnisse an mich zu reißen und sie dann gegen alle jene zu kehren, die Werkzeuge meines Unglückes sind:

– Gegen Achmed Pascha und meinen Vater. Wenn sie einmal in meine Gewalt kommen, dann werden sie sich meines Triumphes nicht freuen, im Gegenteil, es ewig bereuen, ihn vorbereitet zu haben.

– Gegen meine Mutter. Ich verlasse sie und hefte an ihren Namen den Makel und an ihr Leben die Schande, daß ich, ihre Tochter, der Spielball eines Mannes geworden bin, den sie uns dienstbar machen wollte.

– Endlich gegen den Grafen Daniel. Mag er reich und unabhängig sein, ich werde ihn dazu bringen, daß er sein herrliches Vermögen von 500 000 Lire bis auf den letzten Heller verliert. Und wenn er dann eines Tages ohne Heim, ohne Geld, ehrlos und voller Schulden auf der Straße liegt, dann mag er sich den Kopf an der Wand einrennen. Ich werde dann als Siegerin voll Verachtung und mit Hohnlachen ihm dabei zusehen. Von nun an ohne Gott, ohne Eltern, ohne Liebe, erhob ich nun, als die Sonne aufging, die Hand und rief dem ungenannten Wesen, an das ich nicht glaubte, den Schwur und das Gelöbnis zu:

„Haß und Rache, ihr seid für immer mein Gott!“

Ganz dumpf kam mir wie ein Echo die Antwort aus dem Weltenraum und drang mir durch Mark und Bein:

„Rache und Haß sind in der Tat mein Name!“

Am folgenden Nachmittag reisten Daniel und ich ab.

Zweiter Teil

Garfields Dalila

1. Im Künstlerklub

Am 29. Juni 1875 vormittags trafen wir in Paris ein. Am Abend nahm mich der Graf mit in den Künstlerklub. Dieser gemeine Ort genoß unter den Lebemännern aller Nationen einen gewissen Ruf, und mein Liebhaber zeigte mich dort gern in meiner Schönheit. Gern ließ ich ihn gewähren, da ich die ganze Schande seit meiner Abreise von Italien erfahren hatte. Ich verlangte nach betäubenden Festen, bevor ich Bou Achmed wiedersah.

Daniel arbeitete nach einem ganz bestimmten Plan, als er mich dahin führte, und an gewissen Zeichen, die er dem einen oder anderen gab, merkte ich, daß er verschiedene von den Anwesenden kannte oder sie als Brüder der Loge begrüßte. Manche behandelte er mit großer Ehrerbietung, woraus ich schloß, daß hohe Würdenträger in unserer Mitte weilten. Beide, mein Vater, wie auch mein jetziger Liebhaber, handelten nicht in erster Linie aus Liebe oder persönlichen Motiven, sondern als Vollstrecker des Willens der geheimen Großmacht, gegen die ich mich im Orient umsonst gewehrt hatte.

Bald war unser Tisch von diesen mir unbekannten Personen umlagert. Daniel stellte mich als seine Freundin vor, die soeben aus Italien gekommen war. Und nun begann die Unterhaltung. Geschickt ließ ich einige Anspielungen auf meinen Aufenthalt in Konstantinopel einfließen. Da trennte sich ein Herr von den anderen und nahm mich ganz in Beschlag, was natürlich auch eine abgemachte Sache war. Zunächst drehte sich das Gespräch um Sitten im Orient. Dann aber fragte er mich eingehend nach den Personen, die ich dort gesehen und die er viel besser zu kennen schien als ich. Plötzlich erhob er sein Glas und schien einige Worte auf mein Wohl zu sagen, während er aber tatsächlich ganz schnell und leise fragte: „Nicht wahr, Achmed Pascha hat Sie hergeschickt?“ Ich gab darauf keine Antwort. Bou Achmed war nicht nach Paris gekommen, da ihn drohende Aufstände bewogen hatten, im Orient zu bleiben. Dies hatte ich am Morgen erfahren, und er konnte daher weder von meiner Zustimmung zu seinen Plänen noch von meiner Ankunft in Paris etwas wissen. Wer hatte also diesen Mann über alles aufgeklärt? Ich blieb stumm vor Erstaunen und Empörung.

Der Unbekannte aber richtete seinen faszinierenden Blick auf mich, und langsam, wie von einer unsichtbaren Kraft getrieben, nickte ich zustimmend.

Da stand er auf und ging zu Daniel. Ich sah, wie er ihm zu verstehen gab, uns allein zu lassen. In der Tat verließ uns dieser elende Kerl sofort unter dem Vorwand, auf dem Telegraphenamt einen wichtigen Fernspruch erwarten zu müssen. Er ging, ohne meine Antwort abzuwarten, und sofort kam der andere zu mir!

Es war James A. Garfield, der sechs Jahre später als Nachfolger Washingtons, Monroes, Buchanans und Lincolns 1881 in das Weiße Haus einzog. Er war damals 44 Jahre alt. Sein Leben gleicht einem Roman. Im Staat Ohio geboren, hatte er nacheinander fast alle Berufe ausgeübt, um sich emporzuarbeiten. Zuerst Taglöhner, dann Zimmermann, Schiffer, Redakteur, Lehrer, Rektor des Kollegs von Hiram, Anwalt, erwählter Senator von Ohio, Soldat, Offizier, General im Sezessionskrieg, Befreier von Kentucky, Sieger von Chicamanga, dann unverschämter Betrüger und geheimnisvoller Logenagent, ein Politiker, der einen Teil des Jahres in Washington und den anderen in Europa zubrachte. Hier hielt er sich als Großorient der Illuminiertengroßlogen von Frankreich in aller Verborgenheit auf, während er jeweils nach Amerika fuhr unter dem Vorwand von Inspektionsreisen, die ihn angeblich 3-6 Monate in die Einöden von Louisiana und in die Gebirge des Pazifik entführten.

Höflich verneigte er sich vor mir: „Ich muß Sie sofort sprechen und bitte Sie, mir folgen zu wollen.“

James Abraham Garfield (1831–1881), 20. Präsident der USA, Republikaner, fiel kurz nach seinem Amtsantritt einem Attentat zum Opfer.

Wir begaben uns in ein besonderes Zimmer, wo er plötzlich einen anderen Ton anschlug.

„Geben Sie sich keine Mühe, diese kindliche Komödie weiter vor uns zu spielen. Sie sind jetzt ganz in meiner Hand. Ich werde Ihnen sofort klaren Wein einschenken.“

Als ich mich dagegen aufs höchste erstaunt auflehnte, fuhr er fort:

„Warum diese Auflehnung? Gewiß erinnern Sie sich des Briefes, den Sie heimlich von Konstantinopel nach Athen brachten in einem für die französische Orientpolitik recht kritischen Augenblick! Infolge gewisser Indiskretionen hat diese Angelegenheit in den Kreisen der hohen Politik Aufsehen erregt, und wenn die französische Regierung zufällig erfahren würde, daß Sie das Pulver zum Entladen gebracht haben, so könnte Ihre falsche Hochzeitsreise ein sehr peinliches Ende nehmen. Aber fürchten Sie nichts. Wir wollen gute Freunde sein. Sie werden feststellen können, daß wir Ihre ergebensten und treuesten Diener sind, aber zuerst müssen Sie gehorchen. Man will es!“

Ich war wie betäubt, und Garfield selbst schien unzufrieden und ärgerlich.

„MAN will es!“ wiederholte er. „Sie allein können uns, wie MAN uns sagt, bestimmte Dienste leisten. Stellen Sie sich uns also zur Verfügung, Ihre ganze Person, Ihren Geist, Ihre Schönheit und Ihre Tatkraft. Haben Sie keine Sorge, sollten wir auch manches Leben vernichten müssen, das Ihrige werden wir retten.“

Noch zauderte ich, und er merkte dies gleich.

„Ob Sie wollen oder nicht, Sie werden eine der Unsrigen werden. Bou Achmed hat es Ihnen sicherlich gesagt. Niemand entgeht der Großmacht, die uns führt, Sie haben die Wahl zwischen der glorreichen Aufgabe Ihres Widerstandes und einem vergeblichen und verderblichen Kampf gegen uns. Sie sind doch verständig genug, um das einzusehen? Also treten Sie bei uns ein. Bei uns finden Sie die richtige Kost für Ihre leidenschaftliche Seele und all die Befriedigung, wonach sie so stürmisch verlangt. Ich spreche hier noch gar nicht von Ihrer Teilnahme an den entscheidensten Angelegenheiten für die Menschheit, von all den Ehren und Freuden, von denen ich Ihnen heute noch nichts sagen darf, die aber Ihrem Bedürfnis nach dem Absonderlichen mehr als Genüge tun werden. Kommen Sie zu uns! Sie werden unsere Königin sein! Als solche werden Sie Urteile über Leben und Tod fällen!"

Ich war ganz aus der Fassung gebracht, wagte aber doch, dem Mann in die Augen zu sehen, der so zu mir sprach. Er hielt meinem Blick stand, und der meine wurde unsicher. Er war furchtbar und schön zugleich. Seine Schönheit war nicht edel, aber eindrucksvoll. Sein Herrscherblick forderte Unterwerfung. Es brannten darin geheimnisvolle und begehrliche Flammen, deren Zauber ich solange erliegen sollte, bis ich mich gegen ihn erhob und die Dalila dieses hochmütigen Samson wurde.

Meine Einbildungskraft umkleidete ihn mit dem Schmuck, den Mazzini auf dem Bild der Großloge von Buyuk-Dere trug. Mich selbst sah ich an seiner Seite als die allmächtigste Nymphe, die den Drachen zügelte, aus dessen Augen Flammen wie spitze Dolche drangen. Diese Vision lockte ein Lächeln auf meine Lippen, welches er als Mitverschworener erwiderte. Ein schweigendes Übereinkommen besiegelte unsere verhängnisvolle Begegnung.

Er ließ Champagner kommen, um diese Glücksstunde zu feiern. Gierig trank ich, mußte aber gleich das noch volle Glas wieder absetzen, denn es befiel mich eine kleine Herzschwäche von all den seelischen Aufregungen. Der bisher so höfliche Mann nützte diese meine Schwäche aus, um mich zu entehren.

Als er mich mitten in der Nacht bis vor meine Tür brachte, war ich halb ohnmächtig. Zu seiner Entschuldigung sagte er nur:

„Ihrem ersten Ruf werde ich sofort Folge leisten. Lassen Sie ihn bald an mich ergehen!"

In wahnsinniger Hast verschloß ich mein Hotelzimmer. Als Daniel nach Ablauf einer Stunde nicht zurückkehrte, schrieb ich ihm:

„Sie sind ein ganz gemeiner Mensch. Ich werde Sie heute abend nicht mehr sehen. Gehen Sie, wohin Sie wollen!“

Ich bat einen Kellner, ihm diese Nachricht bei seiner Rückkehr auszuhändigen. Dann öffnete ich meine Balkontüre und blieb draußen trotz der Kälte. Der Lärm der Straße berührte mich nicht im mindesten, wie alles, was nicht mit meinem Erlebnis in unmittelbarem Zusammenhang stand. Ein wunderbarer Sternenhimmel flimmerte über mir, aber was gingen mich diese Sterne an? Ein einziges Gefühl beherrschte all die vielen Eindrücke, die auf mich einstürmten. Mein Hochmut und Zorn waren entfesselt und verlangten nach Rache. Nun hatte ich also das Werkzeug für meine Rache in der Hand. Wohl oder übel mußte ich mich jetzt dem herrschgewaltigen Garfield unterwerfen, der sich in so unverschämter Weise gleich das erste Mal zu meinem Herrn gemacht hatte. Er mußte mich lieben, damit ich mich an ihm dereinst rächen konnte für die Schande, die er mir angetan hatte. Was konnte ich denn allein in dem großen Paris ohne Hilfe, Rat und Erfahrung als schon Entehrte tun, was konnte aus mir werden, wenn ich mich nicht zunächst unter dieses schamlose Joch beugte, damit ich eines Tages die Krone an mich reißen könne, die man mir in so leuchtenden Farben geschildert hatte?

Früh um sieben Uhr entschloß ich mich endlich, in meinem Zimmer ein wenig auf und ab zu gehen und sah mich zufällig im Spiegel. Mein Anblick entsetzte mich. In meinen fahlen Zügen glänzten fiebrige Augen, und die weißen Lippen lächelten wut- und haßerfüllt.

Daniel klopfte an meine Tür. Ich öffnete ihm nicht. Umsonst flehte er mich immer wieder an, ihn einzulassen. Sein gestriges Verhalten hatte mich über seine gemeinen Gesinnungen ganz aufgeklärt. Er hatte mir nicht nur meine Ehre genommen, sondern mich auch noch einem anderen preisgegeben. Ich hätte ihn nicht sehen können, ohne ihn mit Schmähungen zu überhäufen. Als ich mich endlich angekleidet hatte, verließ ich das Hotel auf der Bediententreppe und ging bis zu den Champs-Elysées.

Etwas ruhiger geworden, ging ich in ein Restaurant, um mich zu stärken. Dort schrieb ich Garfield folgende entscheidungsvolle Zeilen:

„Bin entschlossen, Ihrem Rat zu folgen. Später werde ich Ihnen persönlich sagen, welche Gegengabe ich von Ihnen verlange. Erwarten Sie mich heute abend im Goldenen Haus. Um 10 Uhr werde ich dort sein." Der Bote des Restaurants übernahm die Übermittlung dieser Zeilen.

Erleichterten Herzens kehrte ich heim. Alles bisherige Zaudern war damit beendet.

Mit und durch Garfield würde ich meine Rache kühlen!

2. Im Goldenen Haus

Nachmittags um 3 Uhr ließ ich den Friseur kommen und kleidete mich so elegant wie möglich. Ich wandte alle Künste an, um mein blasses Gesicht frisch und gesund erscheinen zu lassen. Ich zog mein schönstes Kleid an, blau mit Girlanden aus kleinen Röschen. Entschlossen kämpfte ich alle meine Aufregung nieder und betrat um 10 Uhr das Goldene Haus.

Garfield war schon da und trat auf mich zu. Ich grüßte ihn sehr höflich. Er bot mir den Arm und führte mich durch einige leere Salons. Schließlich gelangten wir in ein Privatkabinett. Es war elegant eingerichtet. Ich warf mich in einen bequemen Sessel. Garfield klingelte und ließ mir ein wenig Wein und Gebäck kommen. Dann schloß er die Tür, gab mir den Schlüssel und nahm neben mir Platz.

Ich ließ ihn gewähren und lächelte dabei, indem ich so tat, als lauschte ich irgendeiner fernen Musik. Dieses Benehmen ging ihm auf die Nerven. Es vergingen einige Minuten lastenden Schweigens, während ich mit einer Kamelienblüte, die er mir geschenkt hatte, spielte. Schließlich erhob er sich verärgert und verstört. Unsere Rollen waren jetzt vertauscht, und ich triumphierte innerlich. Plötzlich sagte er barsch:

„Ihrem Ruf bin ich gefolgt. Sie müssen nun tun, was Sie mir schriftlich zu versprechen schienen.“

Ich wollte nicht, daß er das Gespräch führe und fragte daher: „Was ist die Freimaurerei?“

„Sie wissen es doch. Sie ist eine große Vereinigung von Freunden des Volkes und der Freiheit.“

Ich brach in ein schallendes Gelächter aus. Das brachte ihn ganz aus der Fassung.

„Ihre Fröhlichkeit gefällt mir, sie steht Ihnen besser, als Ihr Schweigen von gestern.“

Trotzdem war er gekränkt.

„In meinem Alter“, erwiderte ich, „beschäftigt man sich nicht mit allzu ernsten Gedankengängen, und mit 20 Jahren liebt man nur Blumen, die man als Huldigungsgabe hinnehmen kann.“

Ich sah ihn an und prallte entsetzt zurück. In seinen Zügen zeigte sich Verlangen, Zorn, Furcht und schließlich eiserner Wille.

„Schweig, Weib!“ stieß er mit rauher Stimme hervor. „Und bilde dir ja nicht ein, daß ich dich liebe, weil ich einen Augenblick schwach gewesen bin. Mit Berechnung habe ich so gehandelt, um dich endlich zum Entschluß zu bringen. Hat MAN dich deshalb erwählt? Unsere Tugend ist nicht die Liebe, sondern der Hochmut und der Haß. Warum sprichst du von Blumen, wenn du nur an Rache denkst? Leugne es nur nicht ab, denn ich kenne dich besser als du dich selbst. Deine Rache wirst du leicht verwirklichen können, denn dir winkt die Krone. Was kümmerst du dich um mich. Ich entstamme einfacheren Kreisen als du, ich habe länger als du gelitten und lange ohne Hoffnung auf einen Aufstieg geschuftet. Du kannst mein Herz erproben, es ist darin kein Platz mehr für die Liebe, die mich feig machen und dich verderben würde. Nur der Haß wohnt noch darin.“

Ich war sprachlos, da ich erkannte, daß mir die Gelegenheit, Rache zu nehmen, diesmal entgangen war. Daher beschloß ich, ihn ein anderes Mal zu verführen, zumal ich merkte, daß ich ihm doch nicht gleichgültig war. Da ich ihm aber versprochen hatte, seinen

Ratschlägen zu folgen, hörte ich ihn aufmerksam an.

„Wollen Sie gleich in die Loge eintreten?“

„Ja.“

„Sind Sie zu allem bereit?“

„Ja. Ich stelle mich unter Ihren Schutz, um mir die langen und gewöhnlichen Prüfungen zu ersparen, die für gemeine Leute taugen mögen.“

„Das haben Sie nicht zu fürchten!“ sagte er mit besonderer Betonung. „Damit Sie es gleich wissen, nicht ich habe Sie erwählt, sonst würde ich wenigstens heute abend andere Gesinnungen gegen Sie hegen.“

Das war das einzige menschliche Gefühl, das an diesem Tag sich bei ihm zeigte. Er hatte sich jetzt gefaßt und war wieder ganz der hohe Logenfürst, der mich einzuführen hatte.

„Wenn Sie also bereit sind, so bin ich es auch. Sie werden nun geprüft. Versprechen Sie mir bedingungslosen Gehorsam bis zum Ende, ohne Auflehnung, ohne zu fragen, komme, was kommen mag. Wenn Sie vor der letzten Entscheidung das Rennen aufgeben wollen, so brauchen Sie es nur zu sagen, und ich werde Sie von allen Bindungen lösen.“

„Einmal entschlossen, habe ich nie gewankt.“

„Das wünsche ich Ihnen, Clothilde Bersone. Wir werden sehen. Kommen Sie nun!“

„Ich folge Ihnen!“ Und im tiefsten Herzensgrund dacht ich mir: Schon führe ich dich.

3. Die Aufnahme

Bald aber erkannte ich, daß dem nicht so war. Garfield hatte mir meinen Mantel umgelegt, denn die Nacht war kühl. Wir stiegen in seinen Wagen.

Zuerst fuhren wir in der Richtung des Lyoner Bahnhofs. Dort holte Garfield aus seiner Tasche eine mit Seide gefütterte Kautschukbinde, die er mir vor die Augen band. An dem

Widerhall der Hufe erkannte ich, daß wir wieder in die Innenstadt zurückfuhren. Auf welchen Wegen und Umwegen? Saß denn immer noch Garfield neben mir? Diese seltsame Fahrt dauerte zweieinhalb Stunden.

Endlich hielten wir, und Garfield warf mir einen Schal um, der es mir unmöglich machte, irgend etwas zu erkennen. Er gab mir den Arm. Wir durcheilten zahllose Räume und erstiegen ebenso viele Treppen. Es waren wohl jedes Mal dieselben; denn sie hatten immer nur 20 Stufen. Ich hütete mich wohl, irgend etwas zu sagen, und lachte innerlich trotz dieser langweiligen und ermüdenden kindischen Probe. Endlich stand ich vor einem Stuhl, auf den man mich niederdrückte. Dann nahm man mir die Augenbinde ab. Ich befand mich in einem Ankleideraum, wo ich mich vor einem Spiegel zurechtrichtete. Dann bot mir Garfield seinen Arm, und wir traten vor eine verschlossene Tür. Dort drückte er siebenmal, dann dreimal, und schließlich einmal auf einen verborgenen Klingelknopf. Das mir bekannte Klingeln ertönte in der Wand.

Die Langsamkeit dieses Verfahrens machte mich ganz nervös. Garfield sagte mit eiserner Ruhe zu mir: „Es ist ein Grundsatz der Illuminierten. Der Arm soll gleich ausführen, was der Geist in aller Stille erkannt hat. Also Geduld."

Plötzlich öffneten sich die Flügeltüren, und ich betrat eine mit schwarzer Seide bespannte Rotunde. Silberne Tressen verbrämten die Seidenbespannung. Es kam mir wie eine Beerdigungsfeier vor. In der Mitte stand ein Tisch, an dem sechs in schwarz gekleidete Personen Platz genommen hatten. Nur der Stuhl in der Mitte war leer. Garfield bedeutete mir, mich zu setzen, und übernahm den Vorsitz in der Mitte. Ich befand mich im Kapitelsaal. Ein flüchtiger Blick, und ich sah all die Dinge, die ich in der Loge zu Konstantinopel schon gesehen hatte: ein beschlagenes Buch, das am Boden mit Ketten befestigt war, und, wie ich später erfuhr, die Annalen der Gesellschaft enthielt, ein Skelett und ein Elfenbeinkreuz. Eine Viertelstunde verbrachten wir schweigend, die Uhr in der Hand. Bis jetzt war ja die Probe nicht allzu schwer. Wie doch diese guten Leute die Zeit vertrödeln, dachte ich.

„Meine lieben Brüder, ich habe die Ehre, Euch Fräulein Clothilde Bersone vorzustellen, deren Vorleben Ihr ja kennt. Nur eins will ich Euch sagen. Sie ist von unserem erhabensten und mächtigsten Bruder Achmed Pascha eingeweiht worden, der uns oft von ihr gesprochen hat. Ich halte sie unserer Anteilnahme für würdig und für fähig, die Verantwortung einer Affiliierten zu tragen."

So schien mir mein erster Dienst in der Loge ein abgekartetes Gaunerstück gewesen zu sein. Man tat so, als sei ich schon seit meinem Aufenthalt in Konstantinopel und seit meiner Mission in Athen in die Geheimnisse der Loge eingeweiht. Einerseits war ich von der Unverfrorenheit dieses Verfahrens abgestoßen, andererseits aber sehr geschmeichelt über Garfields Protektion.

„Stimmt Ihr zu, Clothilde Bersone in einen so hohen Grad aufzunehmen?"

Die sechs Räte nickten zustimmend. Garfield befahl mir nun, mich zu erheben, drei Schritte rückwärts zu machen und stehen zu bleiben. Dann durchbohrte er mich mit seinem durchdringenden Blick und begann also:

„Diese drei Schritte rückwärts bedeuten, daß Sie bis heute einen Irrweg gegangen sind, den Sie jetzt wieder gutmachen wollen. Jetzt sind Sie bereit, einen besseren Weg zu beschreiten. Welcher Religion gehören Sie an?"

„Gar keiner."

„Sind Sie getauft?"

„Ja!"

„Glauben Sie, daß die Taufe irgendeinen Charakter verleiht?"

„Nein!"

„Glauben Sie an Gott?"

„Nein!"

„Welches Motiv treibt Sie, in die Loge einzutreten?"

„Haß und Rachsucht!"

„Versprechen Sie, allen Befehlen Folge zu leisten, die Ihnen gegeben werden?"

Häuser der französischen Freimaurerlogen in Paris. Aufnahmen von 1939.

„Le Grand Orient“ in der Rue Cadet

„Le Grand Loge de France“ in der Rue Puteaux

„Ja!"

„Sind Sie bereit, mit allen Mitteln die Widerstände zu brechen, die sich dem Willen der Freimaurerei entgegenstellen?"

„Ja!"

„Würden Sie selbst dann so handeln, wenn Ihr Vater, Ihre Mutter, Ihr Kind, Ihr bester Freund gegen die Loge arbeitete?"

„Ja!"

Jetzt ließ Garfield eine Urne herumgehen. Eine farbige Kugel warfen sie hinein, deren Farbe sie nicht einmal zu verbergen suchten. Von sieben Stimmen erhielt ich sechs, nur Garfield hatte gegen mich gestimmt.

Trotzdem erhob er sich, ohne irgendwie erregt zu sein, bot mir den Arm und führte mich in ein anderes, bedeutend kleineres Zimmer, wo er mir befahl, drei Tage getrennt von allen Menschen, ohne Bücher und ohne Zerstreuung, ganz allein mit meinen Gedanken und Herzenswünschen zu bleiben.

Ich gebe zu, daß ich diese Nachricht lächelnd entgegennahm, da sie mir gar nicht ernst schien. Ich hielt diese neuerliche Prüfung für eine mehr oder minder symbolische Redewendung, ebenso harmlos wie alles, was ich bisher gesehen und gehört hatte. Ohne auf mein Lächeln einzugehen, warf mir Garfield einen besorgten und betrübten Blick zu. Langsamen Schrittes verließ er mich und verschloß die Türen. In seinen Augen glaubte ich ungefähr folgendes zu lesen: Du glaubst spielend das Szepter an meiner Seite zu erlangen. Das kann dich viel kosten! Gewarnt habe ich dich ja. Du bist noch nicht am Ende, du leichter Vogel. Wirst du jemals Königin sein? Ebensowenig wie ich dein Liebhaber.

Zuerst hatte ich mich gegen die peinliche Lage, in die ich nun versetzt war, innerlich gesträubt. Dann aber blieb mir nichts anderes übrig, als gute Miene zum bösen Spiel zu machen. Drei Tage würden ja schließlich auch einmal ein Ende nehmen, und ich hatte schon andere Schicksalsschläge ertragen.

Die Mahlzeiten wurden mir durch einen Schalter hindurch gereicht. Die Zeit verbrachte ich damit, der Reihe nach alle

Gemeinheiten durchzugehen, die man mir angetan, und alle Möglichkeiten eingehend zu erwägen, um Rache dafür zu nehmen. Von Zeit zu Zeit schließlich schlief ich ein und erholte mich so von den inneren Aufregungen der vergangenen Monate. So verging die Zeit schneller als ich dachte.

An Daniel und an seine Enttäuschung, mich für immer verloren zu haben, dachte ich fast gar nicht. Mit welchen Kosenamen wird er mich wohl bedenken und mit wem wird er sich jetzt trösten?

In solchen Gedanken vernahm ich gegen Mitternacht des dritten Tages am Kopfende meines Bettes das bekannte Klingelzeichen, das mir diesmal angenehmer in den Ohren klang als in Konstantinopel im Salon meines Vaters. Es waren 11 Schläge: 7 und 3 und 1. Eilig warf ich einen Mantel um.

Garfield trat ein. Er war kühler denn je. „Ihre Stunde ist gekommen", sagte er im Grabeston. „Sind sie zu allem bereit, Clothilde Bersone?"

„Ich bin es", antwortete ich, gereizt ob seiner Henkermanieren. Ich wollte mich rasch ankleiden.

„Bleiben Sie wie Sie sind und folgen Sie mir!" befahl Garfield. Wir begaben uns in den Ankleideraum. Hier mußte ich niederknien. „Bewußt habe ich deine baldige Aufnahme in die Wege geleitet, um dir lange und unangenehme Proben zu ersparen. Vor meinen Brüdern habe ich mich für dich verbürgt. Handle so, daß ich das nie zu bereuen habe!"

„Ich hatte dich ja um nichts gebeten", entgegnete ich frech. Seine Augen blitzten vor Zorn, aber er beherrschte sich und schluckte die Antwort hinunter.

„Hast du Mut?" fragte er nur.

„Du wirst ja sehen."

„Hier ist dein Kleid. Zieh dich an!"

Er verließ mich. Auf dem Paket war ein Kärtchen mit einer Nadel befestigt. Darauf stand: „Ziehen Sie dieses Hemd an, legen Sie den Strick um Ihren Hals und warten Sie mit nackten Füßen und offenen Haaren!"

Das Hemd betrachtete ich mit Grausen; denn es war mit frischen Blutspuren bedeckt. Ich wußte, daß es sich hierbei nicht um eine Komödie handelte.

Wir waren zwar in Paris und nicht mehr an den Ufern des Bosporus. Ein Mord an den Gestaden der Seine, ohne einen Skandal zu erregen, war zweifellos schwieriger und kam nicht so häufig vor. Die Außenstehenden dürfen dem aber ja nicht zuviel Bedeutung zumessen. Wer würde es denn je erfahren, wenn ich heute abend bei einer solchen Probe ums Leben käme? Wer würde sich in dieser Großstadt darüber aufregen? Wer von meinen Angehörigen sich darüber beunruhigen? Höchstens im Hotel würde man meinen, ich sei aus Geldmangel durchgegangen, um unter anderem Namen ein neues Abenteuer zu suchen. Wer weiß, wieviele Unglückliche vor mir in den verborgenen Verliesen ihr Leben gelassen hatten, nachdem man sie mit derselben Geschicklichkeit ins Verderben gelockt hatte wie mich?

Aber jetzt war es zum Umkehren zu spät. Ich war ins Netz gelaufen, obwohl ich selbst auf Fang ausgegangen war. Jetzt mußte ich bis zum Äußersten durchhalten.

Ich schauderte, als ich dieses furchtbare Gewand und dann den Strick anlegte. Der Großmeister trat ein und gab mir im Auftrag des Großorients die letzten Weisungen. Dann verband man mir die Augen, und ich wurde in die Loge geführt. Eine schauerliche Musik erklang von oben, dazu hörte ich Ketten rasseln. Nun schritt der Großmeister nach einem bestimmten Zeremoniell auf mich zu: 2 und 2 und 2 und 1 Schritt. Er legte meine Hand auf die Brust eines Leichnams und dann mußte ich, alles mit verbundenen Augen, ein Skelett abfühlen. Alle diese Gaukeleien erfüllten mich mehr mit Ekel als mit Furcht. Trotzdem war meine Behandlung recht roh. So erhielt ich plötzlich eine Ohrfeige, die mich einen Augenblick in Wallung brachte. Schließlich mußte ich mich niederknien, den Kopf nach rückwärts beugen und in dieser Haltung – gleichsam meine Kehle den Dolchen darbietend – folgenden furchtbaren Eid leisten:

„Ich schwöre, blindlings allen Befehlen der Loge Folge zu leisten, ohne nach deren Gründen oder Folgen zu fragen. Ich schwöre, keiner Religion mehr anzugehören, keinem Einfluß zu erliegen und jeden Widerstand gegen die Bestrebungen der Loge zu brechen. Sollte ich jemals diesem Eid untreu werden, so mögen alle Dolche, die jetzt gegen mein Herz gezückt sind, es ganz durchbohren."

Der Großmeister hieß mich aufstehen und vor jeden der anwesenden Brüder hintreten. Jeder stieß mich zurück, jeder bekundete mir seinen Haß, als ob sie nun anders über mich dächten und ich die Prüfung nicht bestanden hätte. Schließlich ergriff Garfield meinen Arm, öffnete eine Vene und füllte den dritten Teil eines Glases mit meinem Blut. Dann verband er die Wunde. Darauf machte man mir die Binde von den Augen, reichte mir einen großen Dolch und führte mich vor eine Gliederpuppe, den sogenannten gekrönten Leichnam. Zugleich stimmten die Anwesenden ein hebräisches Lied an. Nach jeder Strophe las der Großorient eine Art Belehrung vor. Der Chor sang nach jeder Lesung: „Sie ist verflucht!"

„Stich zu!" befahl mir Garfield und wies dabei auf das königliche Phantom.

Alles schien sich um mich zu drehen. Ich erhob die Waffe, in kaltem Schweiß gebadet; denn seit meinen Erfahrungen in Konstantinopel bestand für mich kein Zweifel mehr, daß ich jetzt einen Mord begehen sollte. Ein nervöses Zittern befiel mich. Garfield warf mir einen hochmütigen Blick zu, der mir zu sagen schien: „Ich habe es dir ja gesagt, du schwaches Weib, du wirst uns nie beherrschen!" Zugleich warf er in eine Bronzeschale, die auf einem Dreifuß stand, aromatische Kräuter. Eine Riesenflamme schoß empor und betäubende Wolken verbreiteten sich. Alle Logenbrüder rings um mich herum hatten ihre Dolche gezückt und machten Miene, mich zu durchbohren und so mich über diese Schreckensszene für immer verstummen zu lassen. Da stieß ich ein schneidendes Lachen aus, trat einen Schritt zurück, zielte auf die Fliege, die auf der Puppe die Stelle angegeben hatte, wo ich hinstoßen sollte, holte mit aller Kraft aus und führte halb rasend und trunken den Stoß. Ein heißer Blutstrahl ergoß sich über meine Schultern, und ich fiel mehr tot als lebendig zur Erde.

Ich hatte gemordet! Dieses Blut würde für immer mein Gewissen belasten. Das war meine Höllentaufe für alle Ewigkeit.

In der Tat – ich war eine Verfluchte!

Der Großmeister hob mich auf, zwei Logenbrüder bedeckten mich mit einem Leichentuch. Garfield flüsterte mir zu: „Knien Sie nieder und unterwerfen Sie sich der Macht des höchsten Wesens, das wir hier anbeten und das uns leitet, Sie armselige Ungläubige!"

Es war dies das Glaubensbekenntnis nach der Taufe. Ich vollbrachte dieses neuerliche Opfer, wobei ich an dieser neuen Gottheit ebenso zweifelte wie an der früheren. Ich lag am Boden, ganz vom Leichentuch bedeckt. In diesem Augenblick fällten die Logenbrüder die Entscheidung. Endlich gab mir der Großmeister die Hand und führte mich bis zur Badestube, wo ich mich umkleidete und frisierte.

„Seien Sie bitte in einer Stunde fertig, dann werden Sie das erfreuliche Ergebnis hören."

Ich fand kaum Zeit, mich ein wenig zu erholen und die furchtbaren Spuren des rituellen Mordes zu beseitigen. Meine vom Blut noch feuchten Haare flocht ich in Zöpfe. Ein schönes Kleid aus blauem Kaschmir lag bereit, das ich an den Schultern mit zwei Emailleschnallen befestigte. Ein vergoldeter Streifen säumte dieses Gewand. Auf einem Überwurf aus schwarzer Seide waren die Zeichen der Freimaurer angebracht: Kelle, Hammer, Winkelmaß und Würfel. Es war dies das Kleid der in die Loge aufgenommenen Frau. Es kam mir vor, als hätte ich keine Seele mehr. Ich schleppte sie wie eine fremde Last mit mir herum. Sie schien gefühl- und leblos geworden zu sein. Nur eines lebte in mir: Meine Ehr- und Rachsucht.

Der Großmeister kam und führte mich in den Tempel zurück. Jetzt brannten alle Kronleuchter. Sämtliche Plätze waren besetzt, die Wände waren weiß verkleidet. Überall herrschte Feststimmung und Siegestaumel.

Girlanden aus Eichenblättern umwanden die Säulen, die mit Teppichen geschmückt waren. Ein vergoldeter Zweig lag auf dem halbkreisförmigen Tisch, an dem die Logenbrüder vorbeimarschierten, angetan mit weißen, seidenen Schürzen, die sie unter der Toga trugen.

Die höheren Brüder unterschieden sich von den andern nur durch eine goldene Sonne, die an der linken Schulter auf der Toga angebracht war. Am Ende des halbkreisförmigen Tisches saß derjenige, der die „Großen Werke" zu vollbringen hatte. In einem Kohlenbecken neben ihm lagen kleine Eisenstücke, die weißglühend geworden waren und die er ständig im Auge behielt. Der Großmeister führte mich zu dem Tisch, wo mir der Großorient ein Formular der Satzungen und Gebräuche für die Neuaufgenommenen gab sowie eine Anweisung an den Logenbankier auf Auszahlung von 500 Francs Rente im Monat. Von allen Seiten empfing ich Glückwünsche.

Dann führte mich der Großorient zum Vollbringer der Großen Werke. Dieser sagte: „Knien Sie nieder und empfangen Sie das Zeichen, durch das sich die Brüder der Freiheit, die wahren Kinder der Einheit, die Volksfreunde von dem gemeinen Haufen unterscheiden."

Er holte darauf aus dem Feuer einen kleinen Stempel, den er auf meine linke Schläfe drückte. Eine Sekunde lang zischte das verbrannte Fleisch. Ich verzog keine Miene, worüber alle Anwesenden erstaunt waren. Dann legte man ein feines Tuch, das mit einem Betäubungsmittel getränkt war, auf die Wunde, wodurch der Schmerz schnell gestillt wurde.

Ich trug für immer das Zeichen des Tieres, was ich allerdings nicht gleich begriff. Alles war mir gleichgültig geworden, mit Ausnahme der Hoffnung, mich eines Tages an meinen Henkern rächen zu können.

Jetzt hatte ich mich nur noch dem Drachen vorzustellen. Wenn ich auch die bisherigen lächerlichen und verbrecherischen Bräuche recht gering schätzte, so erwartete ich doch das Zusammentreffen mit der siebenköpfigen Schlange, der Beherrscherin der Loge, mit einer eigentümlichen abergläubischen Spannung, die ich weder mit meiner Erziehung, meiner Natur, noch mit meinem Glauben in Einklang bringen konnte. Worauf zielten denn all die mörderischen Riten und leeren Worte ab? Nur auf den Titel eines Freimaurers oder auf die Rente von 6 000 Francs? Was bedeuten all die verborgenen Pläne, die sensationellen Offenbarungen, die neuen Ideale, die mir durch die Einkleidung vermittelt wurden? War denn die inhaltslose und blutige Zeremonie das ganze Geheimnis des Drachens und all der inneren Erleuchtungen? Ich hatte von ihm wenigstens ein großzügigeres Gaukelspiel, irgendeine Kundgebung seines Geistes, seines machtvollen Seins gewünscht. Meine Seele war ja gleichsam gestorben, da ich in der Jugend die Liebe entbehren mußte, und daher verlangte ich jetzt, um auch vor mir selbst ein so verbrecherisches und sinnloses Beginnen zu rechtfertigen, stürmisch nach etwas Abenteuerlichem, das mir eine Freude in meinen Leiden sein konnte. Es war mir dabei gleich, woher dieses Übernatürliche kam, und ob ich dabei getäuscht würde oder nicht. Garfield hatte mir ja gesagt: „Wenn Sie das Absonderliche lieben, so werden Sie auf Ihre Kosten kommen.“ Bis jetzt hatte ich nur sonderbares und abscheuliches Zeug erlebt.

Wenn es wirklich eine Macht gab, die über diesem kleinlichen Getriebe engherziger Menschen stand, die im Himmel, in der Hölle oder in der menschlichen Seele lebte und wirkte, so war es höchste Zeit, daß sie sich kundtat, um die Neuaufgenommene vor dem Unglauben zu bewahren. Der Drache, zu dem man mich nun führte, blieb an diesem Tag leider unbeweglich, starr wie ein Fabeltier aus weißem Marmor. Ich legte meine Hand auf seinen Rücken, genau wie ich es von Mazzini auf dem Bild in Konstantinopel gesehen hatte. Nichts rührte sich. Dann leistete ich diesem leblosen Idol einen letzten Treuschwur, und es kam mir so vor, als ob die anderen Logenmitglieder dieser Begebenheit auch nicht mehr Bedeutung beimaßen als ich. In dieser Enttäuschung gab ich allen Logenbrüdern den Bruderkuß in ablehnender und wenig entgegenkommender Weise.

Als ich wieder auf meinem Platz in der Mitte der Loge saß, regnete es eine halbe Stunde lang Blumen auf mich herab, während eine bestrickende Musik ertönte. All das ließ mich kühl. Auch die Einladung Garfields zu einer allerdings nicht christlichen Agape, die das Fest beenden sollte, ließ mich gleichgültig. Der Festsaal kam mir wie ausgestorben vor und das vierstündige Bankett schien kein Ende zu nehmen.

Das Fest entartete viel schneller als bei Achmed Pascha. Man saß zu lange bei Tisch und die Fülle des Weines brachte die meisten außer Fassung. Ihre tierischen Instinkte erwachten. Als ich mich endlich erhob, um zu gehen, lagen fast alle unter dem Tisch. Nur Garfield blickte auf dieses Schauspiel mit Verachtung herab.

Im Ankleideraum tauschte ich mein Paradegewand gegen eines meiner Straßenkleider um. Er begleitete mich bis an die Tür meines Zimmers und war zurückhaltender denn je. Wohl fühlte er, daß ich diese Entartung mißbilligte, wie auch die leere Aufnahmefeier. Aber er hielt den Zeitpunkt noch nicht für gekommen, mich näher einzuführen. Als wir uns trennten, sagte er nur: „Geduld, Clothilde. Der geistig hochstehende Mensch ist immer und überall allein. Sein Himmel ist schwarz und leer. Die äußeren Formen können ihm nichts sagen von dem, was er noch nicht aus eigener Kraft erkannt hat. Suchen Sie weiter und Sie werden finden! In Ihrem Innern wird einmal die wahre Einführung stattfinden, wenn dort die Stimme des Geistes vernehmbar sein wird, wenn er Sie wirklich erwählt hat! Auf Wiedersehen am Freitag!"

Ich vernahm seine Stimme kaum mehr. Der Zwang der letzten Tage lastete zu schwer auf mir. Ich warf mich todmüde auf mein Bett. Am nächsten Morgen litt ich wieder unter hohem Fieber. Einen ganzen Monat mußte ich liegen. Immer wieder lag auf mir der Alpdruck des Mordes, der ekelhaften Schwelgereien und gemeinen Taten. Nur langsam erholte ich mich.

4. Von London nach Neapel

Jeden Abend kam Garfield, um sich nach meinem Befinden zu erkundigen. Von ihm bezahlte Dienerschaft berichtete ihm haarklein alles, was ich tat. Jeden Donnerstag abend ließ er mir eine schriftliche Erlaubnis zum Fernbleiben von der regelmäßigen Freitagssitzung zukommen, damit ich stets eingedenk bliebe, daß ich künftighin unter dem Gehorsam der Loge stände und ihr gegenüber mich verpflichtet hätte.

Sobald ich aufstehen konnte, mußte ich antreten. Ich erhielt einen Gestellungsbefehl für 2.30 Uhr morgens. Dieser Ruf zu einer solchen Stunde überraschte mich, denn ich wußte, daß die Sitzungen gewöhnlich um 11 Uhr, spätestens 11.30 Uhr, begannen. Man erklärte mir, daß die Neuaufgenommenen erst zu Beginn des gesellschaftlichen Teils zugelassen werden.

Ich wartete also zur bestimmten Stunde, kleidete mich im Ankleideraum an, wobei mir eine Beschließerin half. Als ich die Loge betrat, hörte ich, wie diesem und jenem Befehle in hebräischer Sprache erteilt wurden. Ich kam als letzte an die Reihe und erhielt den Auftrag, für die Loge eine Nachricht in eine fremde Hauptstadt zu überbringen. Solche Aufträge wiederholten sich oft und kamen mir wie meine eigentlichen Prüfungen vor, wobei die Führer der Illuminierten meine geistigen Fähigkeiten, meine Geschicklichkeit, Verschwiegenheit und Schnelligkeit bei der Durchführung der schwierigsten Aufgaben erprobten.

Meist mußte ich in der Kleidung einer Witwe unter falschem Namen reisen. Der Person, mit der ich zusammentreffen mußte, gab ich als Erkennungszeichen z. B. die Zahlen 2, 8, 4, 6, 0 an, worauf sie mit den Zahlen 1, 9, 5, 7, 3 antworten mußte. Es waren also gleiche und ungleiche Zahlen der ersten Zehnerreihe, wobei mit Ausnahme der ersten alle einen falschen Platz einnahmen, gemäß dem Grundsatz, daß in der Loge das Prinzip aller Dinge nie verkehrt werden darf, hingegen alles übrige je nach Bedürfnis umgestoßen werden kann, um diesem Prinzip zu dienen.

Meine zahlreichen Reisen will ich hier nicht erwähnen. Wozu auch? Ich mußte dabei ganz äußerliche Aufgaben erfüllen, die mich überhaupt nicht interessierten. Was verbarg sich denn tatsächlich hinter diesen zusammenhanglosen Unternehmungen? Ich erfuhr nie etwas und versuchte auch nie, es herauszubekommen. Mehrmals waren es Finten; denn meine neuen Vorgesetzten wollten genau wissen, inwieweit man sich auf mich verlassen konnte.

So mußte ich einmal dem deutschen Konsul in London 100 000 Francs überbringen. Für was? Für Propagandazwecke? Als Lohn für Logendienste oder politisch-religiöse Unternehmungen? Und für welche? Es war nicht meine Aufgabe, mich darum zu kümmern, und ich tat dies auch nicht.

Ich übergab dem Empfänger die Summe und brachte die Quittung zurück, worauf ich eine schöne Gratifikation erhielt, die mir aber Nebensache war.

Trotzdem wollte ich herausbringen, was ich eigentlich tat, aber in all diesen verwickelten Intrigen hatte ich noch zu wenig Erfahrung. Vielleicht wußte die Loge selbst nicht ganz genau, was sie eigentlich in Frankreich tun sollte. Noch war MacMahon Präsident, noch herrschte die Diktatur der moralischen Ordnung. Für die Loge kam es darauf an, zuerst zur Macht zu gelangen, um dann die Geschäfte der Republik in die Hand zu nehmen und sie nach ihrem Gutdünken auszubeuten. Grévy, Ferry und Gambetta, sowie die großen Parlamentsführer gingen vorsichtig tastend den Weg der Opposition. Pius IX. und Antonelli regierten in Rom und führten die Politik des vatikanischen Konzils, das wie ein Donnerschlag gewirkt hatte, fort. Ganz Europa schien sich in einer konservativen Gegenbewegung zu versteifen.

Trotzdem trugen diese Reisen sehr zu meiner Bildung bei. Immer mehr verstand ich die politischen Gespräche unserer Logenbrüder in Europa und Asien und konnte auch die Rivalitäten unter den hohen Illuminiertenlogen beider Erdteile feststellen.

Marie Edmé Patrice Maurice Comte de Mac-Mahon, Herzog v. Magenta (1808 – 1893), französischer Marschall, 1873 – 1879 2. Präsident der Dritten Republik.

Selbst die Großoriente schienen unter sich nicht immer einig zu sein. Bald erkannte ich, daß Garfields Politik von anderen Machtfaktoren innerhalb der Loge bestritten und bekämpft wurde. Vor allem warf man ihm vor, daß er alles zu sehr in amerikanischem Licht sehe, während bei anderen Führern die Besorgnis ständig wuchs, Europa würde immer mehr unter deutsche Hegemonie kommen.

Es war ein dunkler Konflikt, den ich noch nicht in seiner ganzen Tiefe begriff. Doch erriet ich schon damals, daß ich mich eines Tages für oder gegen Garfield entscheiden mußte. Als Garfields Gegner bezeichnete man Bismarck.

Garfield war mir von Tag zu Tag mehr verhaßt geworden, nicht als Führer, sondern als Mensch. Er hatte mir gegenüber zu lange Zurückhaltung geübt und mich in einer für meinen Hochmut unerträglichen Art und Weise behandelt. Ich verzieh es ihm nicht, daß er mich so schnell in seine Abhängigkeit gebracht, und er selbst sich hingegen mir so lange entzogen hatte. Im Gehorsam gegen das unheilvolle Gesetz, das von mir den Haß gegen meine ganze Umgebung zu verlangen schien, schwor ich ihm tödliche Rache, und zwar in dem Augenblick, wo ich ihn auch nach außen hin zu meinem Liebhaber erwählte. Er sollte mir den unausstehlichen Grafen Daniel X. ersetzen, den ich für immer abschütteln wollte.

Diesem hatte man zu verstehen gegeben, daß ich ihn nichts mehr anginge und als Freimaurer mußte er sich fügen, wenn er auch voller Eifersucht tobte und raste. Er war zu glücklich, mich nach der gewaltsamen Trennung wieder gefunden zu haben, so daß er durch die Drohung, erneut von ihm zu fliehen, fast den Verstand verlor. Alles gab er für mich hin. Er kaufte mir Schmuck, Möbel und Pferde. Als Belohnung zeigte ich mich mit ihm mitunter in der Oper oder in einem Cabarett. Seine Geldverschwendung für eine Frau, die sich über ihn lustig machte, amüsierte das ganze elegante Paris. Da er sehr darunter litt, ergab er sich dem Spiel. Genügte das meiner Rache nicht? Nein. Ich brannte darauf, ihn noch mehr zu martern.

Eine Laune Garfields beschleunigte die Ereignisse. Ich bemerkte, daß Garfield während der Freitagssitzungen mich mehr als sonst betrachtete. Trotz der Kälte, die er mir gegenüber zur Schau trug, legte er doch Wert darauf, mich oft zu sehen, und er traf sich mit mir im Goldenen Haus. Er war nämlich außer sich über manche Vertraulichkeiten, die sich Daniel gegen mich herausnahm.

Eines Tages ereiferte er sich maßlos über Daniel und beschuldigte mich, mit diesem eitlen und hohlen Menschen in unehrbare Beziehungen getreten zu sein. In kräftigem Ton wies ich ihn darauf hin, daß er dieselben Dinge von mir verlangt, worauf er mir gestand, daß er sich dieser unverzeihlichen Schwäche schäme, und daß er mich lieb habe. Ohne Zweifel fühlte er, daß ich ihm eines Tages ein gefährlicher Feind sein könne, und daß es daher ratsam sei, mich an ihn zu fesseln. Vielleicht ahnte er auch, daß sein Ansehen bei den höchsten Führern gelitten habe, während ich mehr und mehr die Gunst derselben genoß. Er stand trotz aller seiner gegenteiligen Beteuerungen unter dem Einfluß meiner Jugend und vielleicht auch meiner Schönheit. Dies hatte ich längst erkannt. Umsonst hatte er versucht, sich diesen verhängnisvollen Reizen zu entziehen. Ich schürte natürlich dieses Feuer der Leidenschaft. Denn ein solcher Umschwung seiner Gesinnung kam mir sehr gelegen und war meinen Plänen sehr förderlich. Garfield verfiel auf eine höchst merkwürdige Kriegslist, wobei der sonst so klug berechnende und straffe Selbstzucht übende Mann seine Autorität als Großorient und Chef der hohen Eingeweihten aufs Spiel setzte.

Einige Monate nach meiner Aufnahme wurde ich an einem Montag um 3 Uhr nachmittags in den Kapitelsaal gerufen. Dort wurde mir mitgeteilt, daß Garfield eine Studienreise nach Italien unternehmen würde. Da ich Land und Sprache gut kannte, wurde ich als seine Reisebegleiterin bestimmt. Ich unterdrückte jede Äußerung der Überraschung und fragte nur nach der Begleichung der Unkosten. Ausweichend antwortete man mir, daß Garfield alles bezahlen und mir die erforderlichen Instruktionen erteilen würde. Kurzum, man nötigte ihn mir als Liebhaber auf, unter dem Vorwand einer Dienstleistung. Ungern, aber auch ohne Auflehnung gehorchte ich; denn so lautete der Befehl. Aber es entging mir eine gewisse Unzufriedenheit bei denen, die mir diese Weisung brachten, nicht. Es war eben zu ersichtlich, daß der Großorient diesmal seinen eigenen Empfindungen den Vorrang vor den höheren Interessen einräumte. Er selbst war sich seines Mißgriffs wohl bewußt, und bis alles nach seinem Wunsch ging, war er unruhig und nervös, als ob er noch ein Gefühl für Gut und Böse hätte und seinen Logengöttern Trotz böte. Um sein Gewissen zu betäuben, suchte er diese Reisen häufig als politische Notwendigkeit hinzustellen.

Wenn man ihn hörte, mußte man meinen, die ganze Weltfreimaurerei stände auf dem Spiel. Der alte König von Italien neigte zu einem politischen Bündnis mit Frankreich. Er lebte in den Erinnerungen an Magenta und Solferino und wollte die Taten der päpstlichen Zuaven Charette, Lamoricière und Castelfidardo vergessen. Er wollte sich eben dem neuen Regime nähern, dessen Sieg in der Kammer er vorausahnte, nachdem die konservative Präsidentschaft Mac-Mahons ausgewirtschaftet hatte. Die antiklerikale und freimaurerische Republik war nach seinem Geschmack, und Garfield teilte seine politischen Anschauungen. Aber unter dem Druck Bismarcks, der selbst höheres Logenmitglied war, hatte sich eine andere politische Konstellation in allen maßgebenden Kabinetten und höheren Logen gebildet. Es kam Bismarck darauf an, den Dreibund mit Wien und Berlin zu schaffen. Die Rückwirkungen dieser Politik mußten recht bedeutsam sein, sowohl auf die anglo-amerikanische Diplomatie, wie auch auf die des Vatikans. Die franco-italienische Allianz mußte den Vatikan veranlassen, sich mit Bismarck gut zu stellen und sich dabei der Vermittlung des Zentrums zu bedienen, um überhaupt noch in Europa einen Stützpunkt zu behalten. Tatsächlich aber wirkte sich der Dreibund so aus, daß dem Papst eine Verständigung mit den gemäßigten Parteien der französischen Republik infolge der paradoxen Bindung mit der Regierung gegen die katholische Rechtspartei unmöglich wurde. Die eine wie die andere Lösung eröffnete der Loge die Möglichkeit, Intrigen zu spinnen und ihren Vorteil dabei zu wahren. Die eine wie die andere hatte daher auch ihre Anhänger, und Garfield war schon nicht mehr in der Lage, die Rolle des Schiedsrichters zu spielen, sondern mußte sich an die Spitze der einen Partei stellen, während Bismarck auf Grund seiner Stellung die andere leitete.

Einerseits begünstigten das Alter des Königs Viktor Emanuel II. und die bekannten Gesinnungen des Thronfolgers die Bestrebungen der prodeutschen Partei. Andererseits gab es unter den eingeweihten Logenbrüdern viele, die der Führung Garfields müde wurden, da er in den Beratungen fast immer den reinen Logenstandpunkt nationalen Vorteilen opferte, insbesondere seine Kandidatur als Senator oder als künftiger Präsident in Washington in den Vordergrund rückte.

Seine Reisen wollte er unternommen haben, um diese schwierigen Probleme aus nächster Nähe zu studieren und, wenn möglich, allen gerecht zu werden. In Wirklichkeit aber hatte er schon im voraus seine festen Pläne: Er wollte sich selbst decken und sich entführen.

Ich ließ alles mit mir geschehen, denn diese Intrigen machten mir Spaß, und ich genoß wenigstens die Lust, den unglücklichen Daniel dadurch schwer zu kränken. Schon seit langer Zeit galt er in meinen Augen nichts mehr. Launisch, wie ich war, floh ich ihn, um den Genuß zu haben, ihn rasen zu sehen. Dann näherte ich mich ihm wieder ein wenig, was ihn zu schrecklichen Geldausgaben veranlaßte. Je mehr er mir in seiner tierischen Leidenschaft zeigte, wie sehr er an mir hing, um so freudiger demütigte ich ihn. Als er erst erfuhr, mit wem ich abreiste, spie er Gift und Galle. Ja, ich hatte ihn über meine sogenannten geschäftlichen Begegnungen mit Garfield und über die Soupers mit ihm aufgeklärt, wobei der Großorient es nicht an Andeutungen von Liebeserklärungen fehlen ließ, die ich aber nicht zu bemerken schien, solange er sich mir nicht in aufrichtiger Liebe näherte. Auch erzählte ich ihm von all den Geschenken, die ich zwar zurückwies, wenn mich nicht gerade das Verlangen packte, Daniel zu quälen.

Er konnte also bezüglich des über ihn hereingebrochenen Unglücks nicht im Zweifel sein, als er mich mit seinem Gegner abreisen sah. Aber die Furcht vor der Loge überwog seine Neigung zu mir. Er wußte, daß er für einen Eidbruch in irgendeinem Logenverlies enden konnte. Zitternd vor Wut mußte er also zulassen, was er nicht ändern konnte. Dies war für ihn der Beginn einer schrecklichen Seelenqual.

Garfield und ich reisten Ende Dezember 1876 vor seinen entsetzten Augen ab. Wir kehrten erst in der Karwoche 1877 nach Paris zurück, um an den Zeremonien der satanischen Karwoche teilzunehmen.

Was soll ich über die Reise berichten? Garfield, der sich mir gegenüber nur als rache- und haßerfüllt hingestellt hatte, hatte doch eine verwundbare Stelle, was ich ohne Bedenken ausnutzte. Da ich nun schon einmal körperlich und seelisch entehrt war, was verschlugs dann noch, wenn ich ein neues Verhältnis einging, vorausgesetzt, daß es mir Vorteile bot? Bald schon siegte ich.

Dieser Mann war doch trotz all seiner Schwächen aus anderem Holz geschnitzt als der elende Daniel, und da ich mir schmeichelte, seine Dalila zu sein, so mußte ich doch herausbekommen, wie ich diesem Riesen die Mähne scheren konnte.

Meine Aufnahme in die Loge hatte mich hinsichtlich der halbsatanischen Geheimnisse der Maurer enttäuscht, und nie war ich ungläubiger und seelisch trockener gewesen. Es lohnte sich daher nicht, ihm irgendein Geheimnis dieser Art zu entlocken. Nur einmal gestand er, daß er selbst nie an diese Gaukeleien geglaubt hatte, und daß es über uns nur ein Nichts gebe, in das alles aufgeht: Leben und Leiden, Leidenschaften und Verbrechen, Unschuld und Tugend.

Eine zweifelhafte Politik, die sich aus Religionshaß und Revolution zusammensetzte, war das Geheimnis all dieser von Haß und Neid beherrschten Großsprecher. Es war nun mein

Bestreben, nach und nach, sei es mit Wissen und Willen, sei es zufällig, hinter diesen weitgreifenden Weltplan zu kommen. Trotzdem war Garfield auf der Hut, selbst in den Augenblicken innerer Losgelassenheit. Fast nie verlor er die Selbstbeherrschung. Ich war ärgerlich darüber, während dieser Monate fast nichts von den Fragen der großen Politik zu erfahren. Hingegen offenbarten sich unverhofft die merkwürdigen Tiefen seiner Seele. Sie enttäuschten mich in ihrer Eigenartigkeit und beunruhigten mich zugleich.

Zwei- oder dreimal gelang es mir, ihn betrunken zu machen, woran ich ein zweifaches Vergnügen fand. Zunächst freute es mich, den Mann ohnmächtig und hinfällig zu sehen, der mir sonst seinen Willen aufzwang. Dann aber wollte ich seine Geistesschwäche ausnutzen, um das von ihm zu erfahren, was ich wissen wollte.

So unterbrach er eines Tages im Zustand der Trunkenheit sein Gespräch über den italienischen Hof und sprach über die Macht, die Eifersucht, die Befehlsgewalt und über die Rache des Drachens, wobei er sich in seinen Worten förmlich überstürzte. Um ihn zu necken, wie auch um neue Geständnisse hervorzurufen, brach ich in ein schallendes Gelächter aus.

„Laß mich doch mit deinem Drachen in Ruh! Was ist denn das für ein Tier?“

Nie sah ich in menschlichen Augen je ein solches Entsetzen. Mit einem Schlag richtete sich der Trunkene auf. Er tat sich Zwang an, um eine Entgegnung herauszubringen. Die Zunge aber versagte ihm den Dienst. Eine andere Gewalt schien sich seiner zu bemächtigen. Schaum trat vor seinen Mund, und er fiel mir zu Füßen. Er bot für mich den Anblick eines in Fesseln liegenden Mannes und zuckte wie ein Epileptiker. Am nächsten Tag gelang es mir trotz allen Bemühungen nicht, ihn zum Trinken zu bringen. Um mich dafür an ihm zu rächen, fragte ich ihn im allerunschuldigsten Ton, ob er nicht mitunter Nervenkrisen unterläge. Er wurde ganz blaß und entfernte sich rasch, ohne ein Wort zu sagen.

Am Abend zog ich mich, Kopfschmerzen vorschützend, zeitig zurück, während er mir mitteilte, daß er die Nacht in einem neapolitanischen Klub zubringen und erst in den Morgenstunden heimkehren würde. Sorgfältig riegelte ich meine Türe ab und schlief bald ein.

Unser Hotel stieß an die Kirche San Genaro. Ich erwachte, als es 11 Uhr schlug: 7 und 3 und 1. Garfield war in meinem Zimmer. Wie konnte er eindringen, ohne irgendeinen Lärm zu verursachen? Er bewegte sich sehr vorsichtig. Ich hatte meinen Arm vor die Augen gelegt und konnte aus diesem Versteck heraus alles genau beobachten. Er war leichenblaß. Bei meinem Bett angelangt, rief er nach Osten gewendet mit leiser Stimme dreimal den Geist an.

Eine unsichtbare Gegenwart durchdrang das Gemach. Garfield warf sich zu Boden. Nach Ablauf einiger Minuten erhob er sich langsam und siebenmal wiederholte sich dieser Vorgang. Dann verließ er ebenso geheimnisvoll und geräuschlos, wie er gekommen war, das Zimmer. Ich schlief von neuem ein. Am nächsten Morgen um 9 Uhr kam er und erkundigte sich eingehend nach meinem Befinden. Eigensinnig hielt er daran fest, ich sähe schlecht aus. „Sie sehen so aus, als hätten Sie einen großen Schrecken erlebt. Ist Ihnen etwas zugestoßen?"

Ich schwor ihm, daß ich mich denkbar wohl fühlte, daß ich die ganze Nacht sehr gut geschlafen hätte und daß kein böser Traum mich erschreckt habe. Diese Mitteilung brachte ihn ganz außer Fassung, und unvermittelt kündigte er mir an, wir würden gegen 10 Uhr frühstücken und um 11 Uhr mit dem Schiff nach Messina fahren, wohin ihn dringende Geschäfte riefen.

Offenbar hatte er geglaubt, während meines Schlafes eine Art magische Beschwörung herbeiführen zu können. Der Mißerfolg seiner Bemühungen erfüllte ihn mit ernster Sorge hinsichtlich seines Könnens. Bis zur Abfahrt des Schiffes verließ er mich keinen einzigen Augenblick mehr. Gegen Abend gingen wir an Bord der *Italia*, und am nächsten Morgen tauchte der Leuchtturm von Messina vor unseren Augen auf.

Vier Tage blieben wir dort, dann fuhren wir nach Palermo und vierzehn Tage später nach Ancona. Am 7. Februar trafen wir in Rom ein. Über die seltsame Nacht in Neapel fiel kein Wort mehr.

Was sollte das alles bedeuten? Was für eine Beschwörung hatte dieser Oberpriester an mir versucht? Hatte er keinen Erfolg gehabt? Oder handelte es sich um einen Irrtum des gewaltigen Geistes? Hatte ich nicht alles geträumt?

Trotz meiner Beziehungen zu einem der höchsten Logenführer hatte ich nichts Übernatürliches kennengelernt. Wenn auch die Reise recht angenehm war, so war sie doch nutzlos geblieben. Schließlich rechnete ich auf die Karwoche, um derentwillen wir nach Paris zurückkehrten. Von ihr erhoffte ich die Belohnung für meinen Gehorsam und die Beharrlichkeit, wenn man meinem schändlichen und verbrecherischen Sklavenleben diese edlen Namen geben will.

5. Eine satanische Karwoche

Am Dienstag in der Karwoche wurde ich in die Loge gerufen und erhielt den Auftrag, für den Donnerstag 15 konsekrierte Hostien zu beschaffen.

Ich war darüber gar nicht erfreut. Ich hatte etwas ganz anderes erwartet. Aber man denkt nicht über einen Logenbefehl nach, sondern man führt ihn einfach aus. Mein Widerwille gegen diese sakrilegische Handlung entstammt weder der Ehrfurcht vor heiligen Dingen noch der Furcht vor der ewigen Strafe. Dagegen war ich höchst gleichgültig in jeder Hinsicht, und die Angelegenheit selbst hatte für mich wenig Belang. Ich hielt sie eher für unter meiner Würde und wollte mir in einem Devotionalienladen 15 unkonsekrierte Hostien kaufen, um mir den Gang zur Kirche zu sparen. Dann aber kam mir der Gedanke, daß dieses erste Mal sicher alle meine Schritte bewacht würden, und daß es mich teuer zu stehen kommen könnte, meine Herren betrogen zu haben.

Ich lief also am Mittwoch und Donnerstag in der Früh von Kirche zu Kirche und kniete im entscheidenden Augenblicke an der Kommunionbank. Um zu vermeiden, daß die Hostie gebrochen oder verändert würde, indem sie an meiner Zunge oder an meinem Gaumen festklebte, spülte ich mir vorher den Mund mit starkem Essig, der die Fähigkeit besitzt, die Schleimhäute auszutrocknen, aus. Dies Verfahren hatte man mich vorher gelehrt. Kaum hatte ich die Hostie empfangen, so tat ich so, als wäre ich in tiefste Andacht versunken, und legte sie in ein Buch hinein, das nur aus Löschpapier bestand.

Ich beeilte mich, mit dieser gemeinen Aufgabe möglichst schnell fertig zu werden. Dabei beschäftigte ich mich mit dem Gedanken, ob ich wohl noch oft gezwungen würde, solch erniedrigende Dinge zu tun. Nur der Gedanke an die Feier des Karfreitags mit all ihrem Neuen und Unbekannten vermochte mich hochzuhalten.

Gründonnerstag abend erhielt ich ein Billett mit der Aufforderung, noch vor Mitternacht zur Stelle zu sein. Daraus ging hervor, daß man mich als höhere Eingeweihte behandelte. Ein gutes Vorzeichen.

Um halb 11 Uhr fand ich mich im Ankleideraum ein, wo ich eine Reihe von Kleidern für mich bestimmt fand, die nach meinem Maß gemacht und den Namen trugen, den man mir bei meiner Aufnahme gegeben hatte: „Nymphe der Nacht."

Für gewöhnlich waren diese Gewänder in griechischem Stil gehalten. Das für mich bestimmte Abendkleid war eine Tunika aus Scharlach mit einem weißen Überwurf, auf dem Blutstropfen aus rotem Samt angebracht waren.

So bekleidet betrat ich die Loge. Die ganze Zeremonie fand in drei Stockwerken zugleich statt. Um das Folgende besser verständlich zu machen, schicke ich zunächst eine Beschreibung der Einteilung der Logenräume voraus.

Das Stockwerk, in dem alle Brüder ohne Unterschied zugelassen sind, haben wir bereits kennengelernt. Es ist zu oberst, wiewohl man meinen möchte, man komme nahezu ebenen

Fußes dorthin. Alle diese Räume haben keine Fenster ins Freie, daher auch kein Tageslicht. Die Eingangshalle ist an beiden Längsseiten mit einer doppelten Reihe von vergoldeten Stühlen und Kleiderständern versehen. Zur Linken betritt man das Badezimmer, dann zur Rechten das schwarze Kabinett oder auch das Versteck genannt, von wo aus eine Wendeltreppe zwei Stockwerke hindurch in ein enges Verlies führt. Dort halten die Würdenträger der Loge alle Eindringlinge oder Verdächtigen, die die Loge betreten haben, in Gewahrsam.

Von der Eingangshalle aus betritt man das Vestibül, von dem aus man durch die große Flügeltüre in die Loge gelangt. Von deren Innenausstattung war schon die Rede. Am Eingang steht das Skelett, das Gewölbe wird getragen von sieben Säulen: je drei rechts und links und eine in der Mitte. Dahinter in der Mitte der Drache, dann der halbkreisförmige Tisch, der nach hinten zu offen ist und schließlich ganz im Hintergrund die Rednertribüne, zu der man auf sieben Stufen hinaufsteigt. Hinter den Säulen befinden sich die Stuhlreihen und darüber die dreifache Galerie von kleinen Logen. Rings um diese Haupthalle reihen sich zahlreiche Gemächer. Rechts vom Vestibül betritt man eine Art Rumpelkammer, von da aus den Ankleideraum. Dann ein Beobachtungsheck, von dem aus die Würdenträger an Sitzungstagen den Saal beaufsichtigen können. Schließlich das grüne Zimmer. Hier finden die wichtigen Prüfungen und verschiedene sakrilegische Handlungen statt. Das Ganze wird abgeschlossen von einem langen Gang, von dem aus man in die Bibliothek gelangt.

Zur Linken entspricht dem grünen Zimmer das rote, wo die blutigen Proben abgehalten werden. Hier mußte ich den grauenvollsten Teil meiner Aufnahmeprüfung erleben.

Dann tritt man in das Zimmer der Beratungen, das so heißt, weil hier die höheren Führer tagen. Sie sind zu sieben versammelt, wenn es sich um eine Neuaufnahme handelt; zu vierzig bei der Wahl der Ämter, aber nur zu dreien, wenn es sich um die Würdenträger handelt. Darauf folgt das schwarze Zimmer, das ganz mit schwarzer Seide bespannt ist und grauenvolle Schreckensbilder zeigt. Schließlich folgt, in gleicher Linie mit dem Vestibül, die Aurora, eine kleine weißgetünchte Kammer, deren Boden mit weißen Fliesen und mit unlesbaren Inschriften bedeckt ist. Daselbst finden Mystifikationen für Außenstehende statt, über die man sich belustigt und die man angeblich aufnimmt. Auf einem Stuhl sitzt als Puppe ein Greis, bekleidet mit einem grauen Mantel, beide Hände auf den Stock gestützt, während der Vollbart über seine Hände herabfällt. Als Blinder trägt er auf einem Täfelchen das Wort geschreiben: Nachdenken. In dieser ersten Loge und ihren Nebenräumen bewegte sich für gewöhnlich die Masse der Affiliierten, zuweilen auch der Adepten.

Unter dem Gebäude befinden sich die Kellerräume. Neben dem Verlies, von dem schon die Rede war, liegt der große Beratungssaal, auch Speisesaal genannt, ferner das Amphitheater und die Gnosis, ein Studiensaal, wo Studien der jüdischen Geheimlehre und der Mystik getrieben werden. Auch finden dort oft größere Versammlungen statt. Um diese drei Räume herum läuft ein Gang, der damals mit dem Goldenen Haus und dem Englischen Café in Verbindung stand. Unter dem Amphitheater befinden sich noch mehrere schreckliche Verliese und Folterkammern. Zwischen diesen, für die Brüder aller Grade zugänglichen Räumen, befindet sich die große Loge, die auch Rundtempel heißt, wo nur die höheren Grade und die Eingeweihten Zutritt haben. Die Einteilung entspricht ziemlich genau der schon erwähnten. Nur ist der Sitzungssaal rund oder vielmehr achteckig. Drei Galerien von Logen erheben sich ringsum, aber jede Loge ist nur für eine Person bestimmt. Dort, wo der Saal die Winkel des Vierecks berührt, befinden sich vier große Räumlichkeiten: Der Beratungssaal, der die Archive und Akten enthält; hier versammeln sich die 80 Logenbrüder. Ferner das Kabinett der geheimen Wissenschaften, wo die Gaukelbilder Magie vorbereitet werden und sich die Sammlung aller Getränke, Gifte und Betäubungsmittel befindet, die der oberste Alchimist allein in Verwahrung hat; nicht einmal der Großorient besitzt den Schlüssel zu diesem Raum. Dann folgt die Krypta des Nachdenkens, wo die Neuaufzunehmenden sieben Tage bei Wasser und Brot in einem so engen und niedrigen Turm verbringen, daß sie weder stehen noch liegen, sondern nur knien oder sitzen können. Schließlich das Noviziat, wo diejenigen, die in den großen Rat aufgenommen werden sollen, ihre Unterweisungen erhalten. Als Abschluß dieses Stockwerkes der Kapitelsaal, der also über der Bibliothek liegt.

Wie man sieht, ist das ein sehr kompliziertes System, und zwar absichtlich, damit der Eindruck auf die Menschen um so tiefer sei. Der Eindruck allerdings, den die ganze Geschichte auf mich machte, war gleich Null.

Ich mischte mich in den Strom der Logenbrüder und ließ mich von ihm in das obere Stockwerk mit hinauftreiben. Schließlich landete ich in dem grünen Zimmer, wo uns die Eingeweihten und die Adepten erwarteten. Die Feier begann. An der Wand dieses Saales nach der Beobachtungsloge zu stand ein weißer Marmoraltar, in dessen Mitte sich eine kübelartige Vertiefung befand. Auf dem Altar lag ein Marmorlamm, auf dessen Haupt eine Marmorkrone, das Herz von einer Lanze und die Füße von Nägeln durchbohrt.

Der Drache und das Lamm – Christus und der Antichrist. Das wahre Geheimnis der Weltfreimaurerei war hier zum Ausdruck gebracht. Fast traute ich meinen Augen nicht. Die Kreuzigung auf Golgatha ist der Ostertriumph der Loge. Daher träumen fast alle Logenbrüder davon, an Stelle des christlichen Sonntags den Freitag als allgemeinen Freuden- und Ruhetag treten zu lassen, zur Erinnerung an ihren einstigen Sieg. Über das Lamm ein von brennenden Kerzen besetztes Dreieck und ein Ziborium mit Hostien, von denen eine wenigstens konsekriert sein muß.

Mehrere Kandelaber brannten um den Altar herum. Rechts stand eine Marmorschale, zur Linken eine aus Bronze. Vor den Altarstufen war ein mit Wasser gefülltes Bassin. Kleine Ölzweige schmückten rings herum die Wände des Saales. Zwei Eichenzweige umrahmten die beiden Lampenhalter und den ganzen Altar.

Als alle vor diesem Altar versammelt waren, bestieg ein Postulant die Treppen des Altars, nahm ein lebendes Lamm, tötete es und durchbohrte es nacheinander mit allen Leidenswerkzeugen, wie es an dem Marmorlamm dargestellt war. Dann entfernte er den Kopf, Füße und Herz und warf sie zur Reinigung durch Feuer in die Bronzeschale, in der ein Feuer flammte. Den Rest tauchte er zur Reinigung durch Wasser in die Wasserschale.

Darauf wusch sich der Opfernde die Hände im Blut, das sich in der Vertiefung des Altars gesammelt hatte, nahm das Ziborium zur Hand und konsumierte die konsekrierte Hostie, zerbrach und beschmutzte die anderen, wobei er in hebräischer Sprache den heiligen Text folgendermaßen parodierte: „Nicht mehr Du lebst, sondern Ich lebe in Dir, und Ich opfere Dich auf durch Dich selbst!"

Dann schritt er die Altarstufen hinab, entblößte seinen Nakken, tauchte den Kopf in das Wasserbassin, reinigte seine Hände und Arme und verließ den Saal. Die Affiliierten nahmen die Ölzweige von der Wand, warfen sie auf seinen Weg und schlossen sich ihm mit über der Brust gekreuzten Armen an. Als ich an die Reihe kam, blickte ich mich nach Garfield um, da ich in seinen Augen lesen wollte.

All diese Gotteslästerungen beunruhigten leider mein Gewissen nicht. Ich fand sie nur töricht und ekelhaft, was ich auch durch meine verächtliche Miene zu erkennen geben wollte. Aber Garfield war leider nicht da, und ich mußte daher wohl oder übel dieser Palmenprozession, wenn auch widerwillig, folgen.

Die verschiedenen Gruppen der Illuminierten trennten sich beim Ausgang. Die Novizen und Logenbrüder niederen Grades begaben sich zur Bibliothek, wo ihnen durcheinander Fleisch und Fisch serviert wurde, um das kirchliche Abstinenzgebot des heiligen Karfreitags zweimal zu übertreten.

Die anderen gingen in das Untergeschoß vor den Eingang zum Festsaal. Dort trennte man sich von neuem. Die niederen Grade traten in die Gnosis ein, während die höheren – darunter ich – in den viereckigen Saal hinaufstiegen, wo eine ermüdende und herzlose Parodie begann.

In der Mitte des halbkreisförmigen Tisches stand ein Elfenbeinkreuz, davor eine Gliederpuppe mit Tiara, ganz in Weiß gekleidet, daneben ein Dreifuß mit einem Buch und darüber 11 brennende Kerzen. Zwei andere Dreifüße erstrahlten im selben Lichterglanz, so aufgestellt, daß alle drei zusammen ein Dreieck bildeten. Sie stellten das heilige Delta dar, während die 33 Kerzen die 33 Grade oder Sprossen der geheimnisvollen Leiter bedeuten, auf denen man zur hohen Freimaurerei gelangt. Der zweite Großorient, es war damals T., nahm Garfields Platz ein, hieß uns im Halbkries um den Tisch Aufstellung nehmen. Dann las er aus dem Buch verschiedene belehrende Abschnitte vor, die unter anderem auch Schmähungen auf Papst und Kirche enthielten, die ich aber im allgemeinen nicht verstand. In einer langen Ansprache legte er uns dar, daß die päpstliche Monarchie ein Hohn auf das Evangelium sei. Das Christentum solle, wenn es überhaupt noch eine Spur Hochachtung für seine eigenen Anfänge besitze, aus sich heraus diese Herrschaft beseitigen, die seinen Grundsätzen widerspreche. Vor allem müßte das Christentum jede Spur einer irdischen Machtstellung und jede Anhänglichkeit an zeitliches Gut abschaffen. Zum Schluß erklärte er, der freigewordene Mensch solle sich weder dem Joch des Staates noch dem der Kirche beugen.

Ein schrecklicher Gesang ertönte von allen Seiten. Im Saal machte sich allmählich eine wahnsinnige Stimmung breit. Plötzlich ergriff T. ein Beil und ließ es unter schauerlichem Geheul der Anwesenden mit aller Gewalt auf das Genick der Drahtpuppe niedersausen, in der ein Leichnam eingeschlossen schien. Das Opfer, so heißt nämlich sein ritueller Name, stieß einen furchtbaren Schrei aus. Die Augen traten ihm aus den Höhlen. Noch ein Hieb, und das Haupt rollte zu Boden. Lastendes Schweigen folgte dieser Deliriumstat.

Jeder Logenbruder tauchte seine Hand in das Blut des Toten. Entsetzt wich ich zurück – mir schauderte vor diesem neuen

Verbrechen. Ein etwas menschlich empfindender Logenbruder legte seine blutigen Finger auf meine Hand, wobei er mir ins Ohr flüsterte: „Mut, liebe Schwester! Ist nämlich Ihre Hand nicht blutbefleckt wie unsere, so hält man Sie für feig und mitschuldig. Bedenken Sie immer, daß der Feind der Loge auch der unsere ist.“

Kaum konnte ich darauf hören. Ich war ganz starr vor Entsetzen. War das Opfer noch am Leben gewesen, oder war ich das Opfer eines furchtbaren Gaukelspiels geworden?

Schon nahm die Feier ihren weiteren Verlauf. Ich mußte weiter mittun. Das Haupt wurde auf eine Silberschüssel getan und wir gingen in Prozession in das rote Zimmer, wo das Haupt auf das heilige Delta gelegt wurde.

Dies ist ein umgekehrtes Dreieck aus beleuchtetem Ölpapier. Daneben stehen zwei Druiden aus Alabaster, die Blumen in eine Schale werfen, wo balsamische Gewürze verbrennen. Von der Decke hängt ein Kronleuchter mit sieben brennenden Lichtern, die niemals ausgehen dürfen, da sonst viel Unglück geschehen würde, wie diese Feinde des Aberglaubens meinen. An den Wänden hängen Schwerter, Yatagans, Floretts und Lanzen. Diese Waffen ergreifen die Logenbrüder, wenn ein Postulant, wie ich am Tag meiner Aufnahme, zaudert, die päpstliche oder königliche Gliederpuppe oder den Leichnam zu durchbohren. Hier finden alle Morde statt.

Erleichtert verließ ich diesen Raum und begab mich in den Festsaal, wo wir uns zu Tisch setzten, nachdem wir uns die Hände gewaschen hatten.

Es war mir unmöglich, irgend etwas zu essen. Ich konnte nur einige Tropfen Wein zu mir nehmen. Fieberschauer schüttelten mich. Nach Tisch stiegen lange Reden auf die Freiheit der Nation, auf den Tod des Papstes und auf die Vernichtung der katholischen Kirche.

Jedes Mal, wenn ein Hoch ausgebracht wurde, schleuderte der zweite Großorient in das Antlitz des gekreuzigten Heilands etwas Wein. Schließlich folgte die Menge diesem Beispiel und trank den Rest nach Freimaurerart aufrecht stehend, die linke Hand auf dem Herzen, aus. Dann vernichtete man das Kruzifix und warf die zerbrochenen Teile auf den Tisch. Jeder bemühte sich, ein Stück davon zu erhaschen, um es bis zur Unkenntlichkeit zu zerstören. Eine heilige Hostie wurde mehrfach durchbohrt. Dann nagelte man sie an das Elfenbeinkreuz. Diese gemeinen Menschen bespuckten sie dann von allen Seiten. Schließlich warf man sie ins Wasser. Es war derselbe Wasserbehälter, in dem wir uns nach dem rituellen Mord die Hände gewaschen hatten. Dadurch wurde die Hostie ganz blutgetränkt.

Es waren noch verschiedene Hostien übrig, und man schien gerade daran gehen zu wollen, auch diese zu entehren.

Plötzlich wurde an die Tür geklopft, und wir begaben uns in das Zimmer des Noviziats, wo neue Speisen und Getränke bereitstanden. Dort erwarteten uns etwa 12 gemeine Weiber. Das Gelage artete bald – wie so oft in der Loge – in eine tierische Orgie aus, und vor meinen Augen spielte sich der Geschlechtsverkehr mit öffentlichen Weibern ab.

Ich erhob mich entsetzt und entschlossen, offen meinen Abscheu zum Ausdruck zu bringen, als plötzlich Garfield eintrat und mich entführte. Er trug einen schwarzen Wolfspelz, und ich erkannte ihn nur an seiner Haltung und an seinem Blick, der gebieterischer war denn je. Er sperrte mich in ein dunkles Zimmer, wobei er mir ankündigte, daß er mich in zwei Stunden abholen würde.

Ich sah wohl, daß der Unselige nur diesen Augenblick abgewartet hatte, um mich rechtzeitig zu retten. Er war eifersüchtig – gegen das Gesetz der Loge, welches vorschreibt, daß zwischen Logenbrüdern alles gleich und gemeinschaftlich sei, auch die Liebe war hiervon nicht ausgenommen.

Garfield zeigte sich hierin noch als Mensch, nicht als Freimaurer. Endlich hatte ich ihn in meiner Hand! Während dessen unterhielt sich draußen dieses gemeine Pack damit, die übriggebliebenen Hostien in einer Art zu entehren, über die ich mich unmöglich äußern kann!

Als alles beendet war, kam Garfield. Er schien mir wie ein finster dräuender Erzengel: „Weib, um deinetwillen habe ich noch einmal das Gesetz der Loge übertreten. Hoffentlich rächen sie sich nicht zu sehr an mir!“

Ich bemühte mich, ihn zu beruhigen und überhäufte ihn mit Dankeserweisen und Zärtlichkeiten. Nur seinem Eingreifen dankte ich es ja, daß ich aus dieser Hölle errettet wurde. Im übrigen enttäuschte mich Garfield neuerdings schwer. Als ich ihm mit freundlichen und einschmeichelnden Worten mein Bedauern zum Ausdruck brachte, ihn nicht gesehen zu haben und ihm meinen Schrecken über das Erlebnis mit dem lebenden Leichnam schilderte, erzählte er mir kalt und ruhig den ganzen Hergang.

Das Opfer war ein Deutscher aus dem Hochgrad des Ritters Kadosch mit Namen Zemard, der vor kurzem den Befehl erhalten hatte, nach Paris zu kommen, um dort als Großinquisitor zu wirken. Kaum angelangt, übte er einen Druck auf den Großmeister aus, um von jeder Überwachung in seinem Dienst befreit zu werden. Dabei gab er vor, den üblichen Gesetzen nicht zu unterstehen. Als man nicht auf ihn hörte, lehnte er das ihm angetragene Amt ab. Ein solches Benehmen aber gilt in der Freimaurerei als besonders schweres Verbrechen. Die Angelegenheit kam sofort auf die Tagesordnung des Kapitels. Der Rebell wurde gerufen und erhielt den Befehl, die Aufgabe zu übernehmen und vier Kontrolleure dabei zu dulden, die ihm von Amts wegen ernannt würden. Auch dies lehnte er ab und wurde hierauf drei Tage ohne Nahrung in ein Verlies gesperrt. Dann bekam er doch etwas zu essen, aber nur um sein Leben bis zum Karfreitag zu verlängern. Am Gründonnerstag erhielt er dann von dem Großalchimisten ein Schlafmittel, nachdem er ihn im Kapitel degradiert und geohrfeigt hatte. Erst der tödliche Schlag hatte ihn wieder aufgeweckt.

Garfield erzählte mir das alles mit ruhiger Stimme und stolzer Vornehmheit, wodurch die Grausamkeit und Gemeinheit dieses kaltblütigen Mordes noch mehr hervorgehoben wurde, eines

Mordes, der nur verübt ward, um für diesen abscheulichen Ritus das jährliche Opfer zu haben.

Ich hatte große Lust, ihm zuzurufen: Wann wirst du, du gemeiner Schurke, an die Reihe kommen? Wirst du dann auch so gleichgültig tun wie jetzt?

Ein anderer Gedanke beschäftigte mich dann. Wie konnte dieser Deutsche als hoher Eingeweihter sich in ein solches Wespennest stürzen, ohne einen höheren Befehl und ein besonderes höheres Interesse? Wie konnte ihm ein Geheimnis wertvoller sein als sein Leben? Woher kam denn dieser Abgesandte und für wen arbeitete er? Der eiserne Kanzler kam mir in den Sinn. Garfield, von dem ich unbewußt einige Schritte zurückgetreten war, erriet meine Gedanken. Er lächelte geringschätzig: „Auch Bismarck könnte unser Urteil nicht anfechten, ohne sich selbst zu verraten. Es ist satzungsgemäß und richtig. Übrigens habe nicht ich das Urteil gefällt, sondern T. Ich pfeife auf diesen Preußen. Da habe ich schon andere Gegner besiegt. Aber Du! Du tust so, als wäre ich an diesem Blut schuldig, und träumst davon, Herzen zu zertreten und Menschenleben zu vernichten! O, du grausames Schicksalsweib! Du dürstest nach Rache und belügst dich selbst!"

Mit veränderter Stimme fuhr er fort: „Du siehst, was selbst einem Erleuchteten seine Würde kosten kann. Und du trägst es mir nach, daß ich alles tat, um diesen Weg des Schicksals dich nicht gehen zu lassen. Um jeden Preis willst du in alles eingeweiht sein! Es wird kommen, und dann wirst du in alles eingeweiht sein, Clothilde. MAN will es. MAN will es um deinetwillen und zu meinem Schaden. MAN will es unter den niederen wie auch unter den höheren Graden. Sei daher gegrüßt, du Erwählte. Aber nimm dich in acht, Clothilde, du läufst in dein Verhängnis!"

Plötzlich kniete er nieder – sein Blick weitete sich. Es war dies jener magnetische Blick, an dem ich ihn auch bei den schlimmsten Erlebnissen erkannte. Leichenblaß – nach Osten gerichtet, wie entrückt und besessen – begann er mit lauter Stimme zu weissagen: „Entgegen meinem Rat wirst du, Clothilde, den Tod bis an die Schwelle eines Königspalastes bringen. Später werden sich deine Hände mit Blut röten, trotz deiner edlen Bedenken von heute, und ein Unschuldiger wird durch dich sterben. Ein anderer wird dem Zauber deines falschen Wortes erliegen. Ein dritter wird ein Opfer deiner Rachsucht werden. Um zur höchsten Macht zu gelangen, suchst du Schutz unter den Flügeln des Mächtigen und dann wendest du dich gegen den Mann, der gewagt hat, dich zu lieben. Ihn willst du vernichten – trotz seiner Eide und der Eifersucht des Höchsten. In aller Stille wirst du seinen Untergang herbeiführen. Er ist dann kein Hindernis mehr für deinen Ehrgeiz! Immer höher steigst du. Alleinige Herrscherin, Braut des Geistes! Nach deinem Belieben wirst du über den Geist verfügen. *Er wird aus dir sprechen!* Noch ist dein Verlangen nach Ehrungen und nach Verbrechen nicht gesättigt. Dann kommt die höchste Probe. Und in diesem letzten Graben häuft sich so der Schlamm, daß du nicht weiter vordringen kannst. Dann zittere, du Siegerin, wenn du keine sichere Zufluchtsstätte findest!"

Je mehr er sprach, um so unheimlicher klang seine Stimme. Ein kalter Schauer überlief mich. Ich war sicher, daß er das alles soeben gesehen, und daß sich seine Weissagungen Punkt für Punkt erfüllen würden, daß nicht er gesprochen, sondern ein anderer aus ihm, den ich noch nicht kannte. Als Garfield nach einigen Minuten sein Gesicht vom Boden wieder erhob, konnte er sich nicht mehr erinnern, was er gesagt hatte. Ich hütete mich wohl, ihm etwas von dem Schlußakt dieses innerlich öden, furchtbaren Tages zu sagen.

Die Erlebnisse dieses Tages änderten nichts an meinem sonstigen Leben. Es war nur eine Etappe auf dem Weg, auf dem ich nun sicher dahinschritt in der Überzeugung, daß er zu einem sachlichen Ziel hinführe und auch zu einem – Jemand.

6. Wie man einen König vergiftet

Die nun folgende Zeit verlief weniger schnell und war nicht so arbeitsreich, als ich gedacht hatte. Während der Sommermonate ereignete sich nichts Wichtiges. Am 21. Oktober des Jahres 1877 wurde ich ins Kapitel befohlen, wo mir mitgeteilt wurde, daß die Loge als Belohnung für mein mutig überstandenes Noviziat mir eine besonders wichtige Aufgabe übertragen wolle, daß ich aber vorher das Geheimnis des Großorients erfahren müsse.

Es ist dies eine besondere Probe, die den Neuaufgenommenen auferlegt wird, daß man sie in Fälle einweiht, von denen nur die Eingeweihten wissen. Denn nur diese kennen die wirklich ernsten Pläne der Loge. Die anderen wissen nichts, wie meine bisherigen Mitteilungen am besten zeigen. Sie können nur im gegenseitigen Gedankenaustausch aus den Gebräuchen und täglichen Gepflogenheiten etwas vermuten. Die Parolen und elektrischen Klingelzeichen sind lediglich Polizeimittel zur Aufrechterhaltung der Ordnung und zur Sicherheit des Logengebäudes. Im Vergleich mit den wahren Geheimnissen der großen Logen haben sie gar keine Bedeutung.

Man ließ mir drei Tage Zeit zum Überlegen, ehe ich meine Zustimmung gab. Diese Zeit verbrachte ich in der Loge, ohne auszugehen oder jemand zu sprechen. Der Großorient sperrte mich selbst in eines der unbequemsten unterirdischen Verliese ein. Ich suchte dem Unternehmen die beste Seite abzugewinnen, indem ich mich freute, jetzt still in meinem Gefängnis leben zu können, ohne die unerquicklichen Zeremonien der Loge miterleben zu müssen. Tastend suchte ich mein Bett und versuchte, diese verlorene Zeit durch Schlaf auszufüllen.

Die erste Nacht verlief ganz ungestört. Als ich erwachte und mit den Fingern die Zeiger meiner Uhr betastete, fühlte ich, daß es sieben Uhr sei. Ein fahles Licht fiel vom Fenster des Kellergewölbes herein. Ich entdeckte einen Schalter in der Wand. Dort stand eine Weckuhr. Um 11 Uhr wurde ein Teller hereingeschoben mit einem Zettel, auf dem folgende Worte standen: Was wünschen Sie bei den Mahlzeiten zu trinken? Da man mich anscheinend als Rekluse behandelte, so spielte ich die Aszetin und schrieb: Frisches Wasser. Trotzdem erhielt ich Wein, den ich auch trank. Bei dem abendlichen Mahl stand auch eine Wasserflasche dabei mit der Aufschrift: Behalten Sie, wenn Sie wollen, das Glas und diese Flasche. Offenbar hatte man meine Antwort ernst genommen, was mich recht belustigte. Meine Uhr, die ich sorgfältig lieber zweimal als nur einmal aufzog, wurde mir ein wertvolles Hilfsmittel, diese nicht enden wollenden drei Tage zu verleben. Endlich, am dritten Tag, weckte mich die elektrische Klingeluhr plötzlich und Garfield trat mit einem Leuchter in der Hand ein. Erneut erschien ich vor dem Kapitel. Diese kindischen Gebräuche, die tatsächlich oft gemein und sogar blutig waren, versetzten mich immer wieder in Erstaunen; denn ich hatte gar keine Veranlagung für derlei esoterische Geheimniskrämerei.

Feierlich empfingen mich die Eingeweihten. Einer von ihnen trug in der Hand eine blaue Schärpe, die er Garfield reichte. Dieser legte sie mir um und sagte dabei:

„O Nymphe der Nacht, erhalte den Titel und das Amt einer Rittersfrau aus dem Orden von Cypern und erweise dich dieser Auszeichnung würdig, indem du getreulich die Weisungen befolgst, die du erhalten wirst!“

Ich nickte zustimmend. Jeder Eingeweihte beglückwünschte mich und verließ dann das Zimmer. Garfield und ich blieben allein zurück. Wie bei solchen Anlässen immer, so war er auch heute still und traurig. Er reichte mir seinen Arm und führte mich hinab in den Saal der Gnosis. Dort angekommen, bat er mich, an einem Schreibtisch Platz zu nehmen. Mit einer Nadel stach er mich in die Hand, reichte mir einen Federhalter und befahl mir:

„Schreiben Sie mit Ihrem Blut, was ich Ihnen jetzt sagen werde!“

Ich schrieb folgende Worte: Ich schwöre, mir selbst die Adern zu öffnen, wenn ich so gemein sein sollte, das Geheimnis des Großorients zu mißbrauchen!“

„Unterschreiben Sie!“ befahl er dann. Ich gehorchte ohne weiteres. Trotz unserer sonstigen Vertraulichkeit hätte ich unter solchen Verhältnissen nie gewagt, Garfield um Aufklärung zu bitten oder ihn kameradschaftlich anzulächeln. Seine Unbeweglichkeit steckte mich an, und im übrigen war ich zum Glück nicht so spottsüchtig wie die Franzosen. Mein zügelloses Temperament, das immer zum Extremen neigte, wurde durch solche Kindereien zwar aufgebracht, ertrug aber diese geduldig als unvermeidliche Belästigung bei einer gefahrvollen Tätigkeit.

Die Miene Garfields kündete mir diesmal zur Genüge, daß es sich um eine ernste Sache handle, die zugleich ihm persönlich nicht ganz angenehm war.

Er bat mich, auf meinem Stuhl Platz zu nehmen, ersuchte mich, genau aufzumerken, gab mir einen versiegelten Brief und sagte, ohne eine Miene zu verziehen:

„Dieser Brief hier enthält die ausdrückliche Weisung an den Prinzen Umberto, den Erben der italienischen Krone, in unserem Auftrag seinen Vater Viktor Emanuel zu beseitigen, der jetzt höhere Pläne stört oder sogar unmöglich macht, nachdem er unserer Sache so lange Jahre gegen die päpstliche Tyrannei gedient hatte. Ich zeige Ihnen also Ihre Mission in ihrer ganzen Bedeutung, damit Sie mich genau anhören und alle Vorsicht walten lassen bei Ihrer nicht ungefährlichen Rolle, die Sie nach Ihrem besten Können spielen sollen.“ Dann fuhr er in angeregtem Konversationston fort:

„Also, meine liebe gnädige Frau, Sie sind von jetzt ab Frau Cerati, die Witwe eines italienischen Generalstabsoffiziers. Sie kommen nach Rom von Marseille aus, wo Sie bei einer Ihrer Schwestern zur Erholung weilten. Die italienischen Behörden verweigern Ihnen Ihre Pension, und Sie bringen dem Prinzen Umberto ein Bittgesuch, das von Seiner Exzellenz Herrn Cairoli, der jetzt italienischer Minister ist und in besonderer Gunst bei Viktor Emanuel steht, befürwortet ist. Können Sie meinen Gedanken folgen?“ Tatsächlich hörte ich ihm mit gespannter Aufmerksamkeit zu. „Sie sind eine vorbildlich fromme christliche Witwe. Daher haben Sie sich auch an den neuen Kardinalstaatssekretär gewandt, um trotz der bestehenden Unstimmigkeiten zwischen Vatikan und Quirinal einen Empfehlungsbrief zu erlangen, der Ihnen mit Hilfe von Cairoli erlaubt, den Thronfolger hier oder dort einmal zu treffen. Sobald Sie mit ihm zusammenkommen, benutzen Sie die erste beste Gelegenheit, um ihm leise das Wort ‚Kabir' zu sagen, worauf Umberto Ihnen alsbald ‚Sabeth' antworten wird. Dann übergeben Sie ihm den Brief und warten. Er wird Ihnen als Antwort einen anderen Brief übergeben, den Sie uns am Freitag nach Ihrer Rückkehr überbringen werden."

Dann warf er mir einen langen durchdringenden Blick zu. Er schien meine Gedanken zu lesen. Nach einer Pause sagte er leise:

„So enden die ältesten Diener, deren Tätigkeit nicht mehr willkommen ist. Du bist noch jung, Clothilde, du kennst die Landessprache wie kein anderer. Niemand eignet sich besser für diese Aufgabe, die man von mir verlangt. Geh jetzt, mein Kind, der Geist beschütze und leite dich!"

Mein Kopf brummte, als ich gegangen war. Ich muß gestehen, diesmal schwoll mir der Kamm in Gedanken an diesen großen Auftrag. Endlich erhob ich mich aus der Niederung der kleinlichen Dinge und durfte mich großen Aufgaben widmen! Von Politik verstand ich allerdings nicht viel. Weder Politik noch religiöse Fragen, die ja immer die Grundlage aller großen Kämpfe sind, vermochten mich zu fesseln. Ich war Frau und wollte als solche die Rolle einer Frau spielen, die über der Menge und selbst über den Bevorzugten der zweiten Klasse steht, erst als Botin, dann als Vertraute der höchsten Macht ohne Nebenbuhler. Diese Macht wollte ich nicht für mich allein mit Beschlag belegen – ich hätte nichts damit anfangen können –, sondern ich wollte sie verteilen, beeinflussen und in den Dienst meiner persönlichen Rache, meines Strebens nach Wohlleben, Genuß und Eitelkeit stellen.

Im übrigen, was lag mir an diesem Mord? Obgleich ich von Geburt Italienerin war, so war ich doch infolge meiner bisherigen Laufbahn heimatlos geworden, wie ich ja auch gottlos war. Der alte König, der einst die Gunst des Volkes besaß, dieser junge Prinz, der auf Wunsch der Loge ein Vatermörder werden sollte, der mit der einen Hand mordete, mit der anderen das monarchische Prinzip entehrte, waren für mich nur noch zwei höhergestellte Marionetten in der Tragikomödie des allmählichen Niedergangs Garfields durch Bismarcks immer fühlbarer werdendes Gegenspiel. Es war dies die erste Rache, die der große Kürassier für seinen Ritter Kadosch nahm, den man in der Nacht des Karfreitags geopfert hatte.

Soll ich es endlich sagen? Mein Interesse an dieser großen Intrige war bei mir mit einer anderen besonderen Neugier verknüpft, der meine ganze Leidenschaft gehörte. Obgleich ich als Italienerin keine innere Anteilnahme mehr an meinem Vaterland besaß, so blieb ich doch infolge meiner Vererbung ein echtes Kind meines Volkes. Als Tochter irgendeines alten Carbonaro eine geborene Verschwörerin, meinte ich dort im klassischen Land der Komplotte, der *aqua tofano* und der verborgenen Dolche, endlich Partner nach meinem Schlag zu finden. Dieser Freimaurerprinz, der das Ende eines Vaters, der nicht umsonst gewarnt war, beschleunigte, dieser künftige König, der einer allgemeinen Verschwörung gegen die Throne half, um seine Dynastie zu retten, dieses Staatsoberhaupt, das trotz seiner Polizei und seiner Armee der Sklave eines unbekannten freimaurerischen Agenten war, den er jeden Augenblick im Graben einer Zitadelle erschießen lassen konnte, welch ein Durcheinander! Was für Kombinationen eröffneten sich da! Wer würde schließlich der Sieger in diesem machiavellistischen Spiel sein? Rom, das ja zu allen Zeiten der Welt die Führer gegeben, war nicht gewohnt, von ihr Belehrungen zu empfangen.

Diese andere Seite der Frage, die dem in diesem Fall doch zu wenig geschmeidigen Garfield und dem zu schwerfälligen Bismarck entging, fesselte mich neben meiner offiziellen Rolle, die ich zu spielen hatte. Zum Ärger der Loge hätte ich für die südliche Feinheit gegen den harten Sektengeist der Deutschen und Angelsachsen gewettet. Ich behielt wohlweislich diese Gedanken ganz für mich und hütete mich, sie zu genau zu formulieren. Diese Vorsicht verdirbt weder das Gewissen, noch die Freude am Spiel.

Einige Tage darauf reiste ich nach Turin ab. Garfield hatte die Angelegenheit mit keinem Wort mehr erwähnt. Ich benutzte den Tagesschnellzug über Modena, der 11 Uhr nachts in Turin eintraf. In der Nähe des Bahnhofs stieg ich in einem Hotel ab und reiste am nächsten Morgen um 3 Uhr 30 in der Früh weiter nach Bologna, um trotz meiner tiefen Trauer ja nicht erkannt zu werden. Auch war ich auf diese Weise sicher, daß niemand mir folgte.

In Rom stieg ich auf dem Petersplatz bei einem Händler kirchlicher Goldarbeiten ab, der im Dienst der Loge stand. Dieser stellte mich dem Kardinalstaatssekretär vor. Der hörte wortlos, mit würdiger Miene mein Gesuch an und unterschrieb einen Empfehlungsbrief für mich an den Minister Cairoli.

Später traf ich den Minister im Palais Rospigliosi. Seine Exzellenz überhäufte mich mit all den Floskeln italienischer Höflichkeit, mit zahlreichen Beileidsbezeugungen über das Hinscheiden meines unglücklichen Mannes. Hier erfuhr ich erst die wahren oder angenommenen Familienverhältnisse sowie die Einzelheiten der militärischen Laufbahn meines Mannes. Der ganze Hof nahm scheinbar an meinem herben Verlust Anteil, und die Audienz beim Prinzen Umberto würde noch vor Ende dieser Woche stattfinden.

Am nächsten Morgen ließ mich der Prinz Umberto wissen, daß er wünsche, daß ich der Prinzessin Margherita und der Herzogin von Genua in Gegenwart des Prinzen von Carignan vorgestellt würde. Ich erwiderte, daß der leiseste Wunsch eines so erlauchten Prinzen für mich Befehl sei. Am Nachmittag besuchten mich Herr und Frau Cairoli, um mir bei eventuellen Einkäufen in der Stadt behilflich zu sein. Am nächsten Tag um 2 Uhr nachmittags begab ich mich in Begleitung Cairolis zum

Prinzen. Es waren zugegen: die Prinzessin Margherita, die Herzogin von Genua, die Marquise Pampanati und ihr Gemahl, der Prinz von Carignan, der Prinz von Belgiojoso, Madame Amari und der Prinz Umberto.

Ich war gar nicht befangen, als ich den Anwesenden vorgestellt wurde. Mit edler Zurückhaltung und schmerzdurchfurchten Zügen hörte ich fast zwei Stunden die freundlichen und teilnahmsvollen Worte dieser Damen an, wobei ich gierig auf eine günstige Gelegenheit wartete. Plötzlich beugte sich Prinz Umberto, der so tat, als wollte er das Taschentuch der Herzogin von Genua aufheben, zu mir herüber, und ich flüsterte ihm ins Ohr: „Kebir!" Ich konnte aus seinem Verhalten nicht erkennen, ob er aus Berechnung sich so gab oder ob ihn meine Parole irgendwie überraschte.

„Sabeth", antwortete er mir ebenso leise. Aufgeregt hielt ich meinen Brief unter meinem Kleid. Ich zauderte, ihm vor allen andern das Schreiben zu überreichen. Da streckte er mir die Hand entgegen und sagte in der natürlichsten Art von der Welt: „Ah, ist das der Brief, der den letzten Willen Ihres Mannes enthält und an mich gerichtet ist? Ich danke Ihnen, Madame!"

Ich hatte mein Haupt geneigt, um meine Verwirrung zu verbergen, gleichsam als ob der Schmerz, den diese Erinnerung wachrief, mich ganz niederdrückte. Tatsächlich stellte ich mir ganz entsetzt die Frage: Was wird er jetzt mit dem Brief machen? Wird er ihn vor allen anderen öffnen? Wie wird er diesen heiklen Auftrag aufnehmen? Wird er nicht beim Lesen dieser verbrecherischen und widernatürlichen Weisung sich offen dagegen empören und sich an mir wegen einer so gemeinen Tat rächen? Trotz allem, was ich bisher erlebt hatte, bemächtigte sich meiner eine begreifliche Unruhe.

Der Prinz hatte inzwischen ohne Hast das Siegel erbrochen, das Fläschchen mit Gift am Grunde des Umschlages geborgen und den Brief gelesen. Seine Züge blieben unverändert, die Hand hatte höchstens einen kurzen Augenblick gezittert. Bedächtig legte er den Brief in die Brieftasche, schien einen

Augenblick nachzudenken und dann sagte er: „Madame, Ihre Angelegenheit ist sehr wichtig. Ich werde sie dem König unterbreiten, der trotz seiner großen Schwäche sich noch im Vollbesitz seiner geistigen Kraft befindet. Sobald er entschieden hat, werde ich Sie benachrichtigen."

Von neuem verneigte ich mich und bat, mich zurückziehen zu dürfen. Cairoli begleitete mich bis zu meiner Tür. Jetzt erwartete ich mit mehr Gewißheit den Brief, den Prinz Umberto für die Loge mir übergeben sollte.

Welch wunderbare Biegsamkeit meiner Landsleute, dachte ich mir, angesichts der übelsten Machenschaften! Die Loge wird diesmal den Kürzeren ziehen!

Kaum heimgekehrt, suchte mich ein Vertreter der Loge auf und übergab mir einen versiegelten Brief. Er enthielt eine Mitteilung an Umberto und eine an mich.

Die letztere lautete:

„Sie werden noch 10 Tage in Rom bleiben. In einer Woche werden Sie Viktor Emanuel vorgestellt werden. Vor Ihren Augen wird man das Gift in ein Glas schütten. Die Hälfte davon wird er trinken. Nehmen Sie ein Fläschchen mit Veilchensirup an sich, den Sie in den Rest im Glas gießen sollen, der dann eine blutige Färbung bekommen wird. Wundern Sie sich nicht darüber. Es ist die natürliche chemische Reaktion. Gießen Sie dann alles in ein anderes Fläschchen, das Sie uns vorlegen werden. Fürchten Sie nichts! Sie werden mit Umberto allein sein. Er wird Ihnen Ihre Aufgabe Punkt für Punkt erleichtern. Ein getreuer und ergebener Freund.

PS. Zugleich 2 000 Francs inliegend. Sollte das Geld Ihnen ausgehen, so wenden Sie sich an Ihren Gastgeber. Aber vergessen Sie nicht, daß Sie allen diesen Weisungen aufs genaueste nachkommen, selbst unter Lebensgefahr!"

Dieses Mal wurde es ernst! Ich sollte bei der Vergiftung zugegen sein und einen chemisch einwandfreien Beweis hierfür mitbringen. Die Loge hatte mich nicht nur ohne mein Wissen von einem Agenten überholen oder verfolgen lassen, der je nach

Umständen verschiedene Weisungen bei sich hatte, sondern ich konnte auch nicht mehr daran zweifeln, daß jeder meiner Schritte der genauesten Kontrolle durch ein unsichtbares und allgegenwärtiges „Auge“ unterworfen war.

Wie schlau wäre der Prinz, wenn er dieser Falle entgehen könnte! Im übrigen – was ging das mich an? Wenn ich nur meine Mission gut zu Ende führte und aufrichtig über alles Rechenschaft ablegen konnte.

Sechs Tage lang blieb ich ohne jede Nachricht. Am siebenten erschien Cairoli mit einem Schreiben des Prinzen: „Nehmen Sie die Einladung Cairolis für eine musikalische Soirée morgen abend an. Ich werde Sie dort empfangen. Er ist ein treuer Untertan, ein Logenbruder.“

Cairoli lud mich regelrecht ein. Ich nahm an, nachdem ich der Form halber einige Einwendungen gemacht hatte. Die Zusammenkunft wurde auf 11.30 Uhr angesetzt.

Um Viertel nach 11 Uhr fand ich mich in Cairolis Palais ein. Der Türhüter geleitete mich in einen leeren Salon. Cairoli trat ein: „Der Prinz wird 11.30 Uhr pünktlich erscheinen. Ich muß Sie aber allein lassen, um meine Gäste nicht aufmerksam zu machen.

Um meine Aufregung zu dämpfen, nahm ich eine musikalische Zeitschrift zur Hand. Kaum schlug es halb, als Umberto wortlos eintrat. Ich reichte ihm den Brief, er nahm ihn, bat mich höflich, Platz zu nehmen und schien sich in den Inhalt zu vertiefen. Nur seine zusammengezogenen Augenbrauen kündeten sein scharfes Nachdenken. Schließlich wandte er sich an mich und sagte mit einer wunderbaren Selbstbeherrschung: „Madame, in vier Tagen werde ich Sie dem König vorstellen und Sie können Paris sagen, wie weit ich in meinem Gehorsam gegangen bin.“ In diesem Augenblick ließ mich Cairoli rufen. Im Salon wurde ich vorgestellt, dann gab es musikalische Darbietungen. Nach Verlauf von zwei Stunden schützte ich Müdigkeit vor und zog mich zurück.

Vier Tage später empfing mich der König. Umberto stellte mich Viktor Emanuel vor und betonte dabei, daß es sich um einen verwickelten Fall von Pensionsgewährung handle. Der alte Monarch, der das Bett hütete, begrüßte mich mit jener schlichten Herzlichkeit, der er seine Volkstümlichkeit verdankte. Er versicherte mir, wie sehr er an meinem Verlust Anteil nehme, wie überhaupt an allem, was seine Armee betreffe, daß aber sein Alter und seine Krankheit ihn leider daran hinderten, sich dieser Angelegenheit selbst anzunehmen. Schon beim Sprechen zeigten sich die Anzeichen von Müdigkeit, und er verfiel in eine Art Mattigkeit. Umberto ergriff einen Trank, der für den Monarchen bereitstand und schüttete den Inhalt des Päckchens, das ich ihm gegeben hatte, hinein, oder eines solchen, das diesem ähnlich war. Er half seinem Vater, die Hälfte dieses Trankes zu nehmen. Dann stellte er das Glas wieder an seinen Platz. Da nun der Greis eingeschlafen war, schien er angeblich sein Wiedererwachen abzuwarten und erklärte mir ein schönes Schlachtengemälde, das an der Wand hing. So konnte ich den Sirup in den Rest des Trankes gießen. Das Glas wurde rot und ich schauderte vor Entsetzen. So hatten wir also einen schon halbtoten Leichnam vergifet, und ich verstand nicht, wie man ein so sinnloses und gemeines Verbrechen begehen konnte. Erst bei meiner Rückkehr erklärte mir ein Eingeweihter die Gründe. Der alte König war trotz seiner Sünden gläubig geblieben, daher wollte er nicht ohne die Sakramente sterben. Aber er war als Räuber der päpstlichen Staaten namentlich exkommuniziert worden. Um nun von dieser Strafe befreit zu werden, wollte er wenigstens den Quirinal und die ewige Stadt verlassen. Die Loge aber wollte, daß er in Rom in dem geraubten Palais ohne Versöhnung sterbe und beschleunigte daher seinen langsamen Todeskampf, um auch dem Vatikan einen Akt der Barmherzigkeit unmöglich zu machen.

Da ich diese Schliche nicht kannte, so war ich über die wilde Hast, mit der man einen Sterbenden beseitigte, entsetzt.

In den Augen des Prinzen hingegen leuchtete es auf, als er sah, wie der Trank sich verfärbte. Eilig übergab er mir den Brief, den ich nach Paris bringen sollte und der ohne Zweifel sein politisches Programm enthielt. Dann fragte er sehr höflich:

Viktor Emanuel II. (1820 – 1878), 1849 – 1861 König v. Sardinien, 1861 – 1878 König v. Italien.

Umberto I. (1844 – 1900), 1878 – 1900 König v. Italien, wurde in Monza ermordet.

„Wann reisen Sie ab?“

„In acht Tagen“, erwiderte ich bedrückt. Da schien es mir, als ob es aus den halbgeschlossenen Lidern des Kranken eigentümlich hervorblitzte. Aber nein, es war eine Täuschung. Als wir an das Bett traten, schlief der König fest. Wir grüßten uns nach Art der Freimaurer, indem wir unauffällig einen Finger an die rechte Hand, an die Stirn und ans Herz legten. Dies ist der Ausdruck dafür, daß alles dem Gesetz der Loge untertan ist, Arm, Verstand und Wille.

Ich zog mich zurück. Viktor Emanuel lebte noch einige Tage, und heute bezweifle ich stark, daß der Sohn ihm wirklich das Pariser Gift zu trinken gab. Im Gegenteil, beide Fürsten schienen in gemeinsamem Übereinkommen eine Komödie gespielt zu haben, die das Leben des Älteren rettete.

Die Nachricht von seinem Tod erschütterte ganz Italien. Ich war Zeuge davon. Das Gerücht verbreitete sich, daß man bei der Einbalsamierung Gift in den Eingeweiden gefunden hätte, daß man aber diese Vergiftung auf eine zu starke Dosis von Heilmitteln zurückführe. Die Turiner Zeitung „L’Unione“ deutete offen auf ein Verbrechen durch Familienmitglieder hin. Alle Exemplare wurden von der Polizei mit solchem Aufheben beschlagnahmt, daß es den Anschein hatte, als wünsche der Quirinal die Verbreitung dieser Nachricht eher zu fördern als zu unterdrükken. Am Morgen nach dem Hinscheiden wurde Umberto zum König ausgerufen und er begann nun seinerseits das gefährliche Handwerk der Herrscher auszuüben, die vor der Loge zittern und sich gezwungen sehen, mit ihren Mördern zu regieren.

7. Neue Morde und Schandtaten

Acht Tage später verließ ich Rom, verbrachte eine Nacht in Dijon und traf am ersten Freitag in der Fastenzeit 1878 wieder in Paris ein. Noch am selben Tag überbrachte ich den hohen Eingeweihten den Brief Umbertos, meinen Bericht und das am

Bett des Königs gefüllte Fläschchen. Alles war planmäßig verlaufen. Viktor Emanuel war tot – zwar losgesprochen von seinen Sünden, aber er war doch in Rom gestorben, worauf es ja vor allem ankam. Der ärztliche Befund ergab, daß das Gift wirklich angewendet war, und ich hütete mich wohl, meine Zweifel über die Möglichkeit eines Unterschubs oder Tausches irgendwie verlauten zu lassen.

Ebenso werde ich eines Tages euch und eurer Rache entfliehen, falls es nötig werden sollte, und wenn ich auch nicht die Stärkere bin, so werde ich doch die Schlauere sein, dachte ich bei mir.

Hierauf bat ich um einen zweimonatigen Urlaub, um mich zu erholen, was man mir auch gerne gewährte. Mit einem Meisterstück hatte ich meine Laufbahn begonnen, wodurch ich ein ungeahntes Selbstvertrauen zu mir selbst gewann.

Übrigens hielt es auch das Kapitel für klüger, mich einige Zeit verschwinden zu lassen, bis jede Spur von der Witwe Cerati verwischt sei. Unglücklicherweise gewann ich durch diese Muße und Bewegungsfreiheit Zeit, an mich selbst und meine Rache zu denken. Garfield war verreist. Immer häufiger mußte er in die Vereingten Staaten reisen, da ihm der Boden in Europa unter den Füßen zu wanken begann. Darum suchte er seine Stellung in Amerika um so mehr zu festigen. So kam er nur noch selten nach Paris, und dann nur für Tage, höchstens für einen Monat.

Für schlimme Naturen wie die meine ist die Einsamkeit Gift. Ich überließ mich daher den allerschlimmsten Einfällen und Launen. Zunächst erinnerte ich mich Daniels, den ich so lange im Stich gelassen hatte, und ich beschloß, mich für immer dieses elenden Verführers zu entledigen. Ich überredete ihn, mit mir nach Monaco zu gehen. Da er Spieler war, so beschloß ich, ihn dadurch zu verderben. Er sollte ein Opfer der Spielhölle werden. Je mehr er verlor, desto wütender hasardierte er. Ich spielte mit ihm ein höllisches Spiel. Bald war er blank. Wir kehrten nach Paris zurück, wo ich ihn veranlaßte, erneut, und zwar an der Börse, zu spielen, damit er wieder zu Geld käme. Dabei spiegelte ich ihm ein herrliches gemeinsames Leben vor.

Eines Tages raffte er sein ganzes noch übriges Bargeld zusammen und spielte im Palais Royal. Dort verlor er mehr als er überhaupt noch besaß.

Entsetzt eilte er zu mir und erzählte mir sein Mißgeschick. Er hoffte, damit mein Mitleid zu erregen und von mir Hilfe zu erlangen, nachdem ich ihn in diese Lage hineingetrieben hatte. Kalt und mitleidslos hörte ich ihn an:

„Lieber Freund", sagte ich ihm, „verabschieden Sie sich bitte von mir."

Verständnislos sah er mich an. Ich lachte laut auf, und er verließ mich wie ein Wahnsinniger.

Am selben Abend erschoß er sich. Ich jubelte darüber. Mein durch diesen auf eigene Rechnung vollführten Mord verhärtetes Gewissen trieb mich zu allen politischen und anderen Verbrechen, die sich in der Loge häuften.

Ich erlebte, wie Logenbrüder nach Serbien und Konstantinopel geschickt wurden, um Mordtaten zu vollbringen, bei denen auch ich in irgendeiner Weise beteiligt war. Ich wirkte bei mehr als einer Vollstreckung solcher Todesurteile mit, denn jeder Eingeweihte oder Logenbruder höheren Grades, der sich schwer gegen eine Bestimmung der Satzung vergeht, verdient die Todesstrafe. Wenn der Geist sie nicht selbst vollstreckt, so muß der Großorient sie verhängen und vollziehen lassen. Die Mittel hierfür sind ganz verschieden. Sobald Gift nicht zweckmäßig erscheint, so inszeniert die Loge Unglücksfälle. Es handelt sich dann um ein Unglück auf hoher See, um einen Sturz aus dem Wagen, um einen nächtlichen Überfall, den man dem herumlungernden Pack in die Schuhe schiebt oder als privaten Racheakt hinstellt. Auf diese Weise starb der Minister Tegalli während eines Spaziergangs auf dem Land bei Neapel. So griff man seit dem 22. November 1878 König Umberto durch Passanten mit Mordwaffen an. Die Hochloge war nämlich hinter seinen Verrat gekommen.

Noch grausamer wurden die beiden Brüder Rollin bestraft. Durch bestimmte Mittel machte man sie zu Idioten, wobei sie besonders heiter wurden. Noch jetzt befinden sie sich in Charenton. Ich hütete mich wohl, von meinen eigenen Taten auf diesem Gebiet zu sprechen. Die Schamröte steigt mir ins Gesicht, wenn ich überhaupt daran denke. Ich will nur ein Beispiel von diesen Schandtaten erzählen. Danach kann man ermessen, wie die anderen waren, die ich anstandshalber mit Stillschweigen übergehen muß.

Gegen Ende des Jahres 1879 erhielt ich den Auftrag, einen gewissen Boulier, dem man nicht traute, zu überwachen. Garfield war damals gerade abwesend. Er wurde mir eines Abends im Goldenen Haus vorgestellt. Wir trafen uns mitunter im Bois de Boulogne, wenn ich ausritt. Schließlich machte er mir Liebesanträge, und ich erhielt den Befehl, seine Geliebte zu werden. Ich richtete ihn fast zu Grunde. Sein Leben schien nur noch an einem Faden zu hängen. Ich gab ihm einen vom Großalchimisten bereiteten Trank. Schließlich gab ich ihm zwei sogenannte magnetische Kugeln, die ihm, wenn er sie in bestimmter Form halte, angeblich eine jugendliche Sinnlichkeit geben sollten, was er mit aller Macht wieder zu erringen suchte. Sobald er die Kugeln in den Händen hielt, wurde er leichenblaß und verlor die Besinnung. Entsetzt floh ich mit den beiden Kugeln von dannen.

Diese Szene spielte sich in einem der Loge gehörigen Haus in Passy ab. In seiner Familie glaubte man, er sei entflohen. Am nächsten Morgen fand ich seine Leiche in der Loge auf dem Seziertisch unseres Amphitheaters wieder. Bei unserem nächsten Fest mußte Boulier uns als einbalsamierte Leiche dienen.

Leider war dies nicht der einzige Mord, den ich auf dem Gewissen hatte. Diesmal hatte ich allerdings selbst unmittelbar mitgewirkt. Dieser Mord war um so grausamer, als mir der Unglückliche nie ein Härchen gekrümmt und Frau und Kinder mittellos hinterließ. Um seinen Namen vollends zu entehren und sein Verschwinden erklärlich zu machen, inszenierte die Loge noch einen Bankrott auf Grund gewisser Papiere, die ich ihm entlockt hatte.

War ich nach solchen Taten nicht reif für höhere Grade? Es gibt in der Loge einen Raum, von dem ich bis jetzt wenig gesprochen habe. Es ist das schwarze Kabinett, eine Art Totenkapelle, die sich zwischen der Aurora und dem Beratungszimmer befindet. Dort stehen auf 18 kleinen Tischen längs der Wand 18 Totenschädel. Durch Anwendung besonderer chemischer Mittel leuchten sie in der Dunkelheit. Im Hintergrund erhebt sich ein aus Knochen und Schädeln zusammengesetzter Altar. Gegenüber ein anderer unvollendeter Aufbau mit Winkelmaß, Kelle, Sand und Kalk. Diese Symbole sollen den Brüdern klarmachen, mit welchem Material die Freimaurerei ihre Gebäude ausbaut. Der Logennovize muß an dem Knochenaufbau weiter arbeiten, muß alle Schädel genau betrachten, eine Flüßigkeit und Salz auf den Altar werfen, die dann in Flammen aufgehen, während von allen Seiten schrille Schreie ertönen. Zugleich beleben sich die Schädel auf den Tischchen, und über dem Altar erscheint das blutüberströmte Haupt eines Geköpften, aus dem Flüche heraus ertönen. Seufzer und Klagen lassen sich überall vernehmen. Eine Grabesstimme nennt die Namen von Freunden und Verwandten.

Nach Beendigung dieser Prüfung erhält der Kandidat Armschienen, Helm, Visier und Schild. Er gilt als sturmerprobt. Wogegen? Gegen die Angst? So meint er. Alles schien ihm ja entgegenzurufen: Du wirst sterben. In Wirklichkeit ist der Sinn der: Du wirst töten. Töten ohne Aufhören, ohne Entschuldigung und ohne Grund, nur auf Weisung einer blutigen Macht.

Eine grüne Laterne wirft ein mattes Licht in den Raum. Ein beflügeltes Ungetüm mit einem gehörnten Vogelkopf und einem Schlangenschweif bewegt sich ohne Unterlaß in diesem Lichtkegel, ein schreckliches, auf Beute ausgehendes, blutdürstiges Tier, das vielfach von einfältigen Personen für einen Geist gehalten wird, das aber in Wirklichkeit nur das Abbild der Macht ist, die alle Mordpläne im voraus inspiriert oder direkt anbefiehlt.

Am Todestag Bouliers hat wohl dieser gehörnte, schreckliche Aar mir zu Ehren einen doppelten Freudenschrei ausgestoßen.

Dritter Teil

Der Inspirierte im Kampf mit dem Großorient

1. Die Besitzergreifung durch den Geist

Es war im Juni des Jahres 1879, als Garfield mir mitteilte, daß ich an die Stelle eines hohen Eingeweihten, eines gewissen Gavagnon, treten sollte, der eben gestorben war. Nach so vielen Diensten konnte ich mit Recht eine solche Auszeichnung beanspruchen. Leider war meine Kenntnis der okkulten Dinge noch sehr mangelhaft, während ich dagegen auf anderen Gebieten nur allzu bewandert war.

Eines Tages betrat ich also auf Geheiß des Großorients den runden Tempel der Eingeweihten, einen viel würdigeren und eindrucksvolleren Raum als die Loge der niederen Grade. Die eigentliche Zeremonie sollte demnächst stattfinden. Die Eingeweihten wollten mich in den Kreis der Sieben berufen, die am halbkreisförmigen Tisch ihren Platz hatten. Es war dies trotz der langen Wartezeit fast zuviel der Ehre; die Proben sollten daher noch viel schwerer werden.

Garfield hatte es sich vorbehalten, mich selbst in alles einzuführen.

Auf Weisung klärte er mich über das *höchste Geheimnis* auf, über die eigentliche Machtquelle der Loge:

„*Dies Geheimnis ist der Geist,* der hier dargestellt ist als siebenköpfiger Drache!"

Sofort bemerkte er, daß diese Mitteilung auf meinen Skeptizismus keinen Eindruck machte. Da ich von Natur und aus Überzeugung ungläubig war, konnte ich an das Dasein eines himmlischen oder höllischen Geistes nicht glauben. Da ich nicht an Gott glaubte, glaubte ich natürlich auch nicht an den Teufel.

Alles Befremdende oder Erschreckende, was ich bisher erlebt habe, schob ich zur Beruhigung meines Gewissens auf das Konto der Hexerei oder törichten Geschwätzes. Ich machte mich über meinen eigenen Argwohn lustig, den ich für ein Überbleibsel weiblicher Schwachheit oder für ein Erzeugnis meiner überreizten Einbildungskraft hielt.

Garfield war entschlossen, meinem Skeptizismus gründlich zu Leibe zu gehen. Er tat daher alles, damit der Geist sich mir offenbare. Hoheitsvoller denn je erhob er sich und hieß mich die Estrade ersteigen. „Nun merken Sie gut auf!“ rief er, legte Hut und Handschuhe ab, bekleidete sich mit der Purpurtunika und der weiten Toga und setzte einen leuchtenden Stirnreif auf. Die Sonne funkelte auf seiner Brust. Dann berührte er mit der Stirn den Boden und rief den Drachen an, den er „Geist“ nannte. Es waren demütige, flehentliche und sogar hündisch ergebene Bitten.

Siebenmal begann er und siebenmal berührte er mit seiner Stirn den Boden. Plötzlich erhob er sich wie von unsichtbaren Kräften getragen, sein erstarrter Blick suchte weite Fernen, während die fahlen Lippen zusammenhanglose Worte murmelten. Die Lichter im Saal verblaßten, ohne ganz zu verlöschen. Donnerartiges Grollen ertönte im Saal und der Drache begann sich zu *beleben.* Dunkles Licht glomm aus den vielen Augen, die Mähne an den Köpfen floß weich herab, die Flanken berührten den Boden und der Schweif krümmte sich schlangenartig. Der Drache folgte Garfield, der ihn mit seinem Blick beherrschen wollte. Endlich kam das furchtbare Tier vor der Estrade zur Ruhe, wie bezaubert von seinem Bezwinger. Garfield fragte nun auf deutsch den Drachen:

„Soll die Logenschwester, genannt Nymphe der Nacht, der Ehre teilhaftig werden, eine Eingeweihte zu sein?“

„Ja!“ erwiderte das Tier, das dabei wie eine Schlange zischte.

„Wird sie diesem Grad der Loge zur Ehre gereichen?“

„Ja!“ antwortete der Drache und brach in ein helles Gelächter aus.

Nun ließ sich Garfield auf ein Knie nieder und sprach folgendes emphatisches Gebet: „Dich erkenne ich an als das höchste Wesen, das unseren Geist erleuchtet und unsere Handlungen leitet. Du erleuchtest auch mich besonders und führst meinen Arm. Du beherrschst das Weltall und bewegst es, weil ja alles dein Werk ist. Dir gehört Himmel und Erde, die ganz erfüllt von deinem Ruhm, die Abbilder deiner Größe und Erhabenheit sind. Du bist Licht, Stärke und Kraft, zeige deine Macht, die, wenn sie will, Geist und Herz sich untertan machen kann. Du hilfreicher Schützer eines jeden der Deinen, du *Feind des Gekreuzigten,* in deinem Namen verfluche ich Gott, die Dreifaltigkeit, Christus und seine jungfräuliche Mutter. Höre den an, von dem du Besitz ergriffen und der eins mit dir ist! Im Vertrauen auf deine Offenbarungen, im Glauben an deine Macht über jedes geschaffene, sichtbare und unsichtbare Ding, habe ich das Recht, von dir das zu erbitten und zu erlangen, was du weißt." Hierauf folgte eine kurze Anrufung auf hebräisch. Das war die eigentliche Beschwörung. Alle anderen bisherigen Anrufungen waren nur zu meiner Erbauung erfolgt. Da richtete der Drache sein siebenfaches Haupt auf, seine Augen wandten sich nach den verschiedensten Punkten der Loge zugleich. Er stieß einen furchtbaren Schrei aus, der von den Wänden des Saales widerhallte und begann, die Antwort durch Klopfen auf den Boden kundzutun. Diese seine Art, sich zu offenbaren, ist natürlich recht ermüdend, denn die Schläge auf den Boden entsprechen den verschiedenen Buchstaben des Alphabets. Drei Schläge bedeuten C, zehn J, zwanzig T usw. Garfield buchstabierte auf diese Weise die ganze Mitteilung, die also lautete: „Hat heute keinen Zweck. Ich werde sie selbst überzeugen." Dann kam es stoßweise in italienischer Sprache heraus:

„Rache und Haß . . . Weib, komm zu mir!"

Jetzt hörte ich schon aufmerksamer zu. Der Drache wurde stiller und kehrte schließlich auf seinen Platz zurück, wo ich dann wieder die gewöhnliche weiße Marmorstatue erblickte. Garfield war ganz außer Atem. Trotzdem zwang er sich rasch wieder in die Maske des immer sich gleich bleibenden Gentleman. Ich stieg die Estrade hinab und beglückwünschte ihn zu diesem interessanten Schauspiel, das er mir hier geboten hatte. Wenngleich ich sehr überrascht war, so hatte er mich keineswegs schon überzeugt, da ich eine Suggestion durch seine bestrickenden Feueraugen nicht für ausgeschlossen hielt. Er merkte dies gleich, sagte aber darüber kein Wort. Einige Tage später reiste er auf drei Monate nach New York ab. Nach seiner Rückkehr führte er mir ein neues Schauspiel auf, vom Drachen beeinflußt, der mich damit ganz ins Verderben stürzen wollte.

Garfield schien Geschmack gefunden zu haben an einer Tänzerin von der Oper namens Mina, von der ganz Paris sprach. Ständig lobte er ihre Fähigkeiten während der wenigen und meist kurzen Besuche, die er mir schenkte. Diese Person schien seine Zeit und seine Gedanken ganz in Anspruch zu nehmen.

Ich liebte Garfield nicht, sondern dachte nur daran, mich an ihm zu rächen, sobald sich mir eine günstige Gelegenheit dazu bot. Unser Verhältnis schmeichelte aber immerhin meinem Hochmut, und ich wollte mich von dieser Tänzerin nicht entthronen lassen, solange ich ihr meinen Platz nicht freiwillig einzuräumen gedachte. Ich ging tatsächlich in die Falle, die mir Garfield gestellt hatte, um meine Kälte zu besiegen – ich wurde eifersüchtig! Überall kam es mir vor, als sähe ich die beiden, die ich so sehr haßte, im Bois de Boulogne, beim Rennen, im Theater. Ich begann, meine Rivalin glühend zu hassen. Diese Mina wagte es, mir zu trotzen! Sie mußte beseitigt werden! Aber wie? An die Loge konnte ich mich nicht wenden. Tausend unausführbare Pläne durchfuhren mein Hirn. Eines Freitags vernahm ich nach der ermüdenden Rede eines Logenbruders in der Nähe des Drachens von unbekannter Stimme die Worte:

„Rache und Haß! Weib, komm zu mir!“

Ich blickte mich um. Niemand war in meiner Nähe. Wer hatte zu mir gesprochen? Einen Augenblick betrachtete ich den Drachen. Er war unbeweglich still und kalt wie Stein.

Mein Entschluß stand fest. Ich wollte Klarheit und Gewißheit haben. Rache mußte ich auf jeden Fall nehmen, zumal sie durch das jüngste Erlebnis wieder neu entfacht war. Morgen wollte ich allein in die Loge gehen und den Drachen selbst befragen, selbst unter der Gefahr, dabei umzukommen. Spricht er, so würden wir miteinander schon fertig werden, schweigt er, so ist diese Gottheit für mich abgetan.

Allerdings brauchte ich, um in den runden Tempel zu gelangen, einen Schlüssel, den aber nur die Eingeweihten besaßen. Da griff ich zur List und schrieb an Garfield: „Wenn Ihre schöne Freundin heute abend nicht Ihre ganze Zeit in Anspruch nimmt, so schenken Sie ihrer einstmaligen Geliebten einige Minuten. Ich würde Sie gerne zum Abendessen einladen."

Er kam. Im Eßzimmer hatte ich ein mächtiges Feuer anmachen lassen, obwohl es erst Oktober war. Die Hitze im Zimmer wurde ihm bald recht lästig und, obwohl er nur wenig getrunken, war er schon stark angeheitert. Als ich noch etwas Opium in sein Glas getan hatte, war er seiner Sinne nicht mehr mächtig. Ich ließ ihn dann in ein Schlafgemach bringen, wo man ihn entkleidete. Dann trat ich ein und nahm den kleinen Schlüssel an mich, den er in einer Geheimtasche unter dem Hemd trug. Da ich ganz sicher war, daß er so bald nicht erwachen würde, begab ich mich eiligst in die Loge. Der Portier fragte mich, wohin ich wolle. Ich entgegnete, ich hätte einen Ohrring verloren, und Garfield hätte mir den Schlüssel gegeben, da er mich nicht begleiten könne. Der Türhüter meinte, es handle sich nur um die viereckige Loge der Brüder niederen Ranges, und ließ mich durch. Auch die Frau, die die Garderobe betreut und im Avly schläft, sah mich ganz erstaunt an, wagte aber nicht, mich aufzuhalten, da sie meine hohe Stellung kannte.

Ich betrat also die Loge endlich allein, zündete einige Gasflammen an und blickte mich nach allen Seiten genau um. Da sah ich über dem Platz des Großorients den Christus hängen, dessen Anblick mich gewaltig packte. Unsicher blickte ich einmal zum Drachen hinüber. Zehn Minuten wankte ich zwischen beiden hin und her. Plötzlich kam mir der Gedanke, daß es besser sei, wenn es überhaupt eine übernatürliche Ordnung der Dinge gebe, sich für den Menschen zu entscheiden, der einst einen so schmählichen Tod gefunden hatte, als für das Tier und Ungetüm. Aber das Kreuz und der Gedanke an Verzeihung lagen mir fern, ich war zu unwürdig der Heiligkeit, und da ich keine wahre Reue hatte, zu unwürdig der Barmherzigkeit des göttlichen Meisters.

Das kurze Gnadenangebot war umsonst.

Ich bestieg die Estrade, um Gott in leichtfertiger Weise zu versuchen. Nachdem ich fünfmal mich bekreuzigt hatte, rief ich dem Gekreuzigten zu:

„Christus, Sohn des lebendigen Gottes, wenn es wahr ist, daß deine Macht größer ist als jene andere, so beweise es mir, und mache die Auflehnung des Drachens gegen dich zuschanden!" Es war mehr ein Befehl als ein Gebet. Ich hätte zuerst meine Knie in Demut beugen und meine Sünden beweinen sollen. Christus schwieg.

Da fluchte ich ihm zum ersten Mal in meinem Leben aus eigenem Antrieb. Ich verlangte von ihm, außer mir vor Wut, er solle sich offenbaren oder mich vernichten. Schließlich sank ich, durch eine fremde Gewalt stumm gemacht, ganz erschöpft zu den Füßen des Drachen nieder. Ganz unsicher blickte ich zunächst zu ihm auf. Ich berührte ihn mit der Hand, um mich zu überzeugen, daß er aus Marmor sei, ohne Leben und Gefühl, dann neigte ich mich bis zu seinen Füßen hinab und flüsterte wie im Krampf: „Bist du der Mächtige, dann offenbare dich mir! Bist du der Starke, so bewege dich!"

Da fuhr eine der gewaltigen Tatzen wie der Blitz auf meinen Nacken nieder. Ich war wie benommen von diesem Schlag, die Haare standen zu Berge und mein Herz drohte still zu stehen infolge dieser plötzlichen und brutalen Berührung mit einer übernatürlichen Welt, an die ich so lange nicht glauben wollte. Ein Zweifel war nicht mehr möglich. Das geheimnisvolle Leben dieser haarigen, warmen, mich erdrückenden Tatze war durch keine Maschinerie zu erklären. Furcht und Freude kämpften in meiner Seele. Zunächst war der Schmerz stärker. Ich rief um

Gnade und Erbarmen, all die Anrufungen wiederholend, die ich von Garfield gehört hatte. Nach und nach lockerte sich der Griff in meinem Nacken. Zehn Minuten lang war ich keines Wortes und keiner Bewegung mehr fähig. Plötzlich erhob ich mich und floh auf die Estrade. Von da aus versuchte ich, den Drachen mit meinen Augen zu beherrschen. Wie Funken leuchtete es aus den zahllosen Augen. Das Ungetüm kam mir ungeheuer schön vor. Von den sieben Köpfen glichen mehrere dem Löwen, einige dem Panther, die einen waren einhörnig, die anderen wieder mehrfach gehörnt. Der Leib war der eines Leoparden, von schwarzen Streifen durchzogen. Die kurzen, starken Beine trugen mächtige Krallen.

„Höchster Geist!" rief ich ihm zu. „Ist es wahr, daß du mich zu dem Amt berufst, das man für mich ausersehen?"

„Ja!" erwiderte das Tier.

„Was soll ich jetzt tun, um dir zu gefallen?"

„Du sollst mich als deinen höchsten Herrn durch einen Pakt anerkennen, den du mit deinem Blut unterzeichnest. Du sollst dich in allem meinem Willen unterwerfen, und der Religion, in der du geboren, feierlich abschwören!"

„Und was werde ich als Entgelt dafür erhalten?"

„Ehren und Reichtum." Und leise fügte der Drache hinzu: „Haß und Rache!"

„Gut! Ich werde mich dir schenken, sobald ich einen Beweis deiner Macht außerhalb dieses Kreises habe. Gewähre mir zwei Gunstbeweise, auf die ich Wert lege!"

Der Geist ließ daraufhin viele Goldstücke zu meinen Füßen niederregnen, die ich mit Verachtung auf den halbkreisförmigen Tisch warf. „Ich brauche kein Geld!"

„Was willst du denn haben?"

„Ich will an der Frau Rache nehmen, die mir jeden Einfluß auf Garfield raubt!"

Der Drache lächelte höhnisch: „Mina? – Es sei! Sie sterbe! Du allein wirst Garfields Geliebte sein!"

Ich näherte mich ihm. Sein Versprechen hatte mir Vertrauen

zu ihm geschenkt. Ich hatte keine Angst mehr. „Kannst du mir als Gegenleistung für meine völlige Hingabe an dich noch etwas schenken? Welche auch immer die Beziehungen sein werden, die ich unterhalten muß, kannst du es fügen, daß mein Herz nie daran hänge und ich nicht zu sehr unter dieser erbärmlichen menschlichen Liebe leide?"

„Ich verspreche es dir. Ich kann es, ich will es!"

Dann wurde der Drache wieder zu totem Marmor. Ermattet ließ ich mich in einen Stuhl fallen. Eine Stunde später verließ ich die Loge, ohne bemerkt zu werden. Garfield schlief immer noch, als ich heimkehrte. Es war halb drei Uhr morgens. Den Schlüssel tat ich wieder an Ort und Stelle und legte mich zur Ruhe. Doch schlafen konnte ich nicht.

Um 10 Uhr erwachte endlich Garfield. Er konnte sich an nichts erinnern und behandelte mich sehr liebenswürdig und höflich. Von dem Tag an besuchte er Mina nicht mehr, und eine Woche später fiel sie auf der Straße bewußtlos hin und wäre dabei fast unter die Räder eines Wagens geraten. Die Ärzte stellten bei der Leichenöffnung den Durchbruch eines Pulsadergeschwüres fest. Es war ein ganz seltener Fall. Nach einer Woche sprach ganz Paris von diesem Unglücksfall, dann dachte man nicht mehr daran. Ein neuer Stern leuchtete im Ballett. Garfield schien von all dem ganz unberührt zu sein. Er verließ mich nicht mehr und zeigte sich von einer Großmut ohne Grenzen.

Nach und nach verschwanden die Spuren der Krallen an meinem Nacken. Der Drache hatte nicht nur meinen unmenschlichen Wunsch betreffs Mina erfüllt, sondern unsere dramatische Zusammenkunft Garfield ganz verheimlicht. Dies war für mich eine besondere Offenbarung und ein Beweis, daß wir beide einer noch höheren Verschwörung angehörten.

Eines Abends unterschrieb und versiegelte ich den höllischen Geheimpakt, nachdem ich gründlich und gewissenhaft mir noch einmal alles überlegt hatte.

2. Bismarck gegen Garfield

Der Erfolg dieses Paktes ließ nicht auf sich warten. Zu meiner großen Überraschung erhielt ich an einem Freitagabend die Aufforderung, mich um 11.30 Uhr wie die Eingeweihten zur Sitzung einzufinden, nicht erst um 2 Uhr morgens wie die Brüder niederen Grades. Garfield war verreist. Im Ankleideraum des runden Tempels erhielt ich ein weißes Gewand, auch eine Kristallscheibe in die linke Hand. Letzteres bedeutet in der Freimaurersprache Bitte um Geld. Der Großmeister führte mich also gekleidet bis an die Tür des Kapitelsaales, wo er mich stehen ließ, ohne ein Wort zu sagen. Zuerst war ich der Meinung, ich würde sofort in den Kreis der Eingeweihten aufgenommen, was mich mit großer Freude erfüllte.

Hierin täuschte ich mich. Als die Tür geöffnet wurde, hieß man mich eintreten. Die Sitzung war nur kurz, obgleich alle führenden Persönlichkeiten der Regierung und der Kammer dort versammelt waren.

„Sie werden morgen nach Berlin reisen“, sagte mir einer der Eingeweihten. „Dort werden Sie den Weisungen gemäß handeln, die Sie von der höchsten Loge erhalten werden.“

Mehr erfuhr ich nicht. Was war denn diese höchste Loge, die ich heute zum ersten Mal nennen hörte? Nie darf ein Freimaurer eine Frage stellen. Man nahm mir meine Kristallscheibe aus der Hand und übergab mir fürs erste 6 000 Francs.

Diesmal handelte es sich also wieder um eine besondere Mission, allerdings auf Befehl der höchsten Mächte, die ich nicht kannte. Natürlich war ich auf die Entwicklung der Dinge sehr gespannt. Plötzlich stieß ich beim Herausgehen auf Garfield, der unvorhergesehen eintraf. Er bot mir den Arm und fuhr mit mir in das Hotel des Princes. Während der Fahrt sagte ich kein Wort und stellte keine Frage. War es denn nicht seine Sache, mehr aus sich herauszugehen, mich mit seinen Gedanken vertraut zu machen, vor allem auf diesem politischen Gebiet, in das man mich hineintrieb, trotz meiner Unerfahrenheit?

Erst als wir am Ziel waren, teilte er mir mit, daß er mich einem Logenbruder niederen Grades vorstellen würde, der von Berlin gekommen sei und morgen mit mir reisen würde. „Wie Sie wollen“, erwiderte ich, „nur möchte ich wissen, als Verhaltungsmaßregel, wie lange unsere Trennung dauern wird.“

„Was geht Sie das an“, entgegnete er heftig. „Sind denn nicht gerade Sie es, die auf mich überhaupt keine Rücksicht nehmen und mich am liebsten vernichten würden, wenn Sie es könnten?“ Matt lächelte ich, als ob es sich hier nur um eine unbedeutende Streiterei handle. In Wirklichkeit aber dachte ich mir, daß diese neue Fahrt, die gegen seinen Willen beschlossen war, ihn noch mehr aufbringen würde, und daß aus dieser seiner politischen Rivalität gegen Bismarck eine Eifersucht von Mensch zu Mensch werden könnte. Ich weidete mich an seiner inneren Erregung und seinen Besorgnissen, was ihm natürlich nicht verborgen blieb.

Der Logenbruder, den er mir vorstellte, hieß Tauler, ein Mann in gereiftem Alter mit sehr feinem Benehmen, was mich sehr für ihn einnahm. Alles, was er sagte, zeugte von seinem Weitblick. Er benahm sich sehr ehrerbietig und zartfühlend gegen mich. Nie deutete er seine Zugehörigkeit zur Loge an. Abgesehen von den bei der Vorstellung gewechselten normalen Erkennungszeichen verriet nichts an ihm den Freimaurer. Er schien in mir ein Mitglied der höheren Stände zu sehen. All diese Höflichkeiten und Aufmerksamkeiten wunderten mich sehr. Aufschluß gab mir erst Garfield, als er mir ein Päckchen mit Visitenkarten gab, auf denen stand: „Emilie de Fièvre, Gräfin von Coutanceau.“

Auf eine der Karten hatte Garfield geschrieben: „Diesen Namen werden Sie künftig tragen. Sie sind geboren in Narbonne, Witwe eines Marineoffiziers und wohnen seit einem Jahr in Paris. Heute früh um 10 Uhr werde ich Ihnen die nötigen Papiere geben. Studieren Sie diese aufmerksam durch, damit Sie Bescheid wissen über Ihre angebliche Familie. Zerreissen Sie diese Visitenkarte.“

Ich las sie ohne die geringste Überraschung und setzte meine Unterhaltung mit Tauler fort. Nach dem Essen verabredeten wir drei auf den nächsten Tag ein Zusammentreffen für 1 Uhr morgens auf dem Nordbahnhof, von wo die Abreise erfolgen sollte. Sobald die Geschäfte offen waren, erledigte ich noch alle nötigen Besorgungen, verbrachte die übrigbleibenden Stunden mit Garfield, packte meine Koffer und vertiefte mich in meine Papiere. Sie bewiesen meine Geburt, meine Verheiratung, den Tod meines Gatten; ferner enthielten sie sowohl das Wappen meines Gatten, wie auch das meinige und einen kurzen Abriß unserer Ahnenreihen. Garfield riß mich im Augenblick des Abschieds jäh an sich. Sein Gesicht schien verzerrt. Er flüsterte mir ins Ohr, er sei bekümmert, diese Reise würde sicher einen Bruch herbeiführen zwischen uns beiden. Die zu erledigende Angelegenheit wäre ihm recht peinlich, er habe meine Entsendung verhindern wollen, *aber der Geist habe anders beschlossen.*

Ich erwiderte ihm ausweichend. Zum ersten Mal verlor dieser kalte, überlegene Mann die Selbstbeherrschung. Er zog mich an sich und flüsterte mir auf italienisch beinahe flehentlich ins Ohr:

„Ich beschwöre Sie, kehren Sie als die alte, treue Freundin zu mir zurück!“

Dann tat er seiner leidenschaftlichen Erregung Gewalt an, entfernte sich für einen kurzen Augenblick, sagte Tauler einige Worte und brachte uns noch in unser Abteil. Als dann der Zug abfuhr, ging er traurig, ganz eingesunken, ein alternder Mann, von dannen, wie ich ihn noch nie gesehen hatte.

Drei Tage später war ich in Berlin und wohnte in der Französischen Botschaft, wo alle möglichen, mir ganz unbekannten Personen mir eine geradezu freundschaftliche Liebenswürdigkeit bewiesen. Am nächsten Tage bekam ich eine Mitteilung, welche die Freimaurerzeichen enthielt. Sie lautete: „Nehmen Sie die Einladung für heute abend in den Kristallpalast an. Während einer Pause werden Sie dem Fürsten Bismarck vorgestellt werden. Nur um seinetwillen sind Sie in Berlin.“

Tauler hatte uns eine Loge besorgt. Er wurde in der kaiserlichen Loge dem Kaiser Wilhelm I. vorgestellt, der ihn liebenswürdig und wohlwollend empfing. Mehrmals sah der Monarch zu meiner Loge herüber, als ob die Rede von mir wäre. Nach Ablauf einiger Minuten betrat Bismarck mit Tauler meine Loge.

Dieses Hin und Her von Loge zu Loge war der Menge nicht entgangen, worauf man mich neugierig von allen Seiten betrachtete. Ich tat, als sei ich darüber verstimmt und reichte Bismarck voller Würde die Hand, während ich gegen Osten, Westen und hinab auf den Boden blickte. Es ist dies der Gruß der hohen Eingeweihten, den mich Garfield eigens für diese Reise gelehrt hatte. Bismarck erwiderte ihn.

Wohl war er immer noch der große und harte Kürassier, der aber alle Feinheiten der Diplomatie und der Höflichkeit beherrschte. Er nahm mir gegenüber Platz und sagte, während er seinen Herrscherblick über die erstaunte Menge gleiten ließ:

„Der Kaiser regiert hier, ich aber leite alles und durch Ihre Vermittlung muß ich auch Herr über den Kaiser werden."

Diese rätselhaften und doch nur allzu deutlichen Worte brachten mich in eine große Verlegenheit. Offenbar meinte Bismarck, ich sei in die ganze Intrige mehr eingeweiht, als ich es tatsächlich war.

Ich konnte ohne genauere Instruktionen nicht weiter verhandeln. Was sollte ich erwidern? Ich tat so, als geböte die Klugheit, das Gespräch fallen zu lassen.

Der Kanzler sagte mir seinen baldigen Besuch in der Botschaft an. Dort würde er sich über den übernommenen Auftrag näher aussprechen.

Schon am nächsten Morgen kam er. Um jede Indiskretion unmöglich zu machen, hatte man alles so eingerichtet, daß ich mit ihm in der Bibliothek zusammentreffen sollte. Er benahm sich daselbst wie zu Hause und tat so, als wollte er mir ein bedeutendes Werk zeigen, über das wir bei unserem ersten Zusammentreffen gesprochen hätten. Nur einmal stellte er verschiedene Fragen über die Gesetze der Loge. Meine Antwort befriedigte ihn. Seit zwei Jahren beobachte er alle meine Schritte, bemerkte er, dank der Beziehungen der hohen Eingeweihten untereinander. Er rechne auf meine Unterstützung in der Angelegenheit, die ihn beschäftige.

Ich begriff wohl, daß zwischen den hohen Eingeweihten der sechs großen Logen besonders innige Beziehungen bestanden. Sie bildeten gleichsam eine Art Hohen Rat, in dem Bismarck eines Tages Garfield um seine überragende Stellung bringen wollte, um seiner eigenen Politik unter den maßgebenden hohen Maurern zum Sieg zu verhelfen.

Welches waren eigentliche seine Ziele? Er teilte mir nur seine persönlichen Ansichten mit: Er verachte, ja haße den Monarchen, bei dem er, um seine Stellung zu behaupten, mehr Zeit und Mühe opfern müsse, als er zur Beherrschung aller europäischen Kabinette brauche. Er trachte nach der ersten Stelle, die er unbestritten und unbeschränkt innehaben wolle. Zur Zeit freilich könne man in Deutschland noch nicht daran denken, die Monarchie abzuschaffen.

Man müsse inzwischen den Kaiser und seinen Sohn dazu bringen, daß sie in die Loge eintreten, wie man es seinerzeit bei der italienischen Dynastie gemacht hatte. Auf diese Weise wäre der Kanzler der alleinige, eigentliche Herrscher in seiner Eigenschaft als hoher Eingeweihter, da er als solcher über seinem Monarchen stehe, der ihm gehorchen müsse.

Der Gedanke war kühn, und ich begriff, welche Wichtigkeit er in den Augen der höchsten Freimaurer hatte. Diese hatten Bismarck in der Hand, von dem wiederum Kaiser und Kronprinz abhingen. Damit hätten sie durch ihn die Macht im Kaiserreich. Preußen, das die Loge schon 1870 gegen Frankreich unterstützt hatte, würde ihr so die Vorherrschaft in der Welt sichern. Dann wäre nur noch die Umwandlung dieses großen Reiches in eine Republik vorzunehmen, desgleichen in Österreich – all das im Hinblick auf die baldige Verwirklichung der vom Grand Soir geplanten allgemeinen Demokratie und der Weltrevolution. Dieser Plan war nicht undurchführbar. Napoleon III. war Mitglied der Loge und hatte trotzdem seine Krone verloren. Der Kronprinz starb auf Betreiben eben derselben geheimen Mächte. Denn zunächst mußte Frankreich dieser Bande ausgeliefert werden, die es seit dem Krieg 1870 Stück für Stück verkauft und den Kulturkampf entfesselt hat, nachdem sie ihre Anhänger in die höchsten Stellen gebracht hatten, auf den Präsidentenstuhl, in die Kammern, in die Ministerien, in die Regierungs- und Oppositionspresse, in die Verwaltung, in den Generalstab und sogar in die Kirche.

Berlin wie Paris sollten jetzt unter dieses Joch kommen. Bismarck, der sich der Loge gegen Frankreich bediente, mußte vorgeben, bereit zu sein, sie gegen sein eigenes Land zu benutzen, damit er an der Macht blieb.

Dieser Ansatz für den Hebel der Loge genügte, um die ganze Welt aus den Angeln zu heben.

Wie konnte man aber den Kaiser bestimmen, in die Loge einzutreten? Wie sollte speziell ich einem Bismarck behilflich sein können, in diesem Punkt seinen eigenen Monarchen umzustimmen, ich, ein Weib, eine Französin nach Gelegenheit mit meinem geborgten Grafentitel?

„Beruhigen Sie sich!" sagte der Kanzler zu mir. „Ich habe alles Vertrauen in Sie. Wenn Sie das Heilige Buch gelesen haben, werden Sie wissen, wie und warum."

Er teilte mir mit, daß ich am nächsten Tag dem Kaiser vorgestellt würde. Zu diesem Zweck schenkte mir Bismarck einen merkwürdigen Schmuck, eine goldene Kelle, die mit Diamanten besetzt war, und empfahl mir, sie am nächsten Morgen bei der Audienz im Haar zu tragen, um die Aufmerksamkeit des Kaisers zu erregen und dadurch Gelegenheit zu haben, mit ihm über die Loge zu sprechen. Eine wundervolle Toilette, die mir Garfield aus Paris gesandt hatte, ergänzte meine ganze Aufmachung. Dann behandelte ich meine braunen Haare mit einem bestimmten Wasser, wodurch sie blond wurden. Ich war nicht wiederzuerkennen. Selbst meine Gesichtszüge schienen verändert zu sein. So konnte ich nach meiner Rückkehr nach Paris als Gräfin von Coutanceau im Glanz meines großen Berliner Erfolges ein neues Leben führen, ohne Gefahr zu laufen, die Erinnerung an Clothilde Bersone wachzurufen.

Trotzdem ging ich zum Empfang beim Kaiser nicht ohne

Herzklopfen. Bei der Vorstellung hatte man von mir gesagt, ich sei eine politisch interessierte, geist- und einflußreiche Frau. Dies verwirrte mich einigermaßen, zumal mich die Politik zur Zeit am allerwenigsten beschäftigte. Als ich Bismarck meine Befürchtungen mitteilte, erwiderte er in seiner feinen Art: „Sie können ganz die Rolle spielen, die man von Ihnen wünscht, wenn nur Ihr Geist sich darauf einstellen will."

Ich lächelte über dieses Kompliment, rief aber im stillen den Geist an, mich bei dieser schwierigen Aufgabe zu unterstützen. Trotz eines Überbleibsels von Ungläubigkeit hinsichtlich der Fürsorge des Drachen muß ich doch gestehen, daß ich von diesem Augenblick an eine neue Zuversicht hatte.

Am Berliner Hof empfing man mich mit viel mehr Zuvorkommen als am italienischen. Meine unbedeutendsten Äußerungen wurden wie Orakelsprüche angesehen und wieder erzählt. Alles drängte sich um mich.

Plötzlich wurde der Kaiser auf die goldene Kelle in meinem Haar aufmerksam. Er bat mich, diesen Schmuck ganz nahe sehen zu dürfen. Ich näherte mich dem Thron und beugte ein Knie, damit er den Schmuck möglichst gut sehen konnte.

„Erinnert dies nicht an ein Freimaurerabzeichen?" fragte er gespannt.

„In der Tat, es ist eines, und zwar eines der echtesten Freimaurerei, die es gibt." Meine Worte schienen ihn zu treffen. „Es ist merkwürdig", fuhr ich lachend fort, „daß diese sogenannten geheimen Gesellschaften der Welt durch ihr Geheimnis soviel Schrecken einjagen. Wenn man nur wüßte, wie anregend der Umgang mit so vielen gebildeten und geistreichen Männern aus allen Klassen, mit so vielen klugen und schönen Frauen ist, würde jeder, statt die Loge zu fürchten, sich bemühen, dort einzutreten."

„Aber warum das Geheimnis, dieser geschlossene Kreis?"

„Weil es peinlich ist", erwiderte ich etwas von oben herab, „wenn man allen die Tore öffnet, um mit der gemeinen Masse zu verkehren. So läßt sich doch der Deutsche Kaiser nicht mit dem Hafenvolk an der Spree ein?"

Wilhelm I. (1797 – 1888), seit 1861 König v. Preußen, seit 1871 Deutscher Kaiser, mit Otto Fürst v. Bismarck (1815 – 1898), 1871 – 1890 Reichskanzler.

Diese Sprüche trugen mir das liebenswürdigste Lächeln ein, das je das runzlige Gesicht Wilhelms I. durchstrahlte. Einige Tage darauf ließ mir der Kaiser durch Bismarck die kavaliermäßige Mitteilung zukommen, er wünsche eine intime Zusammenkunft mit mir. Eine Absage meinerseits wäre ihm peinlich. Ich mußte die Einladung annehmen. Der Kaiser war entzückt. Um mir zu beweisen, daß er unsere Beziehungen fortsetzen wollte, schenkte er mir eine hübsche Villa in L., einige Meilen von Berlin. Aus diesem Besitztum bezog ich jährlich eine Rente von 5 000 Francs bis zu dem Tag, wo es mir von der Loge untersagt wurde, als höhere Eingeweihte persönliches Besitztum zu haben.

Bei einer dritten Unterredung schließlich fragte mich der Kaiser genau über die Loge aus, und ich antwortete ihm in der schon geschilderten Art und Weise. Dann fügte ich etwas drängend hinzu:

„Treten doch Euer Majestät in die Loge ein und bilden sich dann selbst ein Urteil."

„Eine letzte Frage", entgegnete er. „Gab es schon gekrönte Häupter in dieser Gesellschaft?"

„Der König Umberto von Italien ist Mitglied, und er ist nicht der einzige."

Ich bat ihn dann, mich zurückziehen zu dürfen.

Acht Tage später wollte ich gerade abreisen, als sich Bismarck in der Botschaft ansagte. „Schenken Sie mir Gehör in einer persönlichen Angelegenheit, die außerhalb Ihrer so gelungenen Mission liegt. Wie ich weiß, hassen Sie Garfield, und ich teile Ihre Gesinnungen voll und ganz. Das neureiche Amerika spielt zu sehr nach eigener Laune mit dem alten Europa. Noch bevor die Vereinigten Staaten von Europa zustande kommen können, träumt es schon davon, einen Weltbund unter seiner autokratischen Leitung zu schaffen. Onkel Sam hat einen guten Magen, und Garfield wird schon dafür sorgen, daß er ihn sich füllen kann, ohne sich den Magen dabei zu verderben. Sie wollen Garfield vernichten, und ich bin in der Lage, Ihnen hierfür die Unterlagen zu liefern. Vereinigen wir uns, dann wird der kunstvolle Aufbau, auf den er sich wie auf einen Thron geschwungen hat, in sich zusammenstürzen."

Dann gab er mir Aufschluß über verschiedene Intrigen, bei denen der künftige Präsident der Vereingten Staaten gegen den Großorient gearbeitet oder in Paris sein persönliches Interesse über die Weisungen der Loge gesetzt hatte.

„Ich will gar nicht", fügte der Fürst galant hinzu, „von unserer hübschesten Eroberung sprechen, die er so lange nur zu seinem eigenen Vorteil ausgenützt hat."

Darum also sei Garfield vom Geist verworfen worden und werde wohl bald gerichtet werden.

Um Garfield des Hochverrats zu überführen, gab mir Bismarck verschiedene, von Garfield eigenhändig geschriebene oder wenigstens unterschriebene Schriftstücke, die seinen Untergang besiegeln würden, sobald der offene Kampf beginne. Im übrigen stehe es mir ganz frei, ob ich mit ihm untergehen wolle oder nicht. Ich erklärte, daß ich mich davor wohl hüten würde, nachdem Garfield mich getäuscht und entehrt hatte. Jetzt sei ich bereit, Rache an ihm zu nehmen.

Mit diesem Worte trennten wir uns. Es war ein Bündnis, ja sozusagen ein Schwur.

3. Die Herausforderung des Großorients

Am ersten Freitag nach meiner Ankunft in Paris erstattete ich den Eingeweihten genauen Bericht über alles, was ich während meines Berliner Aufenthaltes erlebt hatte. Am darauffolgenden Montag mußte ich allen Mitgliedern des Großen Rates ausführliche Mitteilungen machen.

Beim Fortgehen gab ich Garfield ein Zeichen, er möge mich begleiten. Er beeilte sich, meinem Wunsch zu willfahren. Ich gab mir viel Mühe, liebenswürdig zu ihm zu sein, trotzdem lastete auf unserem Zusammensein ein schwerer Druck. Mehr als zwanzigmal kam er auf Bismarck zu sprechen, wobei sein Auge haßerfüllt glimmte. Und zwanzigmal wich ich ihm aus und suchte sein Mißtrauen zu zerstreuen. Ich sagte ihm, ich fände den Kanzler vornehm, klug und kraftvoll. „Und feig", murmelte Garfield in sich hinein. „Ein Feigling, wer sich hinter einer Frau verkriecht." Ich tat, als hätte ich nicht gehört. „Sehen Sie ihn wieder?" fragte er mich dann.

„Ich denke wohl!"

„Wie denn?"

„In Berlin, vielleicht sogar in Paris oder Dresden."

„Aber wozu denn?"

„Weil wir dieselben Ideen haben!"

Garfield sprang wütend auf. Noch war es nicht Zeit, ihm die Stirne zu bieten. Ich tat so, als handle es sich um eine einfache Neckerei und schmeichelte ihm wie noch nie.

„Was haben Sie denn?" fragte ich ihn ganz treuherzig. „Bin ich nicht als treue Freundin zu Ihnen zurückgekehrt, wie Sie es wünschten? Niemand wird je Ihren Platz in meinem Herzen einnehmen."

Mein allzu weit getriebenes Spiel mußte ich allsogleich bitter büßen, denn Garfield verfiel in einen Zustand schwerster leidenschaftlicher Erregung, die ihn brutal und toll machte. In solchen Augenblicken verlor ich stets alle Achtung vor ihm. Als einfache Hilfskraft oder Schülerin wäre ich wohl für immer die Sklavin dieses bedeutenden Mannes geblieben. Ekel erfaßte mich vor mir selber als dem Spielball seiner gemeinsten Launen. Als er wieder ruhig wurde, waren wir beide ganz betroffen von der Erkenntnis dieses neuen Bruches zwischen uns beiden. Plötzlich sagte Garfield: „Willst du immer noch unter die Eingeweihten aufgenommen werden?"

„Ja! In Berlin habe ich mich dazu entschlossen!"

„Also! . . . Du glaubst aber doch nicht an die Existenz des Geistes?"

„Doch! Jetzt bekenne ich mich zum Glauben an das Vorhandensein einer höheren Macht, mehr nicht. Denn es ist doch ein

Unterschied zwischen der vernünftigen Erkenntnis unerklärlicher, aber wirklicher Vorkommnisse und dem Glauben an törichte, sinnlose Erklärungen."

Im übrigen hütete ich mich wohl, auch nur die leiseste Anspielung auf die „Vorkommnisse" zu machen, die mich überzeugt hatten. Garfield konnte der Meinung sein, es handle sich dabei um die Beschwörung, die er mir vorgeführt hatte. Er warf mir einen durchdringenden Blick zu und ließ dieses Thema fallen.

Als ich am Montag vor das Kapitel trat, ließ man mich, statt mich anzuhören, allein. Ein großes Buch lag vor mir auf dem Lesepult. Ich öffnete es und las. Auf der ersten Seite lag eine schriftliche Mitteilung. Sie lautete:

„Lies, vertiefe dich in den Inhalt, laß dich ganz überzeugen, glaube uneingeschränkt an die Wahrheit, welche unmittelbar hier zu uns spricht!"

Ich mußte unwillkürlich lächeln, erkannte ich doch die Ausdrucksweise Garfields. Unverzüglich begann ich, die Prophezeiungen zu studieren.

Es war ein ganz barbarischer Stil, eine Art Parodie auf die Apokalypse, die von sinnbildlichen Darstellungen wimmelte, ein Gegenstück zum Hohen Lied, untermischt mit einigen Psalmen. Dieses Durcheinander von Rhapsodien, die angeblich kurz vor Beginn des Jahres 1000 vom Geist eingegeben wurden, ist von den verschiedenen Generationen der Loge wie ein Heiligtum bewahrt worden. Es ist das „Heilige Buch" schlechthin, wie die Eingeweihten behaupten. In Wirklichkeit ist es ganz wertloses Zeug. Der Urtext würde in Byzanz in der höchsten Loge aufbewahrt, es gäbe aber sechs Abschriften bei den sechs anderen Großlogen in Afrika, Amerika und Ostindien, Frankreich, Rußland, Italien und Asien. Lange blätterte ich in diesem Buch ohne lebhafte Anteilnahme. Nach ihm wäre die erste höhere Loge gegen Ende des 10. Jahrhunderts gegründet worden. Ich bedaure heute sehr, nicht eingehender die Zusammenhänge der heutigen Loge mit dieser angeblichen Mutterloge studiert zu haben. Ich hätte vielleicht noch manch wertvollen Fingerzeig gefunden. Damals sah ich alles als nichtssagende Erfindung an. Am Kopf der eigentlichen Prophezeiungen stieß ich auf ein Bild, auf dem ein umgekehrtes Dreieck und ein gefesselter Engel stand, der den Weltenraum umstößt. Dann folgten alte Texte in allen Sprachen, die auf die Loge Bezug nahmen. Sie hatten eine ganz mystische Ausdrucksweise, deren Dunkel durch die Übertragung in die moderne Ausdrucksweise nur noch vermehrt wurde. Unmöglich könnte ich heute aus dem Gedächtnis auch nur das Wesentliche dieser verrückten Einfälle wiedergeben.

Der Geist, der sich angeblich im Jahr 999 geoffenbart hatte, begann zunächst mit einem der Genesis entgegengesetzten Bericht: Ich war und herrschte außerhalb des Raumes. Eines Tages wurde es Nacht um mich und Leiden suchten mich heim. Da erhob sich unter den befreundeten Geistern eine Stimme und sprach: „Heil demjenigen, der Unrecht getan!" Tausende von Jahren vergingen und der geächtete Gott wanderte durch die im Raum verstreuten Elemente. Nur der Vater nannte sich seinen Sohn.

Aus dem Feuer aber ging das Licht hervor, das über der Erde schwebte und seine Kinder erzeugte. Bevor nun das Jahr 1000 anbrach, kamen erleuchtete Geister auf die Erde herab, deren Mutter das wahre Licht und deren Gott das Feuer war. Die Menschheit wurde in ihrem Innersten zutiefst erschüttert, ohne erkennen zu können, was sie so tief berührte. Ohne es zu wissen, fühlten sie, daß eine neue Welt inmitten der bestehenden geboren ward und sie meinten, die alte Welt ginge zu Grunde. Alle Menschen trafen Bestimmungen über ihren Besitz, als ob sie sterben müßten.

Auf diese verwirrte Erzählung folgten Darlegungen der Schismen und Häresien, die im Lauf der Zeiten die Kirche heimsuchten. Nur durch die Fußnoten unter dem Text war es mir möglich, diese Schilderungen zu begreifen. Ein einziger Gedanke leuchtete aus dem Ganzen hervor: Alle Häresien waren nur vereinzelte und unvollständige Bemühungen. Sie waren dem Untergang geweiht, da sie keine zusammengefaßte Einheit bildeten. Erst die Loge hat sie alle einheitlich zusammengefaßt durch geheime Bande und hat sie einer Führung unterstellt. Dadurch sind erst die Voraussetzungen für ihren Sieg geschaffen worden.

Dann kamen noch Hinweise auf Mohammed, auf verschiedene Kriege und Erhebungen. Schließlich muß die Menschheit zwischen dem Geist des Guten und des Bösen wählen, die sich seit Beginn der Welt bekämpfen und miteinander verfeindet sind. Es gibt keine Einigung zwischen diesen beiden Geistern. „Der eine lebt von den Opfern des anderen." Hierauf kündet das Orakel: „Ich bin zu euch gekommen, ihr Kinder der Loge, wie der Pelikan zu seinen Kleinen. Ich habe meine Brust geöffnet und euch genährt mit meinem Blut und mit meinem Leiden, mit meinen Tränen und meiner Verbannung. Ich komme nicht, um erhöht zu werden, um einen Thron zu besteigen, sondern um euer Leben durch das Blut des Lammes zu erhalten."

Hier schlossen sich die Weissagungen über die Thronbesteigung der Freimaurerei, ihre unbeschränkte Herrschaft in den letzten Zeiten, an, dann über den Beginn einer neuen Welt, wo die treuen Anhänger des Geistes vermöge der Seelenwanderung und infolge ihrer Verdienste zu einem ganz leidenslosen, höheren Zustand gelangen.

Bis hierher hatte mich alles höchlichst gelangweilt. Das waren ja Sprüche, die man auch in den sibyllinischen Büchern hätte finden können. Aber plötzlich fingen die Zeilen unter meinen Augen wunderbar zu leuchten an. Der Geist sprach von einer Zeit, wo er sich den Seinen nicht mehr offenbaren wird. Er tadelte ihre Leidenschaften, die sie verrohen und ihre Sinne verblenden. Dann weissagte er:

„Es wird eine Zeit kommen, wo ihr mich nicht mehr sehen werdet. Verzweiflung und Schrecken werden alsdann unter euch regieren. Dann werdet ihr euch an mich wenden. Aber ich werde bis zur Ankunft des Weibes nicht mehr zu euch sprechen.

Täuscht euch nicht! Die Morgenröte ist schon vorüber. Um die Mittagszeit wurde uns ein anderes Kind geboren. Und während der Nacht wird dem Orient eine andere Nymphe geschenkt. Sie wird stark sein, denn sie wird sich nur auf mich allein verlassen. Ich werde sie hoch erheben. Die Erde wird sogar zu klein werden. Ihr werdet Offenbarungen durch diejenige empfangen, die ich ganz in Besitz genommen. Sie selbst und ich sind dann nur noch eins! Nichts wird uns trennen können. Merket wohl auf: Ein Weib kam und starb. Eine zweite kommt und wird ebenfalls sterben. Eine dritte wird kommen und wird leben!

Nach einiger Zeit wird sie der Erholung bedürfen. Verweigert ihr nicht die Ruhe; denn sie könnte mich sonst fliehen! Doch nein! Die Zeit hat uns geeint, die Zeit wird uns nicht trennen.

Wisset es wohl und erinnert euch dessen, was ich durch das Weib sprechen werde."

Da mußte ich an eine Bemerkung Bismarcks denken, und diese Zeilen schienen für mich allein geschrieben. Jetzt verstand ich die Vorhersagungen Garfields und die Erwähnung des Heiligen Buches durch Bismarck. Ja, ich bin die Nymphe, die der Geist als sein Orakel, als seine Erwählte ankündigt!

Das Ganze ist eine doppelte Täuschung. Satan kennt ja weder die Zukunft noch die tiefsten Gedanken der Menschen. Entweder bedeuten diese Zeilen nichts, oder sie sind als Teufelsplan und Sektenmachwerk zu bewerten. Dann handelt es sich aber nicht um Weiber, wie so viele Unglückliche es vor und nach mir erleben mußten. Später erfuhr ich die Namen meiner Vorgängerinnen, die gescheitert waren. Auch ich würde wie sie nicht ewig leben und meinen Herrschaftsbereich nicht über die ganze Erde ausbreiten. Wenn diese Verheißungen überhaupt etwas bedeuten, so handelt es sich um diejenigen, die Nostradamus in seinem Brief an Heinrich II. bezeichnet als „Die Unfruchtbare von langer Zeit her". Man kann sie auch die erste, zweite und dritte französische Republik nennen, die eine wahre Macht Satans ist, eins mit ihm, durch die er spricht und regiert. Sie droht, bald überall auf Erden zu herrschen im Namen des Tieres, als Weltdemokratie, die Fackel in der Hand, die phrygische Mütze auf dem Kopf.

Ich war wie gebannt von dieser Erkenntnis, die mir aus einer Schrift kam, die sicher älter war als ich und die wohl tatsächlich auch alle die beeinflußt hatte, die mich auf diesen schlechten Weg gebracht hatten.

Zwei Tage blieb ich in der Loge und verschlang Seite um Seite dieses verworrenen Buches. Die Zeit kam mir zu kurz vor, wo ich noch eben vorher gedacht hatte, vor Langeweile sterben zu müssen. Als Kritikerin war ich gekommen, als Schwarmgeist ging ich von dannen. Nach Ablauf meiner Frist fand ich mich im Festsaal ein.

Dieser war anläßlich des großen Kongresses glänzend erleuchtet. Im Halbkreis waren viele Stühle aufgestellt, in der Mitte ein Lehnstuhl. Minister, Abgeordnete und Senatoren drängten sich da zusammen.

Man gab mir eine Tunika aus schwarzer Seide mit goldenen Strahlen, als Überwurf eine mit rotem Atlas gefütterte Toga. Meine seit meiner Deutschlandreise blond gewordenen Haare fielen auf meine Schultern herab. Ein goldener Reif um meine Stirn kündete meine Zugehörigkeit zum Reich des höchsten Geistes. So gekleidet und geschmückt ging ich in Begleitung des Großmeisters bis zur Tür des Beratungssaales. Dort klopfte ich und er 7 und 3 und 1 Mal. Da öffnete sich die Tür, und ein asiatischer Ritter trat auf mich zu und geleitete mich in die Mitte des Halbkreises, wo er mich allein ließ. Nie habe ich ein schöneres Gewand gesehen als das dieses Ritters. Er hatte einen Stahlpanzer mit Armschienen angelegt. Darüber trug er einen roten, goldverbrämten Überwurf. Hohe Stiefel reichten ihm bis über die Knie und schnürten die wildledernen Hosen ein. In der Linken trug er einen Schild, auf dem Haupt einen mit Gold und Edelsteinen besetzten Helm mit einem bis auf den Mantel herabwallenden Busch. Der Große Rat war vollzählig versammelt. Zunächst die 80 Mitglieder, dann 15 asiatische Ritter als Gesandte der verschiedenen höheren Logen. Stehend mußte ich ein Verhör über mich ergehen lassen, das zwei und eine halbe Stunde dauerte, wobei ich mich nur wenig auf den Lehnstuhl stützen konnte. Alle Mitglieder des Großen Rates befragten mich nacheinander über die Pflichten der Mitglieder, die Gesetze der Loge und über die schuldige Ehrerbietung und Achtung vor den höheren Beschlüssen des Großen Rates. Man suchte meine Gedanken, Pläne und Neigungen genau zu erforschen. Ich antwortete nur so, wie sie es wünschten. Unter dem Schein gänzlicher Hingabe sagte ich ihnen nur, was ich ihnen mitteilen wollte.

Es erfolgte dann die Abstimmung. Eine Kugel nach der anderen verschwand in der Urne. Das Ergebnis lautete: 84 rote, 3 schwarze. Obgleich mein Sieg vollständig und unbestritten war, so stand ich doch stark unter dem Eindruck der drei Stimmen gegen mich. Nach der Sitzung blieb ich in meinem Sessel sitzen, das Haupt in beide Hände gestützt und dachte über alles nach. Vergeblich umdrängte man mich, um mir Glück zu wünschen zu einem so unverhofften Erfolg. Schmollend und zerstreut blieb ich sitzen. Bald waren nur noch die sechs höheren Eingeweihten und Garfield, deren Oberhaupt, im Saal. Ich erhob mich, ging auf ihn zu, blickte ihm fest in die Augen und sagte auf neugriechisch, was die anderen nicht verstehn konnten:

„Du hast gegen mich gestimmt!“

Er wollte nicht „nein“ sagen und bekannte: „Stimmt. Es war umsonst, dich retten zu wollen. Du wirst deinen Weg gehen, der Geist hat es gewollt. Sein Wille geschehe!“

„Und der meine!“ entgegnete ich trocken. Wie Trotz kam dies Wort von meinen Lippen. In meinem Herzen hatte ich Garfields Ende fest beschlossen.

Er fühlte dies und murmelte leise vor sich hin: „Nie wirst du verstehen, wie sehr ich dich geliebt!“

Hochmütig ging ich an ihm vorbei und begab mich in den Kapitelsaal.

4. Die Entführung

Hier erfuhr ich, daß ich die Prüfung vor der Aufnahme in den Kreis der Eingeweihten nicht in Paris, sondern in Ville d'Avray bestehen müsse, wo die Loge kürzlich ein Haus erworben hatte, das für diese Art Zeremonien besonders eingerichtet war. Ich bestieg mit Garfield einen Wagen, die sechs anderen folgten uns. Kaum angekommen, begaben wir uns sofort in den Kapitelsaal, wo mir ein schwarzer Schleier übergeworfen wurde, während man verschiedene Beschwörungen und Sterbegebete über mich murmelte. Dann wurden mir die Augen verbunden, und ich mußte auf einer langen Treppe in ein dunkles Verlies hinabsteigen, wo man mir die Binde von den Augen nahm. Alles mahnte dort an ein Grab. Es war überhaupt nichts zu erkennen. Ich tastete um mich und stieß auf einen niedrigen Tisch, wo Brot und Wasser in großer Menge bereit standen. Von oben erklang nun eine Stimme:

„Mehr wirst du jetzt nicht bekommen. Aber neue Qualen stehen dir bevor. Willst du auf die Ehre verzichten, die du erstrebst?"

„Nein!" erwiderte ich. Schauerlich widerhallte der Klang meiner Worte.

„Vielleicht stirbst du!" fuhr die Stimme fort – es war Garfields. „Deine Gesundheit wird dieser Prüfung nicht standhalten. Sie ist zu schwer für eine Frau. Du wirst daran sterben."

„Elender, dann werde ich mit einem Fluch gegen dich auf den Lippen sterben", entgegnete ich.

„Auf Wiedersehen!" klang es von oben zurück.

Ich schwieg. Von Zeit zu Zeit nahm ich einen Schluck Wasser, um meinen Durst zu stillen. Schießlich fiel ich – geistig und körperlich stark ermüdet – in einen wenig erquickenden Schlaf.

Der Hunger weckte mich wieder. Ich hatte keine Ahnung, welche Zeit es war. Das Brot war so hart, daß ich es erst an der Wand mit aller Kraft zerschlagen mußte. Seit 24 Stunden hatte ich nichts mehr gegessen. Ich war schon ganz schwach vor Entkräftung. Das trockene Brot weichte ich im Wasser auf, so daß es mir dann möglich wurde, davon etwas zu essen. Diese grausame Behandlung empörte mich sehr, und ich versuchte nun, ein wenig über meine Lage nachzudenken. Schon öfters hatte ich von solchen Prüfungen gehört. Aber so schwer sie auch sein mochten, sie konnten doch nicht derart sein, daß sie über alle menschliche Kraft gingen. Dieser Gedanke gab mir neuen Mut. Sicher endet dieser Kerker dann, wenn ich am wenigsten daran denke. Also Geduld!

Natürlich konnte Garfield jetzt Rache an mir nehmen, ich hatte ihn ja zur Genüge gereizt. Ich rechnete aber sicher auf seine Leidenschaft zu mir. Auch konnte er allein schließlich meinen Tod nicht herbeiführen, da er unter der Aufsicht der anderen Eingeweihten stand.

Aber konnten alle die Vorgänge in Paris und da oben nicht ein furchtbares Schauspiel gewesen sein, das man mir vorspielte, um eine unbequem gewordene Mitwisserin zu vieler gefährlicher Logengeheimnisse für immer zum Schweigen zu bringen? Würde die Polizei je in diesem Kerker in der Bannmeile die sogenannte Gräfin von Coutanceau oder gar Clothilde Bersone suchen, die ja bereits für die Welt tot war?

Allmählich packte mich der Wahnsinn und setzte sich in meinem blutleeren Hirn fest. Hunger und Durst marterten mich unsagbar. Seltsame Gesichte plagten und schreckten mich im Delirium, was ja jeder kennt, der schon eine solche Entkräftung durchgemacht hat. Das Schlimmste war, daß ich nicht wußte, wann diese Quälerei aufhören würde. Die Uhr hatte man mir abgenommen. Mußte ich einen Tag, eine Woche, einen ganzen Monat in diesem Kerker zubringen?

Schließlich war ich, nachdem ich mir alle Anhaltspunkte für die Zeitdauer ins Gedächtnis gerufen hatte, zur Überzeugung gelangt, daß meine Gefangenschaft sieben Tage dauern würde. Etwa drei Tage hatte ich nach meiner ungefähren Berechnung noch abzusitzen, als mein Brotvorrat zur Neige ging. Anderthalb

Tage mangelte mir auch das Wasser. Ich durfte mir keine Hoffnung mehr machen. Ich litt entsetzlich und war vollständig verzweifelt. Es blieb mir nicht einmal mehr der Trost, meine eigene Stimme zu vernehmen; denn der Widerhall in diesem Verlies schreckte mich. Umsonst gab ich mich den Gedanken an Rache und Haß hin, um meinen Willen wieder zu beleben. Aber was nützte es mir denn, wenn ich doch sterben mußte?

Schließlich sank ich mit verlöschender Kraft zu Boden und verschrieb den letzten Rest meiner Unabhängigkeit dem Drachen, damit er mich errette. Ich versprach ihm sklavische Hingabe meines Geistes und Herzens. Ich zweifelte nicht mehr an der Existenz dieser übernatürlichen Macht. Somit gab ich mich ihr ganz hin, um ihr zu dienen und sie anzubeten.

Sofort fühlte ich mich – ob tatsächlich oder auch nur durch eine Vorspiegelung meiner Einbildungskraft – neu gekräftigt und belebt. Ich litt wenigstens nicht mehr, weder körperlich noch seelisch.

Da hörte ich plötzlich ganz in der Ferne eine Tür knarren. Ich erhob mich, sank aber erschöpft sofort wieder zu Boden. Mit übermenschlicher Kraft richtete ich mich wieder auf. Nachdem ich meine Kleider etwas in Ordnung gebracht hatte, schleppte ich mich zu einem Stuhl, auf den ich mich mit einer Hand stützte, während ich die andere auf mein nur noch matt klopfendes Herz preßte. Eine zweite und dritte Tür öffnete sich. Plötzlich fiel Licht in mein finsteres Verlies. Ich mußte die Augen schließen, so blendete es mich. Schließlich erkannte ich Garfield. In seiner Begleitung befand sich der zweite Großorient Grévy, der damals Präsident der Republik war. Beide mußten mich fast in den Kapitelsaal tragen, wo sie mich auf einen Lehnstuhl niederließen.

„Sind Sie noch immer entschlossen, in den Kreis der Eingeweihten aufgenommen zu werden?"

„Ja", erwiderte ich entschlossen. „Sie haben meine Kräfte geschwächt, Sie können meinen Körper zugrunde richten! Trotzdem werde ich in den Kreis der Eingeweihten aufgenommen werden, da Sie und der Große Rat für mich gestimmt haben. Ich werde in den Kreis der Eingeweihten eintreten, weil es der Wille des Geistes ist und – weil es so im heiligen Buch geschrieben steht! Von jetzt ab werde ich nur noch dem Drachen gehorchen, ihn allein habe ich als meinen Herrn anerkannt." Trotz meiner Schwäche hatte ich mich stolz erhoben. Ein fremdartiges Feuer glomm in meinen Augen, das alles mit Schrecken erfüllte. Diese Anstrengung war mir zuviel gewesen. Ohnmächtig sank ich in die Arme Garfields.

Als ich wieder zu mir kam, umstanden mehrere Ärzte mein Lager. Beinahe acht Tage mußte ich das Bett hüten. Während dieser Zeit wurde der Tag meiner feierlichen Einführung festgesetzt. Es war Ende November 1879. Garfield wich nicht mehr von meiner Seite. Die Eingeweihten kamen einer nach dem anderen, mich zu besuchen, ebenso die hohen Würdenträger.

Ein Verzeichnis aller Beschwörungsformeln, die benutzt zu werden pflegten, um den Geist zum Sprechen und Handeln zu veranlassen, wurde mir ausgehändigt. Man teilte mir auch die Parole mit und gab mir dazu noch den Schlüssel zum Runden Tempel, daß ich auch bei Nacht hingehen konnte. Diese Gelegenheit nutzte ich die letzten Tage vor der Zeremonie gründlich aus. Es hatte sogar für mich einen eigenen Reiz, mich mit dem Drachen zu unterhalten. Mein Gesichtskreis erweiterte sich bei dem Verkehr mit diesem entarteten Geist, der mir aber weit überlegen war. Ihm verdankte ich es, daß ich Dinge erfuhr, von denen ich bis jetzt keine Ahnung hatte.

Er deckte mir alle Irrtümer der Sekten auf. Die Neuverbindung der Seelen mit dem Körper nach dem Tod, das Geheimnis der sieben Türen Platos, durch die jeder geschaffene Geist hindurchgehen muß, wobei er eine herab- und eine heraufgerichtete Spirale durchwandert, bevor er durch endlose Zeitkreise zu seinem Ausgangspunkt zurückkehrt. Alle freimaurerischen Lehren waren mir bald bekannt. Die furchtbare Moral der Loge, die vorgibt, sowohl dem Tierischen des Menschen alle Befriedigung, als auch dem Geist des Menschen alle geistig-mystische

Nahrung zu gewähren, erschien mir auf einmal harmonisch und gesetzmäßig. Ich erfuhr, daß der Geist mich eines Tages ganz besitzen würde, nachdem ich um seinetwillen mit aller Anhänglichkeit an die Geschöpfe gebrochen hätte. Ich verstand aber noch nicht, welcher Art diese Besessenheit sein werde und was überhaupt eine Besessene sei.

Bald zeigte sich mir der Geist als Drache, bald als Mensch, wobei er allerdings einen eigentümlichen, aber sympathischen Anblick bot. Bald hatte der Drache sieben menschliche Köpfe, bald nur einen mit einer siebenblättrigen Krone. Auch erschien er als wunderschöne, reichgeschmückte Frau oder als Engel der Finsternis zu Ehren seiner Nymphe der Nacht.

Bald sprach er zu mir wie ein leidenschaftlicher zärtlicher Liebhaber, vorerst aber ohne jede Sinnlichkeit, bald wie ein Herr, der keinen Widerspruch duldet. Es kam vor, daß er meinen Geist in Besitz nahm. Dann meinte ich, einige Stunden das Leben einer anderen Seele zu leben, die alles sah und wußte. Selbst wenn er sich als mein Diener gab und mich als seine Herrin anerkannte, so blieb er immer vornehm und groß, was mich über jedes Geschöpf erhob. Mehrmals nahm er mich in seine Arme und erhob mich vom Boden, um mir zu verstehen zu geben, wie sehr er eine noch innigere Bindung mit mir ersehne. Mitunter stieß er Klagerufe oder Racheschreie aus. Durch ihn und in ihm fühlte ich mich erhaben über die gemeine Masse der Maurer. Ich war seine Erwählte aus allen, und ich liebte ihn mehr als alle anderen.

Wenn ich auch manchmal im Bann von Garfields hohem Geist gestanden hatte, so kam er mir jetzt farblos und hohl vor. Die ernstesten Gespräche schienen mir schal und leer. Selbst das Lesen beschwerte mich. Ich vernachläßigte die Pflege meines Körpers und dachte nur noch an den Geist und an meine nächtlichen Zusammenkünfte mit ihm. Fern von ihm litt ich und rief ihn aus ganzem Herzen herbei. Sobald ich ihn herbeigerufen hatte, vergaß ich alles andere auf Erden. Ich liebte ihn! Meine Gesundheit litt unter dieser ständigen Hingabe und wurde geschwächt. Meine geistigen Kräfte dagegen wuchsen, und ich konnte schließlich wieder Herr werden über diesen mystischen Zustand, ohne aber darauf zu verzichten. Es wurde mir wieder leicht, einem Gespräch oder einer sonstigen Nebensächlichkeit Aufmerksamkeit zu schenken, obwohl ich dabei immer in der Gegenwart des Geistes lebte. Meine Verzückungen wichen und machten einer ständigen, ruhigen, dämonischen Ekstase Platz. Auch Garfield konnte ich wieder anhören, und je näher der große Tag meiner Einführung kam, um so gründlicher belehrte er mich über das schwierige Zeremoniell, das ich über mich ergehen lassen mußte. Ich stattete mich mit der erforderlichen Bekleidung aus, den nötigen Büchern und den Abzeichen der Loge. Der ganze Symbolismus der Gebräuche wurde mir im voraus erklärt.

Für diesen entscheidenden Tag hielt ich noch etwas bereit, was über das vorgesehene Programm hinausging. Keiner meiner Logenbrüder hatte dies vorausgesehen.

Zu diesem Zweck schloß ich mich ein letztes Mal in der Nacht vor dem Freitag in der Loge ein, um mit dem Drachen süße Zwiegespräche zu pflegen. Seit einigen Tagen hatte ich darauf verzichten müssen. Anderthalb Stunden rief ich den Geist umsonst an. Gerade in dem Augenblick, wo ich ihn für immer an mich gekettet zu haben glaubte, schien er mir zu entgehen. Auf die zärtlichsten Liebesbeteuerungen blieb er stumm.

Endlich ließ er sich erweichen und erschien mir als Engel mit einem Astralleib. Er sah mich einen Augenblick tief an – ich geriet in Ekstase. Jetzt vernahm ich die Stimme des Geistes. Er schilderte mir das vollkommene Glück, das denen vorbehalten ist, die sich ihm rückhaltlos hingäben. Dann sprach er von der hohen Ehre, die er mir angetan, als er sein Auge auf mich geworfen hatte, auf mich, seine unwürdige Geliebte, und er zeigte mir die hohe Stellung, die er mir in der Loge – sogar über dem Großorient – zugedacht hatte. Auf meine Bitten hin versprach er mir für den folgenden Tag seine Unterstützung.

Nie fühlte ich mich glücklicher als an jenem Morgen, als endlich der große Tag des 3. Dezember 1879 anbrach. Am frühen Morgen verließ ich die Loge, damit alles für die Feier hergerichtet werden konnte. Mit Garfield begab ich mich dann ins Hotel des Princes, wo wir mit den Eingeweihten zu Mittag aßen. Seine Miene war verdüstert, denn der Kummer und die Sorgen um mich hatten ihn, der sonst so ruhige und gleichmäßige Züge hatte, ganz verändert.

Er übergab mir mehrere Briefe, welche Glückwünsche hoher Logenmitglieder enthielten, die von meiner Aufnahme benachrichtigt waren. Vergeblich suchte ich darunter ein Schreiben Bismarcks. Nur mit Mühe konnte ich meine Enttäuschung verbergen. Dann fuhren wir in den Bois de Boulogne, wo wir den ganzen Nachmittag verbrachten. Im Chalet aßen wir zu Abend. Es ging da sehr vergnügt zu. Ein Trinkspruch folgte dem anderen. Um acht Uhr kehrten wir nach Paris zurück und jeder begab sich nach Hause. Ich verbrachte den Rest des Tages mit Thiénet, der mir allein als zuverlässiger Kenner und Beurteiler der mystischen Zustände erschien, in denen ich lebte. Er allein kannte die inneren Verhältnisse, die Prüfungen und auch die äußeren Erlebnisse einer vom Geist beeinflußten Seele. An der Art und Weise, wie ich den Geist sah, an seiner Gestalt und an seinen Mitteilungen erkannte er sofort, zu welcher Höhe mich der Drache an diesem Tag berufen hatte. Dies alles schien ihn freudig zu stimmen, und ich überhäufte ihn mit Freundlichkeiten, musizierte mit ihm und war aufgeräumter denn je.

Gegen 11 Uhr begaben wir uns dann in die Loge. Im Ankleideraum zog ich zunächst ein weites Linnenhemd an. Darüber eine Tunika aus Brokat. Ein goldener Reif umschloß meine Stirn, und ein dichter Schleier verhüllte mein Haupt. Meine Arme wurden mit linnenen Binden umkleidet. Dann geleitete mich der Großmeister bis an die Tür des Kapitelsaals. Dort verband mir Ferry, damals Premierminister – dank seiner Arbeit für die Laienschule als Unterrichtsminister im Kabinett Freycinet –, die Augen und fesselte meine Hände. Hierauf geleitete er mich in die Kammer der Geheimwissenschaften.

Dort waren fünf Eingeweihte versammelt, in deren Kreis ich

als sechstes Mitglied aufgenommen werden sollte, ferner sechs asiatische Ritter. Ich kniete nieder und mußte ein mehr als eine Stunde dauerndes Verhör über mich ergehen lassen. Eingehend wurde ich nach den Gründen befragt, die mich bewogen einzutreten. Man setzte mir die hohe und folgenschwere Bedeutung meines Schrittes auseinander, deutete auch an, daß ich ihn vielleicht doch einmal bereuen würde.

Geduldig ertrug ich alles, drängte aber auf einen Abschluß. Kaum hatte ich mein letztes Wort gesprochen, als ein starker Hammerschlag erdröhnte. Der Großorient befahl mir nun:

„Siebenmal das Haupt bis zum Boden verneigen, damit der Geist sich offenbare."

Ein dumpfes Donnergrollen ertönte hierauf als Antwort auf diese Anrufung. Es nahm sich aus wie der Vorbote eines Erdbebens. „Siebenmal das Haupt zu Boden!" befahl der Großorient neuerdings. Ein elektrischer Schauer durchzuckte uns alle. – Wieder hieß es: „Siebenmal das Haupt zur Erde!"

Der Großorient begann seine Beschwörungen. Plötzlich rief er: „Fiat lux!"

Ein Eingeweihter nahm mir daraufhin die Binde von den Augen. Dann verlas der Großorient eine hebräische Formel, wonach mir die Handfesseln abgenommen wurden. Noch eine Formel, und nun ergriff ein jeder der Eingeweihten ein Ende meines Schleiers und zerriß ihn, als Garfield die Worte sprach:

„Enthüllet den Tempel des Geistes!"

Hierbei entdeckte ich, daß der Schleier schon im voraus so eingerichtet war, daß er in vier gleiche Teile zerfiel. Dann kehrte ich mit den vier Eingeweihten in den Ankleideraum zurück, vor dessen Tür sie auf mich warteten. Hier tauschte ich die Tunika gegen ein weißes Kleid mit langer Schleppe ein. Die Eingeweihten begleiteten mich bis zur Tür der Loge, wo mir der Großmeister einen hölzernen Schlägel reichte. Siebenmal, dreimal und einmal schlug ich an die Tür. Ein Riegel wurde gelöst. Ich schlug noch einmal, ein zweiter Riegel wurde zurückgeschoben, und auf einen dritten Schlag hin sprang die Tür weit auf. Die sechs asiatischen Ritter bildeten drei Barrieren, indem sie einen Arm gegeneinander ausgestreckt hielten. Mit erhobenen Armen, den Holzschlägel immer noch in der Hand, gefolgt vom Großmeister, durchbrach ich diese dreifache lebendige Reihe, durchlief den runden Tempel und erstieg die sieben Stufen der Estrade. Oben angelangt schlug ich mit meinem Holzklöppel auf den Erzfuß, der ein verkehrtes Dreieck trägt. Das Orchester begann sofort eine prickelnde Weise zu spielen, die von Versen unterbrochen wurde, die abwechselnd von den beiden Gruppen der Ratsmitglieder aus dem Heiligen Buch gesungen wurden. Vergoldetes Tuch war an der Wand aufgespannt, Eichenblätter umschlangen die Säulen. Die Galerien, die Tribüne und die Estrade trugen denselben Schmuck. Überall strahlten die Lüster in tausend Farben. An vergoldeter Kette hing ein großer Diskus in den Tempel herab und schwebte hin und her, nach allen Seiten leuchtend. Die Mitglieder des großen Rates hatten in Gala mit der Cappa Magna auf beiden Seiten zwischen den Säulen des Tempels Platz genommen, während die hohen Eingeweihten am halbkreisförmigen Tisch sich niedergelassen hatten. Von der Höhe der Treppe aus machte dies alles auf mich einen imposanten und doch sonnigen Eindruck. Langsamen Schrittes begab ich mich vor ihn hin. Garfield, der sich in Begleitung von Thiénet und Grévy befand, frug mich in feierlichem Ton:

„Welcher Religion gehören Sie an?“

„Keiner!“

„In welcher Religion sind Sie geboren?“

„In der katholischen!“

„Geben Sie den Glauben an diese Religion auf?“

„Ich habe nie daran geglaubt!“

Nun reichte man mir ein leicht zerbrechliches Kruzifix. „Vernichten Sie es, wenn Sie es für Unsinn halten.“ Ohne Zögern tat ich dies und warf die Stücke auf den Boden. Dann brachte man dem Großorient ein Becken, das mit von Blut gerötetem Wasser angefüllt war. Er verneigte sich bis zum Boden, sprach einige lateinische Formeln, die von meiner Seele das Schandmal der Taufe nehmen sollten. Darauf goß er einige Tropfen Wasser auf mein Haupt mit den Worten:

„Möge der höchste Geist, der uns führt, das Schandmal auf deiner Stirn, das dich zum Sklaven des gemeinsten Herrn gemacht hat, durch seine Allmacht beseitigen. Er wasche dein Haupt und deine Stirn. Sein Geist offenbare sich dir und mache deinen Verstand fähig, die höheren Dinge zu erkennen. Er unterwerfe deinen Willen seiner unbegrenzten Macht und bewirke in dir, was keiner von uns allein zustande brächte, wenn der Geist des höchsten Wesens ihn nicht erleuchtete. Er gebe dir die Kraft, seinem Willen gemäß zu handeln. Möge er Großes durch dich tun. Durch dich fördere er die Pläne der Loge der Illuminierten. Dein Herz und dein Geist seien für alles andere unzugänglich. Er beschütze dich in Gefahr und bewahre dich vor dem Zusammenbruch. Er leite, stärke und belebe dich. Gehöre du ihm ganz an, auf daß du nur mehr aus ihm allein lebst."

Garfield hob mich auf und Thiénet geleitete mich auf die große Estrade hinauf. Von da aus gelangte ich unmittelbar unter der Kuppel bis zu einer schmalen Plattform, Sancta Santorium genannt, die über vier Meter über dem Boden sich erhebt. Jetzt warf sich der Großorient vor dem Drachen zu Boden und beschwor ihn noch einmal, sich zu offenbaren. Mehr als eine Stunde verging während dieser schauerlichen und langsamen Beschwörung. Plötzlich stieß ich einen Schrei aus. Von einer unsichtbaren Macht ergriffen und emporgehoben, war ich in den Raum hinabgestürzt worden. Der Geist aber hielt mich in der Schwebe, während ich endlich wieder die Worte meines Geliebten vernahm. Welch ein außerordentlicher Augenblick! Es wurde Licht in mir. Es gab für mich kein Geheimnis mehr, kein Naturgesetz, über dem ich nicht stand. Ich begriff, daß der Mensch hienieden nur deshalb ohnmächtig ist, weil er alles nur sich allein verdanken will, während doch der Geist alle Macht in den Händen hat. Ich wußte: Ich vermag alles in ihm, wenn ich um seinetwillen mich von allem hienieden trennen kann.

Inzwischen hatte mich der Geist sanft zu Boden gesetzt und bedeckte mich mit seinen Flügeln, so daß man nichts mehr von mir sah als meinen Kopf und ein Stück meines wallenden Kleides. Ich stand vor der Puppe mit der Tiara. Der Geist ermunterte mich, die Gliederpuppe mit der Tiara dieses Kopfschmuckes zu berauben. Er reichte mir einen Bogen und half mir, ihre Brust mit einem Pfeil zu durchbohren. Dann nahm ich auf sein Drängen der Königspuppe die Krone vom Haupt und zerpflückte deren Blätter nach und nach, wie ich es auf dem Bild Mazzinis gesehen hatte. Schließlich zerbrach ich ihr Zepter und durchbohrte ihr Herz mit einem Dolch.

Ich hatte schon recht beträchtliche Fortschritte in der hochmaurerischen Schule des Verbrechens gemacht und verspürte keinen Widerwillen mehr gegen diese furchtbaren Bräuche. Mein weibliches Zartgefühl war erstorben. Ich handelte fast ohne Bewußtsein.

Die Anwesenden waren sprachlos vor Erstaunen. Dem Zeremoniell entsprechend ist es Sache des Großmeisters, dem Neuaufgenommenen bei diesen komplizierten Riten zur Seite zu stehen. In meinem Fall hatte sich der Geist selbst das alles vorbehalten. Er hieß mich darauf, meine Hände in ein mit Blut gefülltes Becken tauchen und führte mich dann in die Mitte des Tempels, wo ich die Formel sprach, die meine Aufnahme besiegelte. Dann warf er mir den Kopf rückwärts und hauchte mir in den Mund. Ich fühlte in mir lebendiges Feuer, das mich ganz durchdrang und meinem schwachen Körper neue Kraft verlieh.

Nun war ich besessen, leider Gottes! Buchstäblich und ganz vom Schwarzen besessen!

Ich legte nun die Abzeichen meiner Würde an, während ich einige Verse sprach, ein Hohn auf die Heilige Schrift:

„Ich bin stark in dem, der mich stärkt, ich bin sein und er ist mein, nie werde ich ihm untreu werden!“

Hierauf zog ich mein weißes Kleid aus, das in einem glühenden Becken verbrannt wurde. Es glich einem Meßgewand, denn es war vorne und rückwärts mit einem Kreuz versehen, um anzudeuten, welcher Religion ich bisher angehört hatte. Hierfür bekam ich ein griechisches Kleid aus weißem Flanell mit den Abzeichen der Freimaurer. Zwei Eingeweihte brachten mir dann die Toga der Eingeweihten, den goldenen Zirkel, ferner die goldene Sonne als Zeichen meines Hochgrades. Schließlich wurden ein Bogen Papier und ein Register gebracht. Im letzteren wurden mein Name, Alter, die bisher geleistete Arbeit und das Datum meiner Aufnahme eingetragen. Der Gorßorient und ich unterschrieben, dann die sechs Ritter Asiens und die sechs Eingeweihten. Das Ganze wurde mit dem Siegel des Tieres versehen. Der Papierbogen war mit verschiedenen freimaurerischen Zeichen bedeckt. Nun machte man mir auf dem rechten Daumen einen Schnitt, hielt ein kleines Petschaft mit dem Zeichen des Drachen an die Wunde, dann tauchte ich eine Feder in mein Blut, fuhr die auf dem Papier schon vorgemachten Zeichen nach und unterschrieb das Ganze mit meinem Namen. Die Zeichen besagen:

„Ich entsage der Dreifaltigkeit, dem Kreuzesopfer, der katholischen Religion und dem Glauben an einen Gott. Ich gebe ALLE Geheimnisse auf, die nicht vom Geist geoffenbart sind, desgleichen die Werke, die nicht von ihm ihren Ausgang nehmen. Freiwillig gebe ich mich mit Leib und Seele ihm ganz zu eigen. Ich bitte ihn, meinen Verstand, meinen Willen und mein Gedächtnis als seinen ausschließlichen Herrschaftsbereich in Besitz zu nehmen. Ich beschwöre ihn, in mir zu leben und zu handeln, wie auch mich in ihm leben und handeln zu lassen. In seinem Namen verachte und verfluche ich Christus, die Kirche und alle Sakramente!“

Der Geist, der hinter mir blieb, ergriff gleich nach der Unterschrift dieses Blatt und gab mir dann ein anderes, das ich zur Erinnerung an meine gänzliche Hingabe bis zu meinem Tod bei mir tragen sollte. Nur der Fall blieb ausgenommen, wo ich mich von diesem Papier zeitweise trennen mußte, um den Argwohn Außenstehender nicht zu nähren. Nach den Gesetzen der Loge tritt dieser Fall selten ein; denn für gewöhnlich sorgt der Geist dafür, daß das Papier rechtzeitig verschwindet. Übrigens ist dieses Schriftstück für Uneingeweihte nichts anderes als ein unverständliches Geschreibsel, die Unterschrift ausgenommen. Gleichzeitig erhielt ich ein kleines Ledertäschchen zur Aufbewahrung sowohl dieser Weiheformel wie einer konsekrierten Hostie, die künftighin Zeuge meiner gottlosen Taten sein mußte. Diese Hostie sollte womöglich jeden Monat erneuert werden, nachdem sie vorher von den Eingeweihten unbeschreiblichen Entehrungen ausgesetzt worden war. In der Freimaurersprache heißt dies das geheiligte Depot, und die Loge rühmt sich, durch diese Erniedrigung der Eucharistie die Ohnmacht Christi dem Geist gegenüber zu beweisen. In Wirklichkeit aber ist es ein Bekenntnis des Dogmas von der tatsächlichen Gegenwart Christi im Altarsakrament.

Schon begann ich stark zu ermüden, als die Feier zu Ende ging. Jeder hatte das Bedürfnis, sich zu erfrischen. Ich erhielt nun am Halbkreis Toga und Abzeichen und begab mich mit den andern in den Festsaal, wo der Tee eingenommen wurde. Es herrschte allgemeine Ermüdung. Die Unterhaltung war daher recht schleppend. Plötzlich ertönte ein elektrisches Klingelzeichen. Tirard, Ackerbauminister in allen republikanischen Regierungen, stieg in das höhere Stockwerk und kam wieder mit einem prachtvollen Kamelienstrauß und einem Brief an mich.

Der Absender war Bismarck. Der Fürst hatte mich nicht vergessen, und seine Glückwünsche trafen außerhalb der festgesetzten Ordnung und ohne Garfields Vermittlung ein. Garfield erblaßte, seine Augen funkelten vor Zorn. Ich aber öffnete den Brief, den er mit seinen Blicken verschlang, zunächst nicht. Auch die herrlichen Edelsteine, die über die Blumen hin zerstreut lagen, machten anscheinend wenig Eindruck auf mich. Garfield existierte in diesem Augenblick nicht mehr für mich. Ich war ganz und gar bei dem Geist. Als ich meinen Tee in aller Ruhe getrunken hatte, öffnete ich endlich das Schreiben des Kanzlers. Es lautete: „Meine Glückwünsche! Erinnern Sie sich unseres gemeinsamen Freundes. In seinem Interesse muß ohne

Verzug gehandelt werden. Ich rechne bestimmt damit, nachdem der Geist gesprochen hat!“ Die Übersetzung war nicht schwer: „Gedenken Sie Garfields, unseres gemeinsamen Feindes. Der Geist will seinen Untergang, und Sie haben die Mittel in der Hand, ihn herbeizuführen. Es ist höchste Zeit!“

Ich knitterte das Schreiben zusammen und warf es in das Kaminfeuer.

Als dieses neuerliche Todesurteil dann von den Flammen verzehrt wurde, bemächtigte sich meiner eine große Melancholie. Wird es immer mein Geschick sein, Haß und Tod zu säen? Der Geist hatte entschieden. Ich war bereit.

5. Garfield in Ungnade

Es schlug drei Uhr morgens. Diese Stunde hatte der Geist für meine höchste Weihe ausersehen. Ich sollte nicht bloß Eingeweihte sein, er wollte mich vielmehr zu seiner von ihm erleuchteten Braut erheben.

Alle Anwesenden begaben sich wiederum in die Loge. Auf allen schien es wie schwere Sorge zu lasten, denn die Ereignisse der Nacht ließen anderes, noch viel Erstaunlicheres vorausahnen. Die hohen Eingeweihten nahmen am halbrunden Tisch Platz, während ich noch einmal die Estrade bestieg. Es war dies meine letzte Prüfung, ob ich wirklich als vom Geist anerkanntes Organ in der Großen Loge angesehen werden könne. Ich mußte nun von der Tribüne aus in meiner Eigenschaft als Begnadete des Geistes sprechen. Jedes meiner Worte sollte wie ein Orakel in religiöser Gesinnung angenommen werden, und ein geschickter Stenograph wartete schon darauf, alles zu Papier zu bringen. Was sollte ich sagen? Ich hatte nichts vorbereitet, da ich mich da ganz auf den Geist verließ. Natürlich war ich unbeschreiblich verlegen, als ich merkte, daß alle mich erwartungsvoll ansahen. Auf einmal öffnete sich mein Mund, und die Worte flossen nur so von meinen Lippen. Gleichzeitig bemerkte ich, wie sich die

Mienen meiner Zuhörer belebten. Bewunderung und Staunen malte sich auf ihren Zügen. Was sagte ich eigentlich? Ich war mir jedes Wortes bewußt, und noch nie besaß ich eine solche Klarheit des Geistes wie jetzt. Trotzdem sprach nicht ich, sondern ein anderer aus mir. Ich mußte meinen ganzen Verstand zusammen nehmen, um meinen Worten zu folgen und sie zu begreifen. Das Ganze war eine Unsumme von Fragen, politische Intrigen, einheitlich geführt, aber vielseitig in ihrer Auswirkung, eine Unmenge geheimer Rachegelüste und wohlausgedachter Pläne des Geistes. Und das sollte alles durchgeführt werden.

Der Vortrag dauerte 40 Minuten. Nacheinander malten sich auf den Zügen der Anwesenden die verschiedensten Empfindungen, die Freude der Loge, wieder ein Organ der Hohen Gewalt zu haben, auch des Entsetzens, als ihre verborgensten Gedanken offenbar wurden, wie auch das selbstsüchtige und ehrgeizige Treiben einzelner Logenmitglieder, welche die im Interesse der Loge unternommenen Werke zu ihrem persönlichen Vorteil ausnützen wollten. Es gab in dieser Hinsicht unter meinen Zuhörern wenige, die sich nichts vorzuwerfen hatten. Indessen sprach ich über diese innere Gefahr mit soviel Überzeugungskraft und Rücksicht, daß alle befriedigt und begeistert waren.

Als ich geendet hatte, wußte ich, daß ich eine Macht geworden sei, die man fürchtet, aber gegen die anzugehen man sich hüten werde.

Die sieben Großen Logen der Illuminierten hatten wieder eine Eingeweihte, eine Begnadete, wie allein der Geist sie erwählen kann, und von welcher stets eine neue Bewegung ausgeht. Weshalb die Großen Logen sich nach einer solchen immer mehr sehnen. Zwei Eingeweihte, die mich am Anfang der Tribüne erwarteten, geleiteten mich unter Höflichkeitsbezeugungen zum halbrunden Tisch zurück. Hier angekommen, wandte ich mich dem Großorient, den anderen hohen Eingeweihten und den Rittern Asiens zu, indem ich ihnen die Arme entgegenstreckte, welchen Gruß sie in derselben Weise erwiderten. Dann kniete ich mich nieder, nahm meinen goldenen Zirkel ab, und Garfield gab mir einen anderen mit einem Dreieck aus Diamanten. Zwei Eingeweihte hingen mir meine Toga um, und Thiénet befestigte an meiner linken Schulter die goldene Sonne. Hierauf führte mich Garfield zu Tisch, während alle Anwesenden, die sechs Ritter Asiens, die sechs anderen Würdenträger, sodann der ganze Große Kongreß mir den einer Eingeweihten gebührenden Gruß boten. Das Orchester begann von neuem zu spielen. Ein Sänger stimmte eine sogenannte patriotische Hymne an im Stil von 1793, worauf Garfield das Lied sang: „Ehre sei dem geknechteten Gott!"

Ich wollte während des Festessens allein in der Loge bleiben. Garfield aber lehnte dies ab. Und so ging ich als letzte hinab in den Festsaal. Das Gespräch war bei Tisch viel angeregter als vorher beim Tee. Ungezwungen unterhielten wir uns über politische Fragen und über finanzielle Zusammenbrüche, die damals die Öffentlichkeit beschäftigten und von der Freimaurerei herbeigeführt waren, indem man entweder Logenbrüder, die zu allem fähig waren, in die Finanzunternehmungen hineingeschmuggelt oder diesen plötzlich todbringende Konkurrenzen gegenübergestellt hatte. So geriet die *Union Générale de Lyon* und die *Banque de Paris* in Konkurs.

Schließlich artete alles wie immer in eine furchtbare Orgie aus. Es traten Weiber auf, und die vom Alkohol berauschten Männer hatten sich nicht mehr in der Gewalt. Selbst Garfield erlitt Schiffbruch. Diese elende Bande drängte sich um mich wie die Hunde. Aber der Geist, der mich ganz in Besitz genommen hatte, gab mich nicht frei. Ähnlich wie Gott, liebt es dieser Affe Gottes, den eifersüchtigen Gott zu spielen. Er entriß mich den Händen dieser Tiere und entzog mich einem Schauspiel, das ebenso würdelos wie ekelhaft war.

Um sechs Uhr morgens begaben wir uns in den Kapitelsaal. Es handelte sich darum, nach vorheriger Anrufung des Drachens die Ideen, die er im Lauf des Tages dem einen oder anderen eingegeben hat, zu sammeln. Das ist in der Loge Brauch. Welch bittere Ironie nach solchen Ausschweigungen und nach einer Nacht ähnlicher „Arbeiten".

Die Ideen werden von dem Großorient gesammelt, der die Niederschrift jedes Einzelnen durchsieht und das Ergebnis auf eine Schiefertafel schreibt. Jeder schreibt dann dieses Ergebnis in sein Notizbuch, um es nach Herzenslust durchzudenken. Es handelt sich dabei vor allem um freimaurerische Pläne, die erst zur Reife gebracht oder schon durchgeführt werden sollen. Jeder Logenbruder muß jährlich wenigstens eine solche Idee liefern, sei es am Karfreitag, sei es am 29. Juli, dem Jahrestag der Ernennung des ersten Großorients.

Solche Gedanken werden manchmal erst nach 10, 15 oder 20 Jahren verwirklicht. Manche davon sind in den Annalen der Loge berühmt geworden. So stammt zum Beispiel der Gedanke, die Thronprätendenten als Kandidaten für den Präsidentenstuhl Frankreichs auszuschalten, von Bismarck. Le Royer erfand eines Tages den bisher noch nicht verwirklichten Plan, den Senat aufzuheben. Die Militärpflicht für den Klerus entstammte dem Kopf Grévys. Lanessan kam auf den Gedanken, Papst und Kardinäle aus Rom zu vertreiben.

Nun wartete jeder mit Spannung, welchen Plan ich gebären würde. Ich dachte nur ganz zerstreut daran, denn die Ereignisse der letzten Nacht, wo Garfield sich nicht gescheut hatte, unter meinen Augen sich in gemeinster Weise zu vergehen, bestärkten mich in dem Entschluß, alle Beziehungen zu ihm abzubrechen. Als ich am wenigsten an die Formulierung meines Gedankens dachte, bewegte sich der Stift zwischen meinen Fingern. Ich hatte die wenigen, rätselhaften Worte geschrieben: „Tod dem Feind der Großloge der Illuminierten!“

Was hatten diese Worte zu bedeuten? Die Eingeweihten sahen einander bestürzt an. Garfield schauerte zusammen. Gleich darauf bat ich, mich zurückziehen zu dürfen, nachdem ich ihm diesen spitzigen, giftigen Haken ins Fleisch gesetzt hatte, von dem er nimmer loskommen sollte.

Kaum hatte ich im Ankleideraum meine Toga und Tunika ausgezogen und mein Straßenkleid wieder angetan, als Garfield bleich und verstört eintrat. Er küßte meine beiden Hände und suchte in meinen Augen zu lesen. Sein magnetischer Blick machte mich unsicher. Endlich entfuhr ihm ein rauher Schrei: „Verräterin, warum hast du meinen Untergang beschlossen? Wer verlangte von dir mein Leben? Was wird dir mein Tod einbringen?“

Ich hatte meine Selbstbeherrschung wiedergewonnen und mich seiner Umarmung entzogen. Kalt erwiderte ich: „Sind Sie verrückt? Ich habe Ihren Tod nicht beschlossen, und Sie sind gewiß nicht der Feind, dessen sich der Geist entledigen will.“ Wütend ging er gegen mich los. Plötzlich erklang ein schneidendes Lachen im Raum. Es war das Lachen des Tieres, das sich mit mir der Rache freute. Als Engel der Finsternis war der Drache gekommen und umhüllte und schützte seine Erwählte. Wie ein Blitz fuhr er auf Garfield nieder, trat ihn einige Minuten lang, schäumend vor Wut, mit Füßen, während ich ihn, von einem unwiderstehlichen Drang getrieben, mit Hohn, Haß und Schmähungen überhäufte. Entsetzt floh er nach diesen Schlägen davon.

Ein anderer Gedanke quälte mich trotzdem. Wenn der Geist so seine Lieblinge behandelte, wenn sie ihm nicht mehr gefielen, wie würde es dann mir einst ergehen? Einige Minuten hegte ich diesen Gedanken, ohne daß es der Geist gewahr wurde. Er konnte also keine Gedanken lesen, selbst nicht bei den Geschöpfen, die er ganz besaß! Sobald Garfield außer Schußweite war, beeilte ich mich zu fragen:

„Was hat er denn getan?“

„Er hat gegen mich und ohne mich gehandelt. Ich habe ihn nicht erwählt, auf daß er hier seine Politik oder die von Washington treibe. Er hat zunächst in seinem eigenen Interesse gearbeitet und nicht für mich. Deshalb räche ich mich jetzt.“

„Warum aber durch mich?“

„Weil so meine Rache viel grausamer ist und du es so gewollt hast. Meine Vereinigung ist selbst mit den höchsten Eingeweihten nicht so vollständig, während mich eine Frau beherrscht und über einen Teil meiner Macht mitverfügt, da sie viel inniger mit mir vereint ist. Ich bin der Herr, du aber bist die Königin. Unsere Verbindung ist eine ganz innige. Fürchte nichts! Solange du mir treu bist, werde ich dir die Treue noch mehr bewahren. Aber wehe dir, wenn du eines Tages mein Geheimnis verräterisch dem Feind preisgibst! Dieser Tag wird für dich und meine Feinde der Beginn einer neuen Unglücksära sein. Ich werde dir jeden Einfluß auf die Menschen nehmen. Du wirst ihnen ein Gegenstand des Hasses und Widerspruchs sein, und auf deiner Stirn werde ich das Zeichen der Verworfenen anbringen. Dein Name wird selbst von den Deinen geschmäht werden. Der Fluch wird dich überallhin begleiten. Alle deine Pläne werden zunichte werden. Selbst wenn du weit von hier gehst, ich werde dich wieder finden und dir wie dein Schatten folgen! Ich werde deinen Verstand lähmen und deinen Willen zur Ohnmacht verurteilen. Der Gedanke an deine Vergangenheit wird dir Tag und Nacht jede Freude rauben. Du wirst keine Ruhe finden, bis du zu mir zurückkehrst. Diese Prüfungen werden für dich der sicherste Beweis meiner Treue sein. Mein Haß und meine Rache werden dich meine Liebe erkennen lassen; denn unser beider wahre natürliche Tugenden sind Haß und Rache. Im übrigen liegt es ganz bei dir, diese Prüfungen sofort zu umgehen. Hefte dich an meine Fersen. Dein Geist ist frei von Vorurteilen, und ich habe längst vergessen, daß du an meine Macht nicht geglaubt hast, da meine heiligen Frauen nicht so sehr des Glaubens bedürfen als vielmehr der Hoffnung und vor allem der Liebe. Es genügt, wenn sie wie ich, mit mir und in mir hassen. Hasse, und du wirst keinen zuverlässigeren treuen Freund und zärtlicheren Gatten finden als mich.“

Er beugte sich über mich, während seine Flügel mich bedeckten und sein Blick sich in meine Augen senkte. Sein Licht durchdrang mich, und eine fremdartige Sinnlichkeit, die geistiger Art war und sehr berauschend wirkte, durchströmte mich ganz. Der Geist sagte mir: „Folge dem Weg, den ich dir vorgezeichnet habe. Trotz der Bande, die dich hier zurückhalten, zögere nie, in ferne Lande zu reisen, vielleicht sogar für lange

Zeit, um meinen Weisungen nachzukommen. Mein Geist ist durch unlösliche Bande mit dem deinen vereint und wird dich nicht verlassen. Keine Macht vermag uns zu trennen, wenn du es nicht willst. Geh, meine Freundin!“

Ich konnte mich kaum von ihm trennen. Um mir den Entschluß zu erleichtern, zeigte sich der Geist nun nicht mehr als Engel, sondern nahm die Gestalt des Drachens an und entschwand.

Es war vormittags 9 Uhr vorbei, als ich wieder nach Hause zurückkam. Garfield war nicht da. Ich war mir klar darüber, daß ich so schnell noch nicht mit ihm fertig werden würde. Er war nicht der Mann, der, wie der elende Daniel, gleich beim ersten Zeichen der Ungnade erlag. Vielmehr wird er – darüber war ich mir klar –, sobald er über diese erste und schwere Lehrstunde reiflich nachgedacht hat, ohne Zweifel meine und des Geistes Gunst wieder zu erlangen suchen.

6. Eine Verschwörung

Ich bewohnte damals ein hübsches Gartenhaus, das mir allein zur Verfügung stand. Am Abend des Tages, da ich meine letzte Unterredung mit dem Grafen Daniel hatte, verließ ich die Wohnung, die er mir gemietet hatte, und begab mich ins Hotel des Princes. Bald darauf richtete mir Garfield das eben erwähnte Häuschen in der Rue de Dunkerque ein.

Als ich von der Loge heimkehrte, fragte ich mich einen Augenblick, ob ich nicht meine jetzige Wohnung verlassen und anderswo auf meine Kosten leben solle. Wie groß aber war mein Erstaunen, als ich nach Hause kam. Die ganze Wohnung war auf den Kopf gestellt! Die alte Dienerschaft war verschwunden, neue bereits angestellt; frische Tapeten wurden gerade gespannt und herrliche Möbel aufgestellt. Den ganzen Vormittag waren Handwerker im Haus beschäftigt. Wem galt denn all diese Geschäftigkeit?

Das Rätsel wurde gelöst, als ich erfuhr, daß die Logenschwester Clothilde Bersone von jetzt an als die hohe Eingeweihte, Gräfin von Coutanceau, auftreten sollte. Gleichzeitig erhielt ich einen Brief von Garfield, ich solle im Faubourg Saint Germain verschiedene Geselligkeiten besuchen. Ein glänzender Empfang würde meiner harren. Ich gehorchte, denn nichts konnte mich mehr in Erstaunen setzen.

Vom nächsten Morgen an übernahm ich selbst die Leitung meines Hauses. Ich entledigte mich sogar meines bisherigen Schmuckes, der mir nicht mehr zusagte, ebenso auch meiner auffallenden Kleider und geschmacklosen Möbel. Ich gab alles einer Logenschwester, die größere Vermögensverluste erlitten hatte. Da ich jetzt eine große Dame und Mitglied der guten Gesellschaft geworden war, so durfte nichts mehr an die abenteuerliche Vergangenheit erinnern. Ich besorgte mir dann noch alles Nötige. Meine Rechnung für all die Kleider, Möbel, Tapeten und Pferde belief sich auf rund 26 000 Francs. Schon fürchtete ich, in meinen Ausgaben zu weit gegangen zu sein. Aber die Eingeweihten fanden meine Forderungen noch recht bescheiden. Sie hatten viel mehr erwartet. Bei meinem ersten Zusammentreffen mit dem Drachen hatte dieser mir Gold zugeworfen; die Loge hatte es aufbewahrt. Diese Summe belief sich auf 30 000 Francs.

Es wurde nun bestimmt, daß ich in meinem Haus einen wissenschaftlichen Zirkel einzurichten hätte; zu vorgerückter Stunde sollte dann Gelegenheit zum Spiel gegeben werden. Das war ein doppelter Köder, der die hervorragendsten Vertreter der Wissenschaft und der Gesellschaft anziehen würde. Man kannte ja den unheilbaren Leichtsinn vieler dieser Personen, welche solche gesellschaftlichen Feste aufsuchten. Sie sind schöne Schmetterlinge, die sich auf alles stürzen, was glänzt, und sich dabei die Flügel verbrennen.

Es gibt nicht Geeigneteres, Familiengeheimnisse, parlamentarische Intrigen, politische und religiöse Bestrebungen zu erfahren, als vertrauliche Unterhaltungen unter Frauen und persönliche Bindungen mit Spielern.

So sind hunderte Male die besten Pläne der Rechtsparteien vereitelt und die ersten Anzeichen verräterischer Bestrebungen von Leuten aufgedeckt worden, die man um jeden Preis entlarven wollte. Mancher Lehrling der Loge endete auf diese Weise als einbalsamierte Leiche auf dem entsetzlichen Tisch im Amphitheater, wenn er nichtsahnend mit der Herrin eines solchen leichtfertigen und eleganten Kreises geschäkert hatte. Aber keine von allen hatte es bisher zu einer solchen Meisterschaft in dieser Spionage im Dienst der Loge gebracht wie ich. Aber bevor ich ins Volle ging, bat ich, die letzte Weihe empfangen zu dürfen, um mir so die größtmögliche Zahl von Mitverschworenen, deren ich viele bedurfte, zu sichern. Man setzte die außerordentliche Sitzung auf den ersten Freitag nach meiner Einführung an. Dabei sollte ich allen Lehrlingen und höheren Logenbrüdern vorgestellt werden, natürlich nicht als Braut des Geistes, sondern als Würdenträgerin. Denn die einzelnen Grade innerhalb der Hochfreimaurerei wissen ja nichts von der Existenz und dem Wirkungskreis der höheren. Dies ist auch der Grund, weshalb ich mich im Lauf meiner bisherigen Darstellung manchmal einer dunklen, verworrenen Ausdrucksweise bedienen mußte. Denn erst jetzt, nachdem ich auf dem Höhepunkt angelangt bin, kann ich die einzelnen Grade dieser satanischen Hierarchie genauer schildern:

Die Illuminierten jeder Großloge zerfallen in neun Chöre zu je drei Graden.

Zunächst in vier Grade, je nach ihren Fähigkeiten, die Lehrlinge. Sie erfahren keine Sache von Bedeutung und kennen höchstens ein geheimnisvolles Formular mit rätselhaften Zeichen, deren Sinn ihnen unbekannt ist. Achmed Pascha hatte mir höflicherweise diesen Grad erspart. Ich kenne ihn also nicht aus Erfahrung. Diese Rekruten müssen unter Androhung der schwersten Strafen über ihre Zugehörigkeit zur Loge, über die Anschrift ihres Versammlungsraumes und über ihre Sitzungen Stillschweigen bewahren. In ihren Augen sind die Paßworte und freimaurerischen Erkennungszeichen die Hauptsache. In Wirklichkeit haben diese

Dinge nur den Zweck, Außenstehende fernzuhalten. Der Jahresbeitrag der Lehrlinge beträgt 400 Francs und erhöht sich bei Einreihung in einen höheren Grad um je 100 Francs.

Die fünfte Abteilung umfaßt die Novizen oder Kandidaten, die nach sorgfältiger Prüfung ihres Charakters und ihrer Anlagen von den Würdenträgern zur Aufnahme in die Loge vorgeschlagen werden.

Dem sechsten Grad gehören die einfachen, dem siebenten die höheren Brüder an, alles unbedeutende Ämter.

Zum achten gehören alle Eingeweihten und Würdenträger, der zweite Großorient, der Vollbringer der Großen Werke, die ordentlichen Richter, der Großmeister, der Kanzler, der Sekretär und alle Mitglieder des Großen Rates.

Im neunten Kreis endlich befinden sich der Großorient, ferner die höheren Eingeweihten, unter denen sich stets drei Erleuchtete befinden, denen alle Einfälle und Ideen vorzulegen sind. Von diesen Ideen darf keine in die Tat umgesetzt werden ohne deren Zustimmung. Schießlich gehört diesem Kreis noch die Inspirierte an, falls es dem Drachen gefällt, sich eine solche zu erwählen.

Jeder Eingeweihte muß der Versammlung all dieser neun Kreise vorgestellt werden, aber nur als einfacher Bruder, der zu einem höheren Amt berufen ist. Der zweite Großorient nimmt dann den Platz des ersten ein, damit die Anwesenden nicht wissen, wer ihr höchster Chef ist. Die sechs anderen Eingeweihten nehmen ihren gewohnten Platz am halbrunden Tisch ein.

Am besagten Tag war mein Platz in der viereckigen Loge leer. Nur meine Toga war darüber gebreitet. Alle Lehrlinge trugen den symbolischen Schurz, die Brüder Schurz und Toga. Garfield befand sich in einer kleinen Loge der hintersten Galerie wie jeder einfache Logenbruder des 6. Kreises. Die Sitzung wurde durch Musikdarbietungen eingeleitet. Es wurden pseudoreligiöse und pseudopatriotische Hymnen gesungen, die das Ziel verfolgten, die Menschheit gegen Gott aufzustacheln. Zweifelsohne ist diese Musik harmonisch, feierlich und großartig. Sie bewirkt eine Art kriegerischer Trunkenheit. Bei ihren Klängen beleben sich alle Blicke und alle Leidenschaften werden entfacht. Der Haß und die Sinnlichkeit feiern Triumphe. Durch eine Eingebung des Geistes konnte ich alle geheimen Gefühle und eitlen Hoffnungen erkennen, welche diese sinnliche und bestrickende Kunst hervorrief.

An diesem Abend waren mehr als 300 Personen in der Loge. Niemand darf fernbleiben ohne einen triftigen Grund, der von den drei Erleuchteten anerkannt werden muß. Das Konzert dauerte länger als eine Stunde.

Dann erhob sich der zweite Großorient, sprach über den Grund der Zusammenkunft, insbesondere über meine Wahl durch den Großen Rat, und stellte mich als Würdenträgerin vor.

Bevor ich in mein Amt eingeführt wurde, mußte ich noch einmal in aller Öffentlichkeit abschwören. Es war eine lange Geschichte. Die Abschwörung erstreckte sich zunächst auf das Dogma der Einzigkeit des schöpferischen Prinzips, dann auf die hauptsächlichen Dogmen der Kirche und auf die Sakramente.

Ein zweites Mal mußte ich eine Art Taufe über mich ergehen lassen. Schließlich bekleidete man mich wieder mit meiner Toga, und ich durfte am halbrunden Tisch Platz nehmen. Sieben Logenbrüder sprachen nacheinander von der Tribüne. Sie lobten den Geist, der mich auf einen solchen Grad erhoben. Ihre Reden waren leer und langweilig. Dann bemühte ich mich, im selben Stil und ebenso bedeutungslos wie meine Vorredner zu sprechen. Hier handelte es sich ja nicht darum, meine geheimen Kräfte zur Geltung zu bringen.

Ich dankte der Versammlung für den liebenswürdigen Empfang und dem Großen Rat dafür, daß er zu meinen Gunsten gestimmt hatte. Ich versprach, alle im Interesse aller und eines jeden zu tun, und ich beschloß mit einem zündenden Appell gegen die Feinde des Volkes, gegen die Kirche, gegen die Könige, gegen jeglichen Verfechter der allgemeinen Geistes- und Gesinnungsknechtung meine Rede.

Auf die Rede folgte tosender Beifall. Lächelnd verließ ich am Arm des zweiten Großorient die Estrade und den Saal. Sobald die Logenbrüder der ersten vier Kreise fortgegangen waren, wurden die Türen der Loge geschlossen und man begab sich zur großen Schiefertafel, worauf der Großorient die letzte große Idee, die den Beifall der Erleuchteten gefunden hatte und die jeder sich merken sollte, einzutragen hatte. Plötzlich ging ein Erschauern durch den Saal. Jeder sah, wie von der unsichtbaren Hand des Geistes vor dem entsetzen Garfield folgende Worte auf die Tafel geschrieben wurden:

„Tod dem Feind der Loge!"

Jeder schien sich daraufhin nach dem Feind umzusehen, der erst entdeckt und dann beseitigt werden mußte. Es war jetzt weder die Zeit noch der Ort, diesen innerhalb der Loge entstandenen Streit weiterzuspinnen.

Dann fand ein Liebesmahl statt, das erst um vier Uhr in der Früh sein Ende fand. Nie kam mir eine Nacht langweiliger und leerer vor, aber ich sollte mit einigen wohlhabenden und einflußreichen Lehrlingen bekannt gemacht werden, damit mein wissenschaftlicher Salon Anklang fände.

Garfield begleitete mich bis zu meiner Wohnung. Er haschte nach einigen Dankesworten für seine zuletzt bewiesene Großmut und erstrebte eine Versöhnung. Wie mein Schatten verfolgte er mich Tag und Nacht seit meiner Einführung, um ein Wort der Versöhnung zu erlangen. Ich war zu müde, um mich auf eine Erklärung einzulassen und verschob jede ernste Unterhaltung auf den nächsten Tag. Er kam unverzüglich, hielt mir eine lange feierliche Rede über meine neuen Pflichten und wollte mich verschiedenen Familien seines Bekanntenkreises vorstellen, die ich im Interesse des Großen Rates kennenlernen sollte. Auf diese Weise wollte er sich wiederum angenehm und nützlich, ja unentbehrlich machen.

Die Geselligkeiten in meinem Haus sollten am ersten Donnerstag des Jahres 1880 beginnen, da hierbei eifrig für die Wahlen des Jahres 1881 gewirkt werden sollte, von denen sich die Loge große Erfolge versprach. Ich war noch nicht ernstlich mit den Vorbereitungen beschäftigt und eignete mich auch gar nicht für wissenschaftliche Auseinandersetzungen. Garfield fing an, mir auf die Nerven zu gehen, und ein neuer Zusammenstoß schien unvermeidlich, als mir überdies noch ein Brief Bismarcks gebracht wurde. Der Kanzler wünschte mich in Berlin zu sprechen. Er selbst konnte augenblicklich Deutschland ohne ausdrückliche Weisung des Kaisers nicht verlassen, der dieses Mal von der Zusammenkunft nichts wissen durfte.

Diese Nachricht erfüllte mich mit Freude. Sie verscheuchte meine Mattigkeit. Auf jeden Fall mußte ich vom Kapitel die Erlaubnis zur Abreise erlangen, d. h. die Genehmigung, meinen Salon erst viel später eröffnen zu dürfen. Außerdem brauchte ich die Erlaubnis, von zwei Freitagssitzungen fernbleiben zu dürfen. Wie sollte ich das durchsetzen? Die Eingeweihten legten nunmehr großen Wert auf meine Gegenwart und hatten meine ganze Neueinrichtung schon deshalb in die Hand genommen, um mich möglichst in ihrer Nähe zu haben. Ich mußte allerdings mit der ablehnenden Haltung Garfields rechnen.

Mein Plan war, die Eingeweihten unter der Hand für meinen Plan zu gewinnen. Ich lud sie ein, bei mir zu Abend zu essen, an einem Tag, wo ich wußte, daß Garfield anderweitig beschäftigt war. Ich ließ dabei meinen großen Wunsch durchblicken, vierzehn Tage bis drei Wochen zu verreisen. Sie zeigten keine große Neigung hierzu, und wer weiß, was sie vermuteten. Sie konnten mir aber aus Höflichkeit diese Bitte doch nicht abschlagen. Als erster gab Präsident Grévy nach. Er hatte keinen eigenen Willen. Zwei andere folgten seinem Beispiel. Jetzt galt es nur noch, Ferry, Tirard und Thiénet zu gewinnen. Ich erfand einfach eine Geschichte. Ich wollte Garfield ein Liebesabenteuer verbergen. Dieser Gedanke fand ihren Beifall,und jetzt zauderten sie nicht mehr, mir zu helfen, da es darauf ankam, ihren Kollegen zu foppen. Ferry übernahm sogar die Durchführung persönlich.

Er erinnerte Tirard daran, daß die serbische Politik das französische Kabinett in steigendem Maß interessierte und daß es gut wäre, auf die Wünsche des alten Achmed Pascha einzugehen. Dieser habe zur Zeit Schwierigkeiten mit der politischen Rechten in der Türkei und forderte deshalb, daß Paris für ihn

Serbien überwache; Serbien sei geeignet, Europa in Brand zu setzen. Es sei daher von Wichtigkeit, sich dahin zu begeben.

„Morgen reisen wir", sagte er. „Ich gehe gleich ins Ministerium, und wenn Thiénet zustimmt, so kann er mitkommen." Thiénet stimmte zu. So werden oft die ernstesten Fragen in der Welt erledigt. Die Laune einer Frau genügt, um alle Kanzleien der Erde durcheinanderzubringen. Dadurch, daß die drei Eingeweihten nicht in Paris weilten, war jede Logensitzung für drei Wochen unmöglich. Man würde in der Zwischenzeit ein oder zwei Mal die Lehrlinge einberufen, und der zweite Großorient würde die Sitzungen leiten.

Ich konnte sofort abreisen. Um 1 Uhr nachts bestieg ich auf dem Nordbahnhof den Zug, nachdem ich an Garfield folgende lakonische Zeilen geschrieben hatte:

„Die Liebe macht blind, die Jugend vergeht, und Italien ist ein so schöner Aufenthalt! Auf Wiedersehen in einem Monat!" Das war ein regelrechter Dolchstoß, über den ich mich während der ganzen Reise freute.

In Berlin stieg ich inkognito in der Französischen Botschaft ab, wo mir ein sehr freundlicher Empfang zuteil wurde. Sobald Bismarck von meiner Ankunft in Kenntnis gesetzt war, schrieb er mir folgende Zeilen:

„Ich kann nicht zu Ihnen kommen, aus Sorge, der Kaiser könnte Verdacht schöpfen. Aber die Botschaft weiß von meinen Dispositionen. Verlassen Sie die Botschaft nur im Wagen, und seien Sie morgen auf dem Ball im Kristallpalast. Sie tragen ein Kleid, das frühjahrlich und herbstlich zugleich ist. Wenden Sie sich in dieser Angelegenheit an die Frau des Botschafters und vergessen Sie nicht, in der linken Hand ein Bouquet weißer Kamelien zu tragen. Daran werde ich Sie erkennen."

Das Spiel begann heiter zu werden. Man stelle sich vor: Eine falsche Französin ist entschlossen, auf einem Maskenball mit dem Eisernen Kanzler und unterstützt von der französischen Regierung den amerikanischen Großorient und künftigen Präsidenten der Vereinigten Staaten zu stürzen!

Meine Freude an dieser Intrige hatte ihren Höhepunkt erreicht! Die Botschafterin half mir selbst beim Ankleiden, und ich traf pünktlich im Kristallpalast ein, eine schwarze Maske vor den Augen. Um die Diplomatenloge zu vermeiden, begab ich mich sofort in den Saal. Kaum war ich eingetreten, als ein großer Mann im Mephistokostüm meine Hand ergriff und mein Bouquet in Empfang nahm. Er flüsterte mir dabei ins Ohr:

„Gräfin Coutanceau, Fürst Bismarck."

Dann führte er mich am Arm in eine Loge, die er mir schon vorher gemietet hatte, um der Neugierde des Publikums zu entgehen. Hier gab er mir Verhaltungsmaßregeln für unser weiteres Vorgehen und überreichte mir weitere Papiere Garfields, die ihm sein Auslandsdienst beschafft hatte. Diese standen in direktem Widerspruch zu den Beschlüssen der Loge vom vergangenen Juli. Er ersuchte mich, nichts Ernsthaftes zu unternehmen, ohne ihn in Kenntnis zu setzen und versicherte mir, nach dem Sturze Garfields meine politischen und privaten Aktionen unterstützen zu wollen. Er selbst würde in Paris die Unternehmungen der Freunde des Großorients überwachen lassen, die mir sicherlich aus Haß zu schaden suchen würden.

Wir begaben uns zum Büfett und gegen 2 Uhr morgens geleitete er mich zur Botschaft zurück. 24 Stunden später begab ich mich über Dresden und das obere Rheintal nach Genf, wo ich vier Tage blieb, dann einen Tag nach Lausanne und von dort über Domodossola durch die Lombardei nach Venedig. Am dritten Tag nach meiner Ankunft in der Dogenstadt schrieb ich einige Zeilen an Garfield, damit er an meinen italienischen Aufenthalt glaube. Noch vor Ablauf der drei Wochen war ich wieder in Paris.

Eines Abends gegen 5 Uhr erschien mir der Geist ganz persönlich und plötzlich, ohne daß ich ihn beschworen hatte, und rief mir nur das eine Wort zu: „Verrat!"

Zunächst begriff ich ihn nicht, fühlte mich aber angetrieben, ans Fenster zu gehen, und entdeckte einen Abgesandten der Loge, der meine Haustüre beständig im Auge behielt. Plötzlich schoß mir der Gedanke durch den Kopf: Garfield glaubt, ich bewahre die Papiere des Fürsten Bismarck hier bei mir auf. Noch zauderte ich und warf wieder einen Blick auf die Straße. Da erblickte ich von ferne den Wagen Garfields. Eiligst verbrannte ich die wenigen kompromittierenden Schriftsücke, die ich unvorsichtigerweise bei mir hatte, und warf die Asche in den Ausguß. Es war höchste Zeit.

Kaum war ich wieder in meinem Salon angelangt und hatte einen kleinen Revolver neben mir in einer Schublade bereitgelegt, als Garfield sich anmelden ließ und erregt eintrat. Ich lächelte ihm zu, ohne mich zu erheben.

„Geben Sie mir sofort Ihre Schlüssel!“ rief er.

Ich spielte wieder die gekränkte Würde. „Bin ich hier mein eigener Herr oder Ihre Sklavin?“ Ich wies dabei zur Türe. Ganz wild vor Wut stürzte er sich auf mich. Ich griff nach meinem Revolver. Ohne zu zielen, drückte ich ab, und die Kugel durchschlug den großen Spiegel über dem Kamin. Alle meine Leute stürzten bei diesem Lärm ins Zimmer. „Es ist weiter nichts“, erklärte ich lächelnd, „als ich dieses Spielzeug betrachtete, ging aus Unachtsamkeit ein Schuß los.“

Ich behielt die Waffe aber in der Hand. Garfields Zorn hatte sich noch nicht gelegt.

„Sie verweigern mir also Ihre Schlüssel? Gut, ich weiß, was das bedeutet! Sie wollen die Papiere Bismarcks, die Sie in Berlin geholt haben, um mich zu vernichten, vor mir verbergen.“

„Ich weiß nicht, ob Bismarck Ihr Feind ist; das aber weiß ich, er ist ein Edelmann. Wenn Sie irgend etwas mit ihm auszumachen haben, so suchen Sie ihn doch auf. Er wird sich Ihnen bestimmt zum Kampf stellen. Oder ist die Ehre nur ein leeres Wort für Sie, Sie Feigling?“

„Mein Leben gehört nicht mir, sondern meinem Volk!“

„Was für große Sprüche! So etwas hört man aus dem Mund wirklich großer Männer nie. Sie behaupten, ich bewahre gewisse Papiere hier bei mir auf. Nun gut, hier sind meine Schlüssel. Suchen Sie nur überall! Sie Strauchdieb! Ich ziehe es vor, Sie zu kränken, statt mich noch länger in Ihrer Gegenwart zu langweilen!"

Hastig ergriff er meine Schlüssel und durchsuchte zitternd vor Aufregung alle meine Schubladen. Er fand nichts. Schimpfend kam er zurück. Ich hatte mich gesetzt und blätterte in einer Zeitschrift. „Was haben Sie denn in Berlin gemacht?"

Ich hielt es nicht für angebracht, mich weiter zu verstellen. „Soll ich etwa einen Deutschen für weniger ritterlich halten als einen Yankee? Wenn Bismarck Ihr Feind ist, warum soll er dann auch der meine sein?"

Garfield erschauerte vom Kopf bis zu den Füßen: „Geben Sie mir auch den Schlüssel zu Ihrem Schreibtisch in der Loge!"

„Aber natürlich, denn dadurch werde ich Sie endlich los! Sie brauchen sich gar nicht zu beeilen, mir die Schlüssel wiederzugeben. Das hat Zeit bis zum nächsten Freitag bei der Sitzung. Leben Sie wohl, mein Herr!" Wütend, enttäuscht und beschämt verließ er mich.

Drei Tage lang wohnte ich auswärts, um einen neuen Besuch Garfields unmöglich zu machen, und schloß mich in meinem Zimmer im Hotel des Princes ein. Eines Abends lud ich zwölf Eingeweihte aller Richtungen zu mir zu Tisch. Es waren zugegen: Léon, Say, Ferry, Grévy, Tirard, de Lanessan, Thiénet, Le Royer, de C., Paul Bert und ich glaube auch Clemenceau.

Ich übergab ihnen alle Schriftstücke, die den Verrat des Großorients bewiesen, und eröffnete ihnen, daß ich vom Geist den Auftrag erhalten hatte, Garfield zu vernichten. Obwohl entsetzt, mußten sie sich doch diesem Zwang fügen. Aber was sollte nun geschehen? Bis jetzt hatte noch nie ein Eingeweihter es gewagt, sich offen gegen den Geist zu empören, da dessen Macht allen nur zu wohl bekannt war. Wie sollte man einen Großorient aburteilen und ihn verschwinden lassen? Und dazu noch einen Garfield? Er war jedem bekannt. Trotz seines Inkognito in Europa hatte doch die ganze Welt ihre Augen auf ihn gerichtet, zumal in der Zeit unmittelbar vor den Präsidentschaftswahlen, die ihn vielleicht auf den ersten Platz in Amerika

Oben: Die Freimaurerloge in der Berliner Dorotheenstraße.
Unten: Georges B. Clemenceau (1841 – 1929), seit 1876 Führer der radikalsozialistischen Linken, später (1906 – 1909, 1917 – 1920) französischer Ministerpräsident.

Léon Gambetta (1838 – 1882), französischer Politiker, proklamierte 1870 die französische Republik, 1879 – 1881 Präsident der Deputiertenkammer, 1881/82 Ministerpräsident.

bringen würden. Ein solcher Fall war noch nie vorgekommen. Wir wußten tatsächlich keinen Rat, wie wir uns in dieser Angelegenheit verhalten sollten. Es war zwar schon vorgekommen, daß hohe Eingeweihte der sieben Logen, wie zum Beispiel Abel Schmidt, es versucht hatten, im geheimen die Pläne des Geistes zu hintertreiben; zur Macht gelangt, hatten sie sich die Macht des Geistes selbst angemaßt. Aber immer hatte dann der Drache selbst diese Empörer ohne vorausgehendes Gericht gestürzt und sie mit einem Schlag zu Boden geworfen. Im Fall Garfields aber überließ er es uns, die Bestrafung vorzunehmen.

Wir beschlossen, damit man seinen Tod nicht der Loge in die Schuhe schieben könne, ihn zunächst aus Paris fortzubringen. Hierfür gab es nur ein Mittel: Man mußte seine Kandidatur für die Präsidentenwahl so unterstützen, daß er gezwungen war, in Washington Aufenthalt zu nehmen, wodurch er nicht mehr in der Lage war, aus der Ferne die Loge zu leiten. Diese könnte dann unter seinem Nachfolger viel leichter über seine Bestrafung beschließen. Von da an datierten alle Bestrebungen, die darauf zielten, ihn in Amerika so beliebt zu machen, daß er eines Wahlsieges sicher sein konnte. Im Senat und in der Kammer sangen nacheinander Gambetta, Ferry und Lanessan in den höchsten Tönen sein Lob, und die Presse ließ ihn geradezu als einen politischen Riesen erscheinen, als den Richter über die Geschicke der Welt. Ein Rausch von Begeisterung für ihn bemächtigte sich in wenigen Monaten aller. Von der Freimaurerei hervorgerufen, ergriff sie alle Kreise. Er war der Löwe des Tages, der große Mann, auf den auf einmal alle ihr Augenmerk richteten, ohne zu wissen, wieso und weshalb. Kurzum, er wurde von einer großen Mehrheit zum Präsidenten der Union gewählt, und die Welt erwartete Wunderbares von seiner Führung. Nach der amerikanischen Verfassung sollte er im nächsten Jahr, also 1881, in das Weiße Haus einziehen. Die Bestimmungen der Loge besagen, jeder Verräter soll so schnell wie möglich seiner Würde entkleidet und gerichtet werden. Während dieser 12 Monate blieb er unser höchster Führer und hatte das Recht, es zu bleiben, wenn auch unter der Bedingung, daß er seinen Wohnsitz sehr weit entfernt von seiner bisherigen Wirksamkeit aufschlagen, und er daher einen Stellvertreter bestimmen mußte. Man konnte ihm den Rücktritt nicht nahelegen und ihm auch den Ehrenvorrang nicht verweigern, ohne ihn aufsichtig zu machen. Einige von uns griffen daher zu einer Kriegslist. Zu jener Zeit gab es in Amerika noch keine hohen Eingeweihten, und schon oft hatten die Redner in der Loge mit Verwunderung darauf hingewiesen, daß dies so zahlreiche, gutgestellte Volk, das sich in den niederen Graden so auszeichnete, noch keine Loge von Illuminierten sein eigen nenne. Garfield selbst sah die Notwendigkeit dieser Gründung ein und bedauerte es sehr, daß kein hervorragender Maurer in Paris war, der diese Aufgabe hätte übernehmen können. „Aber dazu haben wir ja einen Garfield!"

Ein Deutscher war Großorient der Großen Loge von Berlin, und ein Türke war Großorient der Großen Ottomanischen Loge. Wie konnte dann ein Amerikaner, noch dazu der erwählte amerikanische Staatspräsident, Großorient der Großloge der Illuminierten in Paris sein und bleiben? Die damit für Frankreich in Anspruch genommene Monroedoktrin war ein schlagendes Argument zu Gunsten von Garfields Rücktritt, der als Entschädigung dafür von uns den ehrenvollen Auftrag erhielt, in Amerika voranzumachen.

Wir mußten sehr klug ans Werk gehen, da unser Großorient gerade daran festhielt, über andere zu herrschen, zumal dies der Grund für seine Entfernung und Verurteilung war. Neue Schwierigkeiten schienen sich aufzutürmen, und ich versprach, meine Zuflucht zum Geist zu nehmen.

7. „Tod dem Feind der Loge!"

Vor meiner Einführung hatte ich den Geist mit leidenschaftlicher Freude beschworen. Nun hatte ich auf einmal eine merkwürdige, unerklärliche Abneigung gegen ihn. War ich schon gesättigt? Durch seine zahlreichen Gunsterweise verwöhnt? Empörte sich mein Hochmut gegen die langen und demütigenden Beschwörungsformeln? Ich konnte eben keinen Herrn über mir vertragen, mochte er unterwürfig sein wie Graf Daniel oder wie zuweilen Garfield. Würde sich der Drache jetzt wegen meiner Undankbarkeit und meines Hasses gegen mich wenden?

Auf jeden Fall wurden unsere Unterredungen immer seltener und selbst jetzt, wo ich meinen Mitverschworenen versprochen hatte, den Geist so bald wie möglich zu befragen, verschob ich es von Tag zu Tag und kam zu keinem Entschluß.

Schließlich begab ich mich gegen 7 Uhr abends in die Loge – es war ein Donnerstag – und blieb bis Freitag nachts 11.30 Uhr, ohne ein Verlangen nach Speise und Trank zu verspüren. Ich trank nur hin und wieder etwas Zuckerwasser und wechselte einige Male die Wäsche, weil mich meine vergeblichen Bemühungen in Schweiß brachten.

Der Geist blieb hartnäckig. Einen Augenblick zeigte er sich mir als Engel von düsterer Schönheit. Dabei konnte ich nur einige schwer veständliche Worte erhaschen, die wenig erbaulich waren. Noch nie schien er mir so voller Bitterkeit gewesen zu sein. Es kam mir vor, als könnte er die ganze Menschheit nicht mehr ertragen. Er bemühte sich sichtlich, mir die menschlichen Gesinnungen in ihrer ganzen Gemeinheit vor Augen zu führen, teils die Geldgier, teils die gemeinste tierische Leidenschaft. Die Mittel, die er zur Beherrschung der Geister verwendet, wirkten jetzt gegen ihn selbst.

Wie konnten auch diese käuflichen, selbstsüchtigen, den niedrigsten Instinkten verfallenen Menschen gegen einen Herrn, der ihnen zu sehr entgegenkam, sich selbst vergessend treu sein? Der Verrat war ja ihr Element, und der zügellose Genuß ihre Regel, selbst den Logengesetzen zum Trotz.

Haß gegen das menschliche Geschlecht und Ekel vor den eigenen Kindern des Lichts hatten ihn heute ganz erfaßt. Er war ganz entmutigt. Fast einen Tag lang vernahm ich nur pessimistische Klagen von ihm.

Hinsichtlich Garfields Ausschluß gab er mit Mühe einige ausweichende Worte:

„Es muß bestimmt getan werden! Ich werde es um deinetwillen und des Beispieles wegen tun. Die erforderlichen Mittel werde ich dir geben. Ich will es, er wird sterben!"

Er war nicht deshalb so betrübt, weil er einen seiner Lieblinge preisgeben mußte, denn nichts war ihm – ebenso wie mir – süßer als die Rache, sondern weil er besser als ich voraussah, daß niemand diesen ernsten, ordnungsliebenden und kraftvollen Mann zu ersetzen vermochte. Keiner der anderen Eingeweihten in ganz Paris besaß diesen gewaltigen Ehrgeiz, diese Logik im Handeln und dabei dies hoheitsvolle Gebaren. Nur Bismarck konnte mit ihm verglichen werden, und dieser Mann kam ja für Frankreich nicht in Frage. Wenn auch augenblicklich der Kanzler dieselben Interessen hatte wie die Loge, war er nicht beim ersten Zusammenstoß fähig, in der Loge nur eines seiner Werkzeuge zu sehen, statt umgekehrt? Die menschliche Armseligkeit, die sogenannten geist- und charaktervollen Männer hemmten alle Augenblicke die Tätigkeit des Geistes und stießen immer wieder seine Pläne um. Anstelle der großen Logenaktion, die sich unter seiner, des Geistes Führung zum Wohl der Menschheit über alle Völker erstrecken sollte, sah er immer nur die einzelne Nation, oder auch nur die und die Person in den Vordergrund treten. Der Geist fuhr fort, in abgehackten und oft fast unverständlichen Worten:

„Ich weiß es wohl, daß ich keine *Heiligen* habe, die *gegen* ihre Natur handeln. Es ist eine Sisyphusarbeit, diese morschen Seelen, die selbst keinen Halt haben, immer wieder auf die Berge zu führen. Sie wollen selbst Götter sein und benutzen meine Gaben nur, um mich vom Thron zu stürzen. Aber wenigstens diejenigen, die groß im Ehrgeiz und gewaltig im Haß sind, sind meine Ebenbilder. Selbst wenn ich sie vernichte, finde ich auf ihrer Stirn mein Zeichen. Ich bin so niedergeschlagen, weil ich erleben muß, wie schwache und ekelhafte Parasiten die Herrschaft in meinem Reich antreten wollen. *Galiläer, auch du kannst dich rächen!*"

Diese Klagen hatten mich tief berührt. Allmählich begann ich seine düsteren Geständnisse zu begreifen.

Freitagabend um 10 Uhr verschwand der Geist und ließ mich allein ohne Erleuchtung vor der Kapitelsitzung zurück. Gegen 11 Uhr rief man mich an. Gambetta erwartete mich im Empfangssaal, wo er mir einen Brief Bismarcks gab, der gleichsam eine letzte Ermunterung war:

„Sie werden heute abend fehlerfrei reden! Danke schön!"

Ich wußte nicht, was tun. Schon waren viele Eingeweihte im Kapitelsaal versammelt, die gerufen waren, um eine bedeutsame Mitteilung zu erhalten. Die einen waren neugierig, die anderen in süß-saurer Stimmung wegen der unliebsamen Störung. Alle wunderten sich über meine Abwesenheit. Da kam ich plötzlich zum Entschluß.

Drei elektrische Klingelzeichen kündeten den Eingeweihten meinen Willen, daß die Versammlung nur in der Loge stattfinde. Auf der Estrade angelangt, verkündete ich ihnen, daß ich sprechen wolle. Etwas erstaunt stimmten sie zu. Einem innerlichen Antrieb folgend hatte ich die Tribüne bestiegen. Dort aber verließ mich die Eingebung. Ich war in grausamer Verlegenheit. Ich wußte nicht, was ich sagen sollte. Um Zeit zu gewinnen, zitierte ich zunächst einen Text in neugriechischer Sprache, den Garfield allein verstand – wie ein Prediger, der ein Wort des Evangeliums in Latein seinen Ausführungen vorauszuschicken pflegt. Nun erwachte ich plötzlich aus der geistigen Erstarrung, und ein Redestrom floß von meinen Lippen gleich dem Wasser, das sprudelnd dem Quell entströmt.

„Wie ist sie doch begnadet!" So klang es aus den Reihen meiner Zuhörer, die freudigst überrascht waren, da diese übernatürliche Kundgebungen im allgemeinen erst nach sorgfältigen und langwierigen Vorbereitungen sich einzustellen pflegen. Ich gab zunächst einen allgemeinen Überblick über die Logenaktion in der Welt, sowohl in ihrer Defensive, wie auch in ihrer Offensive und Vorwärtsentwicklung. Dann behandelte ich im besonderen die Logenbewegung in Amerika, sprach von den

Großlogen in jedem Staat und von den drei Millionen Logenmitgliedern niederen Grades, ungerechnet die vielen geheimen Gesellschaften, die ich so genau aufzählte, daß ich selbst darüber ganz erstaunt war. Anschließend stellte ich nun die Frage: Welche Rolle spielen nun wir Erleuchteten inmitten all dieser führerlosen Brüder niederen Grades? Wir sollten aus diesem Chaos die an Mitgliedern stärkste, an Geldmitteln kräftigste und an Einfluß reichste aller Logen aller Länder entstehen lassen. Sie würde eine Krönung aller unserer Bemühungen und gar bald der Mittelpunkt unseres ganzen Wirkens sein.

Die Beifallsäußerungen steigerten sich mehr und mehr. Ich schloß mit einem kühnen Treffer: „Ein einziger Mann ist fähig, diesen großartigen Plan zu verwirklichen. Ein einziger besitzt die Autorität, Erfahrung und die hierzu notwendigen Gaben. Ihr alle habt ihn schon genannt: Es ist *Garfield!* Der Geist will es, daß Ihr, Garfield, Großorient der Loge von New York werden sollt!“ Um nun zu bekräftigen, daß er aus mir gesprochen hatte, erhob mich der Geist wie am Tag meiner Einweihung bis zur Decke, schleuderte mich dann herab und ließ mich unversehrt auf den Boden nieder. Ich war ganz erschöpft von meiner Anstrengung. Die Eingeweihten drängten sich um mich, um mir ihren Beifall zu bekunden. Garfield schien einverstanden. Er hatte das Schlimmste befürchtet, als ich das Wort ergriff. Seit seinen letzten Erfolgen in den Vereinigten Staaten träumte er nur noch davon, sich dort eine Stellung zu schaffen, die ihn vor den Gefahren schützte, die sich im stillen jetzt drohend gegen ihn erhoben. Kühl berechnete er die Vorteile, die sich ihm jetzt boten und zugleich die Gelegenheit, sich an uns zu rächen. Dort konnte er eine Großloge ins Leben rufen, die alle Logen der Welt in den Schatten zu stellen vermochte. Die Gedanken las ich in seinen Augen.

Gewiß tat es ihm leid, Paris verlassen zu müssen. Er äußerte mir gegenüber sein Bedauern über unsere Unstimmigkeiten und über unsere Trennung. Zugleich beschwor er mich, ihm mitunter zu schreiben, was ich ihm auch zusagte. Bald reiste er ab, um seine neue Stellung zu übernehmen. Ich sah ihn nicht wieder. Zum festgelegten Zeitpunkt übergab ihm sein Vorgänger Rutherford B. Hayes alle Amtsbefugnisse, und die Amerikaner erhofften sich von diesem großen Staatsmann eine ruhmvolle und glückverheißende Präsidentschaft. Selbst die Loge von Paris schickte ihm ihre Glückwünsche. Sie schien ihre Rachepläne auf unbestimmte Zeit verschoben zu haben.

Grévy, der Nachfolger Garfields als Großorient, hatte nicht die Fähigkeiten seines Vorgängers. Unter seiner schwachen Führung zerfiel unsere Loge. Die Wahlen von 1881 schienen in Frankreich die Freimaurerei zur Herrschaft gebracht zu haben. Dies war aber zum Schaden der Erleuchteten das Werk gewöhnlicher Logenbrüder.

Gerade zu diesem Zeitpunkt schrieb mir Garfield unglücklicherweise einen Brief aus Amerika, aus dem eine bittere Genugtuung über unsere Niederlage sprach. Jede Zeile war voll beißenden Spottes. Selbst die anständigeren Stellen waren doppelsinnig und verletzten mich sehr. Er führte aus, daß er bei seinem Abschied diesen allgemeinen Verfall vorausgesehen hätte; da ich diesen Zusammenbruch gewollt habe, so solle ich jetzt gute Miene zum bösen Spiel machen. Trotz aller Freundschaft zu mir könne er mich doch nicht bedauern. Ich hätte diese Belehrung verdient. Ich hatte ein kleines Medaillon mit einer Miniatur Garfields behalten, das ich sehr liebte. Wütend riß ich es vom Hals und trat es mit den Füßen. Indessen konnte ich aus diesem Brief Kapital schlagen.

Ich begab mich nach Ville d'Avray, wo Grévy und die anderen Eingeweihten sich aufhielten. Ich bat den neuen Großorient um eine Audienz und übergab ihm den Brief. Er las ihn ganz; einen Augenblick zitterte seine Hand vor Wut, als er die spöttischen Bemerkungen Garfields über die Wahl seines Nachfolgers las. Er wäre eine feige, kraftlose Natur, die schuld wäre an unserem Niedergang. Als er beim Lesen aufblickte, bemerkte er, daß ich ihn geringschätzig musterte. Er erblaßte. War er sich doch darüber klar, daß er gerichtet würde, falls er seine Pflicht nicht erfüllte. Langsam las er den Brief von neuem. Dann gab er ihn mir wieder mit der Bemerkung:

„Wir werden jetzt Schluß machen! Dieser Mann hat die längste Zeit gelebt!“

Einige Monate später verletzte ein abgewiesener Bittsteller, wie die Zeitungen behaupteten, um einen mysteriösen Fall zu erklären, ein gewisser Charles Guiteau auf dem Bahnhof von Baltimore den neuen Präsidenten der Vereinigten Staaten, General James Abraham Garfield, durch zwei Revolverschüsse. Drei Monate lang rang der Kraftmensch mit dem Tod, ohne auch nur mit einem einzigen Wort seine „Brüder“ anzuklagen.

Ich aber glaubte, auf dem Gipfel meiner Macht angelangt zu sein!

Vierter Teil

Die Treulosigkeit der Braut

1. Grévy

Nur allzubald begriff ich die Gründe für die zaudernde Haltung des Drachen. Ich hatte mich zu früh über Garfields Sturz gefreut!

Grévy war nicht der geeignete Mann, um unser Schiff zu führen. Auch ich selbst war mir über die nebensächliche Rolle, die ich zu spielen hatte, nicht ganz klar: Ich glich einer Pythia ohne Ziel und Führung.

Vergeblich suchte ich den Mann zu durchschauen, den mir das Geschick als Herrn gegeben. Umsonst bemühte ich mich, seine Anschauungen, seine Bestrebungen und seinen Charakter kennenzulernen. Ein undurchdringlicher Schleier entzog ihn meinen forschenden Blicken. Seine wahre Gestalt entwischte just in dem Augenblick, wo man sie fassen zu können glaubte. Er war damals 74 Jahre alt. Da er seit 1871 alle Sitzungen des Parlaments geleitet hatte, gelangte er 1879 beim Sturz Mac-Mahons mehr um seiner Geschäftserfahrung, als um seiner Person willen, in die leitende Staatsstellung. Ein Mittelding zwischen Tartuffe und Joseph Prudhomme!

In moralischer Hinsicht hatte er ein doppeltes Gesicht. Er unterwarf sich sehr ungern irgendeinem Zwang, war sehr sinnlich, geldgierig und machtlüstern. Trotzdem vermochte er die ihm anvertraute Machtstellung nicht auszunützen und blieb sein Leben lang das Spielzeug einer Camarilla. Obwohl sehr faul und weich, schreckte er doch vor keinem Verbrechen zurück, wenn er glaubte, sich sonst bloßzustellen. Als erfahrener Geschäftsmann tat er aber alles mehr aus Routine als aus sicherem Blick heraus. Da er, feig wie er war, jeder Bedrohung und Gefahr ängstlich aus dem Weg ging, fiel er der allgemeinen Verachtung

Jules Grévy (1807 – 1891), französischer Politiker, Republikaner, 1871 – 1873 Präsident der Nationalversammlung, 1879 – 1887 Staatspräsident.

anheim. Diese Haltung der anderen benützte er, um einen Gegner plötzlich hinterlistig anzufallen. Nach außen wirkte er sehr angenehm, sein Inneres aber war von Leidenschaften aufgewühlt. Trotz seiner nicht mehr als mittelmäßigen geistigen Begabung und seines abergläubigen Wesens hatte er sich dank seiner Pünktlichkeit und Gewissenhaftigkeit auch den kleinsten Bestimmungen der Regel gegenüber und seines Geschickes, sich der geistigen Verfassung auch Minderbegabter anzupassen, rasch eine beachtenswerte Stellung in der Loge erworben. Auf besonderen Wunsch des Geistes wurde er unter die Eingeweihten aufgenommen, ohne daß einer der Erleuchteten seine Zustimmung hierzu gegeben hatte. Die einzelnen Prüfungen bestand er alle, auch die schwersten, zwar nicht gerade mit Auszeichnung, aber auch ohne dabei zu erlahmen.

Nie schien er sich auf seine Würden etwas einzubilden, obwohl er sie närrisch herbeigewünscht hatte. In meinem Kampf gegen Garfield hatte er mich nie unterstützt, selbst dann nicht, als er Aussicht hatte, dessen Nachfolger zu werden. Als er aber einmal seinen Platz inne hatte, verteidigte er diesen Platz mit verkappter Wildheit, zu allem bereit. Sein Leben hatte etwas Geheimnisvolles. Er war in tausend Intrigen verstrickt. Man hatte ihm keine Geliebte zugebilligt, und doch hielt er sich deren zwei auf Kosten des Staates.

Nie fragte er um Rat; wenn er es aber tat, betonte er, es sei dies nur ein Akt der Höflichkeit. Selbst wenn er nur ausführendes Organ war, wollte er wenigstens den Schein wahren, als handle er aus eigenem Antrieb. In gemeinsamen Beratungen sprach er sich, wenn er als Erster sprechen mußte, schlauerweise immer doppelsinnig aus und erforschte nachher die Meinung der anderen, um sich dann danach zu entscheiden.

Von ihm stammte der Gedanke, die Loge sollte selbst unter den Abgeordneten der äußersten Linken in der Kammer Vertrauensleute haben, die über alle Schritte unserer Novizen Bericht erstatten mußten. Nie wäre es Garfield eingefallen, eine solche Gemeinheit zu begehen.

Ins Parlament war er durch Bestechung gekommen. Durch ihn wurde der Stimmenkauf eines der Grundgesetze der Staatskunst. Mehrmals kam er gegen den Willen seiner Partei ins Ministerium. Dies erreichte er durch seine Verschlagenheit. Als er der erste Mann des Staates geworden war, ließ er alles verschwinden, was an seine niedrige Herkunft und an seinen schwierigen Aufstieg erinnern konnte. Gegenspieler und Feinde fesselte er an sich, indem er sie mit Gunstbezeugungen überhäufte, andere brachte er durch allerlei dunkle Machenschaften zum Schweigen. Die große Masse gewöhnte sich an ihn trotz seines geringen Ansehens, weil seine Führung niemandem zu nahe trat. Er wußte sehr gut, sich lästiger Politiker zu entledigen. Sein bekanntestes Opfer war Léon Gambetta. Präsident geworden, hatte er ihn 1879 nicht ins Kabinett gerufen, sondern an seiner Stelle Waddington. Als er aber nach den Wahlen von 1881 ihn zum Ministerpräsidenten machen mußte, ertrug er dessen Volkstümlichkeit nur sehr schwer. Der „Tribun mit der wohlklingenden Stimme", wie man Gambetta nannte, hatte wenigstens den Vorzug einer zwar schwülstigen, aber fortreißenden Beredsamkeit. Die Loge begann diese unruhige Persönlichkeit bald zu fürchten, und Grévy schlug vor, sich ihrer zu entledigen. Die Eingeweihten stimmten zu.

Gambetta hatte in der galanten Bohème eine Frau ergabelt, die er leidenschaftlich liebte. Sie überwachte ihn im Auftrag verschiedener Organe, z. B. der Loge und auch Bismarcks. Diese mußte ihn am 31. Dezember 1882 beseitigen. Daher gab es für uns kein „Geheimnis von Jardies".

Trotzdem war es auch für diesen Schurken Grévy schwer, die Loge ganz hinters Licht zu führen. Die außergewöhnliche Gunst, die dieser Mann beim Geist besaß, und sein rascher Aufstieg, seine geheimen Praktiken waren den anderen Eingeweihten nicht verborgen geblieben. Wo war die geheime Ursache für sein unfaßbares Glück zu suchen? Man hatte beobachtet, daß er oft seine Präsidentenwohnung verließ und jeden Monat etwa einen Tag ausblieb. Unauffällig folgte man ihm und entdeckte, daß er in aller Heimlichkeit ein Landhaus in Marly-sur-Seine gemietet hatte. War dort vielleicht irgendeine schöne Frau der Anziehungspunkt? Man beobachtete ihn noch genauer und brachte heraus, daß er sich dort den ganzen Tag einschloß. Eine Türhüterin besorgte ihm seine Mahlzeiten und hütete das Haus. Mit Geld löste man dieser die Zunge: „Der Präsident treibt hier von Zeit zu Zeit chemische Studien." Der Schleier begann sich zu lüften! Durch Bestechung gewann Ferry diese Frau ganz und gelangte in das geheimnisvolle Haus. Es befand sich da eine regelrechte Alchimistenküche, die aber ganz verstaubt und unbenutzt war. Nur ein Zimmer war fest verschlossen, in das aber Ferry bei Nacht durch das Fenster eindrang. Dort fand er schließlich ein Abbild des siebenköpfigen Drachen.

Grévy kam also hierher, um den Geist zu beschwören. Aber dies war außerhalb des Runden Tempels nach dem Logengesetz streng verboten. So preßte er dem Drachen all die Weisungen ab, durch die er sich als Großorient im Sattel hielt. Später stellten wir fest, daß er es in Fontainebleau und an anderen Orten genau so hielt.

Daher die Wut des Drachen, der sich durch seine Versprechungen in die Hand dieses Macbeth-Paturot gegeben hatte, und daher wohl auch sein Entschluß, diese führerlose Loge zu vernichten. Eigentlich mußte gegen Grévy daraufhin sofort die Anklage erhoben werden. Man wagte es aber nicht. Allerdings war sein Ansehen erschüttert. Ein jeder nutzte diese offenkundige Gesetzwidrigkeit des Großorients aus, um auch solche nach eigenem Gutdünken zu begehen. Dadurch verlor das Logengesetz, das schon durch Garfields schlechtes Beispiel gelitten hatte, weiterhin an Ansehen. Die Loge wurde nur noch das Werkzeug persönlicher Leidenschaften, so daß Satan selbst über diese entarteten Luziferianer Ekel empfunden hatte.

Einige Eingeweihte, und zwar die edleren, bedauerten den Tod Garfields. Sie bildeten eine Art Loge in der Loge und begannen, gegen mich zu arbeiten in der Meinung, daß eine Prophetin inmitten ernsthafter und kluger Männer der beginnende Zerfall sei. Sei es, um unsere dahinsiechende Loge wieder etwas zu beleben, sei es, um meine Talente zu prüfen, stellten einige den Antrag, ich sollte eines Tages vor allen Brüdern und Novizen sprechen. Damit diese mich nun nicht erkennen könnten, so sollte eine ähnliche Sitzung stattfinden, wie damals in der Ottomanischen Großloge, wie Bou Achmed sie einberufen hatte, wo die Anwesenden die Tiermasken aufhatten. Diese Idee stammte von Thiénet. Es kam dem Großen Kongreß sehr gewagt vor, da man in Paris noch nie etwas derartiges unternommen hatte. Thiénet hielt aber als Kenner der Geheimwissenschaften an seinem Plan fest und berief das Kapitel zur Beschlußfassung über diese Frage auf einen Dienstag zusammen.

Ich ertrug es allerdings nur schwer, daß man so über mich und über die Offenbarungen des Geistes verfügte, ohne mich irgendwie vorher zu befragen. Andererseits aber reizte mich die ganze Sache doch sehr und schmeichelte meiner Eitelkeit und Neugier. Da ich aber doch einen Zwischenfall befürchtete, der mich zum Gespött der ganzen Versammlung gemacht hätte, so wollte ich vorher den Drachen darüber befragen.

Am Dienstagabend war ich als erste zur Stelle, um eine Beratung zu verhindern. Ich verschloß den Kapitelsaal und nahm die Schlüssel an mich. An die Türen heftete ich einen Zettel mit der Aufschrift: „Geschlossen wegen eines kleinen Festes. Heute abend 11 Uhr Tanz bei der Eingeweihten."

Natürlich billigten keineswegs alle diesen kühnen und autoritätswidrigen Schritt; vor allem nicht Thiénet. Die meisten zogen es vor, darüber zu lachen, da sie fürchteten, sich die Ungnade des Drachen zuzuziehen, wenn sie über meine Willkür zu Gericht säßen. Keiner wagte es, mir abzusagen. Alle unterhielten sich sehr gut. Aus eigener Machtvollkommenheit kündigte ich für den nächsten Tag außergewöhnliche Mitteilungen meinerseits in der Loge an. Selbst Thiénet fügte sich meinem Willen. Gegen Ende der Abendunterhaltung sah mein Freund Tessert, wie Séguin, der mir feindselig gesinnt war, den Salon betrat. Ich sang eben eine Arie. Da sagte Séguin zu Ferry ins Ohr:

„Hören Sie nur, wie die hinterlistige Mörderin Garfields hier singt, ohne die geringsten Gewissensbisse über ihre feige Tat." „Hier hast du die Antwort auf deine Frechheit!" schrie Tessert außer sich und gab ihm eine schallende Ohrfeige. Séguin tat hierauf so, als wollte er ihm die Handschuhe ins Gesicht werfen. Beide verließen den Saal.

Erschreckt über diese Auseinandersetzung eilte ich herbei, um Schlimmeres zu verhüten. Sie waren schon fort. Umsonst flehte ich den Drachen an, für mich einzutreten. Tessert fiel dieselbe Nacht im Duell, und ich mußte mich mit einer sehr bescheidenen Rache begnügen.

Séguin wurde in der folgenden Woche auf meine Anklage hin zu vier Monaten Kerkerhaft verurteilt, wobei er alle Qualen, vor allem aber Hunger leiden mußte. Schließlich mußte er am Karfreitag unter den Brüdern niederen Grades die Rolle des Delinquenten spielen. Dies bedeutet den Gipfel der Demütigung für einen Bruder höheren Grades.

Man stelle sich vor, in welcher geistigen Verfassung ich mich am folgenden Tag befand. Zunächst war ich nicht in der Lage, meine Zuhörer bei der außerordentlichen Sitzung irgendwie zu befriedigen. Der Geist wollte sich mir nicht mitteilen. Auch war ich gar nicht in der nötigen Verfassung, um Mitteilungen von ihm entgegenzunehmen. Ich konnte nur die öden, gemeinen Anklagen gegen Garfield immer wieder vorbringen. Thiénet, von dem alle wußten, daß er Garfields intimster Freund gewesen war, war peinlich berührt und begann die Geduld zu verlieren. Er erhob sich plötzlich und rief mir wütend zu:

„Weib, du empörst dich immer mehr gegen die Loge und maßest dir Rechte an, die dir nicht zustehen! Du zwingst uns allen deine Einfälle und Launen auf unter dem Vorwand, es wären Eingebungen des Geistes. Höhnend raubst du noch im Tod jenen die Ehre, denen du alles verdankst. Höre sofort auf zu lästern und verschwinde von der Tribüne, wenn es dir dein Takt nicht sagt, daß man so etwas nicht tut! Du hast unsere Geduld zu lange mißbraucht. Herunter im Gehorsam!"

Die Lage war ernst, denn Thiénet war der erste der drei Erleuchteten und zugleich der alleinige Kenner der mystischen Geheimnisse, das Oberhaupt des neunten Kreises, einer der höchsten Logenbrüder überhaupt. Thiénet kannte mich sehr wohl. Er durfte damit rechnen, daß ich ihm gehorchen und auf seinen Einspruch hin auf das Wort verzichten würde. Im Gegenteil! Dieser gewalttätige Widerspruch wirkte wie ein Peitschenhieb auf den Geist. Darauf schien er gewartet zu haben. Mit Donnerstimme und feuersprühenden Augen wandte ich mich an die Versammlung: „Freunde, wodurch habe ich diese Kränkung verdient? Wer kann mir vorwerfen, daß ich auch nur einen Augenblick die Sache der Loge aus dem Auge gelassen hätte? Wer dies glaubt, der komme und durchbohre mein Herz. Unter Hintansetzung meiner persönlichen Empfindungen habe ich als erste Garfield angezeigt, während andere diesen Verräter ruhig gewähren ließen. Wollt ihr denn diese ganze Geschichte wieder neu aufwühlen? Was sagen uns über diesen Fall unsere Annalen? Darin lesen wir, wie Garfield sich 1871 von Napoleon III. bestechen ließ, um das Kaisertum zu retten. Wir können sogar die Höhe der Summe feststellen, die dieser untadelige Mann für seine nutzlose Verräterei erhielt. Metz und Sedan haben dieses Ränkespiel vereitelt. Weiter: Wie war es möglich, daß nach der Niederlage Bonapartes, der frühere Carbonaro, der seine Eide gebrochen hat, wohl und unversehrt nach England entkommen konnte, während doch der Geist seinen Tod gewollt hatte? Wer war es, der alle diese Verbrechen in Nacht und Schweigen hüllte? Wer wollte gestern noch den verräterischen Großorient schonen, während Bismarck, Bou Achmed, Neri und Skiorid seinen Tod forderten?

Gibt es hier einen, der ihn noch in den Himmel heben will? Der meine Politik rechtfertigen will? Mögen sich doch seine Freunde erheben und uns hier angesichts der Loge und des Drachen ihre Pläne enthüllen, damit wir dann morgen auf die Tafel im Kapitelsaal schreiben können, um dem Geist die Mühe zu sparen, es selber zu tun: Tod allen Feinden der Großen Loge der Erleuchteten!“

Je länger ich sprach, desto bleicher wurden die Gesichter und desto tiefer senkten sich die Köpfe. Meine Worte riefen Erinnerungen wach, die man längst vergessen glaubte. Selbst Thiénet verstummte, als er den kühlen Empfang beobachtete, den ihm die Anwesenden bereiteten. Entmutigt gab er das Spiel auf. Trotzdem fühlte ich, daß meine Gegner, die auf den willkürlichen Grévy rechneten, nicht gesonnen waren, die Waffen zu strecken. Ich selbst kämpfte gegen sie je nach Laune und Einfall, da ich keinen wirklichen Ratgeber hatte. Nur Bismarck hätte mir klare und vernünftige Verhaltungsmaßregeln geben können. Seit Garfields Tod hatte er mich aber fast ganz vergessen, da er alles erreicht, was er gewollt hatte. Vielleicht wartete er nur auf eine günstige Gelegenheit, um auch mich zu vernichten; denn ich wußte für eine Frau schon zu viel.

Von Bismarck ganz abgesehen, war man innerhalb der höchsten Gewalten, die ich kaum dem Namen nach kannte, wohl auch der Meinung, daß ich, statt das willenlose Werkzeug zu bleiben, das ich sein sollte, über meine Aufgaben als Medium und einfaches, schlichtes Sprachrohr des Geistes hinaus, einen in den Statuten keineswegs begründeten Einfluß im Rat und Anteil an der Macht besaß.

In Logenkreisen erzählte man gern, was der Eiserne Kanzler einst der Peiva gesagt hatte: „Sie sind zu gescheit, Sie wollen zuviel von meinem Amt verstehen und verderben mir alles. Ich kann Sie nicht mehr gebrauchen.“

Er hatte meine Dienste ja auch nur in Anspruch genommen, weil er mich für dumm hielt. Jetzt aber war die ehemalige, als Spitzel benützte Dalila durch eine Laune des Drachen zu einer Pythia geworden, die alles verstehen und allen törichte Belehrungen geben wollte. Die Eifersucht hinderte die stolzen Männer, geradewegs vorzugehen. Mein Stolz machte sich ein Vergnügen daraus, sie empfindlich zu treffen. Kurz, die tausend Schwierigkeiten, die mir begegneten, machten mich nervös und über alle Maßen reizbar. Auch die Sitzungen mit dem Geist zehrten an meiner robusten Natur. Ich verfiel in eine Art Hysterie.

So kam es, daß ich, als mich bei einer anderen Kongreßsitzung im Saal des Großen Rates der Präsident Le Royer aus Höflichkeit gebeten hatte, die Tribüne zu besteigen, in einem plötzlichen Zornesausbruch voll beißenden Spotts die Trägheit der Großwürden geißelte und damit drohte, die Schuldigen namentlich zu nennen, welchen Grades sie auch seien.

Entsetzt schwiegen sie alle. Sie fürchteten weniger, sich wieder einmal meinen Angriffen, als vielmehr den Enthüllungen und offenen Anklagen des Geistes auszusetzen. Nur einer trat dagegen auf, mit einer Kühnheit sondergleichen. Das war der Maler Chéret. Er beschimpfte mich mit Kraftausdrücken aus der Werkstatt und hieß mich unter wenig protokollmäßigen Ausdrücken die Tribüne herabsteigen. Ich weigerte mich. Seine Wut kannte keine Grenzen: „Wie lange werden wir uns noch von diesem Weib an der Nase herumführen lassen? Wie lange glaubt sie, uns ungestraft lächerlich machen zu dürfen? Ein kräftiger Degenhieb würde sie schon zur Vernunft bringen!“

Ich tat, als hätte ich ihn überhaupt nicht gehört. Aber am nächsten Morgen schickte ich ihm meine beiden Zeugen, Ferry und de Lanessan. Ich konnte nicht gut fechten, rechnete aber auf die Hilfe des Geistes. Als Ort für die Austragung des Kampfes wurde Bern bestimmt. Das Duell wurde mit scharfen Floretts ausgefochten. Ich traf Chéret leicht an der Brust, und er verlor sogleich die Besinnung. Die Ärzte maßen der Wunde keinerlei Bedeutung bei, und der Verletzte konnte daher nach Paris zurückkehren. Doch diese unbedeutende Wunde brach immer wieder auf und fraß in die Tiefe. Er litt lange daran, und schließlich hatte sich im Innern ein Bluterguß gebildet. Vierzig Tage nach dem Duell starb er, ähnlich wie auch Garfield lange Wochen nach dem Attentat gestorben war.

Unser Großorient hätte eingreifen und all diese Disziplinlosigkeiten ahnden müssen. Grévy aber schwieg, statt mich zu bestrafen oder wenigstens zurechtzuweisen. Die Partei Garfields, die ebenso aufgebracht war über Grévys Untätigkeit wie über meine Gewaltstreiche, vermehrte sich noch um alle jene, die meinen neuesten Streich nicht verwinden konnten. Von allen Seiten verurteilte man mein Verhalten. Die höchste Gewalt war untergraben und geschwächt und besorgniserregende Einflüsse machten sich sogar in der Handhabung unseres Rituells, unserer Beschwörungsformeln und in unseren mystischen Praktiken bemerkbar.

Damals begann man zum Beispiel, sich in der Loge mit Tischrücken zu befassen. Das automatische Schreiben und die übrigen spritistischen Anrufungen wurden uns vertraute Dinge. Grévy selbst, der Hüter unserer Gesetze und Ordensüberlieferungen, ergab sich diesem Spiritismus ohne Vorbehalt, ja, er benutzte ihn, um Zwietracht zu säen und dadurch das Parlament, wie auch die hohen Logen, um so sicherer zu beherrschen.

Nach meiner Auseinandersetzung mit Thiénet tat er, wenn wir allein waren, als stünde er ganz auf meiner Seite; ich war fest überzeugt, daß er, sobald er mit meinem Gegner zusammenkam, mich scharf verurteilte. Er trieb sein Spiel so weit, daß er eines Tages die verstorbene Schwester eines Erleuchteten vor mir erscheinen ließ. Der Tisch gab uns furchtbare Auskunft. Die junge Frau war angeblich bei der Niederkunft eines Kindes ihres eigenen Bruders gestorben. Dieser habe die Hinzuziehung eines Arztes oder einer Hebamme verhindert, um jedes Aufsehen zu vermeiden. Man kann sich vorstellen, welches Mißtrauen durch ein solches Gebaren entstehen mußte, selbst in einem Kreis, der einiger und vernünftiger war als wir. Abenteurer machten sich das zunutze, um sich Zutritt zur Loge zu verschaffen, Eindruck zu machen und Gewalt gegen Gewalt auszuspielen.

Nach den spiritistischen Sitzungen, für deren Gelingen man ganz besonders dem Drachen dankbar sein zu müssen glaubte, feierte ein Priester, Abbé Mazati, um 2 Uhr morgens eine sakrilegische Messe. Die heiligen Gefäße, die bei den Plünderungen 1793 in die Hände der Loge geraten waren, standen auf einem mit richtigen Reliquien ausgestatteten Altar. Die Eingeweihten wohnten der Feier bei, und der Zelebrant nahm alles genau nach dem Ritus vor. Er konsekrierte ein Ziborium voller

Hostien. Nach der Messe legte er seine Gewänder ab und setzte sich zu Tisch. Die Hostien wurden voller Verachtung in die Sauce und in den Wein geworfen. Thiénet tat sogar eine eines Tages in einen Fleischbissen und warf sie einem Hund vor. Abbé Mazati spickte sie auf ein Messer, Grévy stach unanständige Bilder hinein. Andere entweihten sie durch unreine Berührungen. Gegen Ende der Orgie gab man ihre Überreste den Prostituierten zu essen. Diese Sakrilegien waren dem Geist sehr wohlgefällig. Der unwürdige Priester maßte sich bald eine Stellung über den Würdenträgern an und gehorchte ihnen nicht mehr. Zu allen möglichen Stunden drang er in die Loge ein, nahm an den geheimen Sitzungen teil, ohne hierzu eingeladen zu sein und erfand allerhand Gottesdienste, zu denen er allein, vermöge seiner Eigenschaft als Priester, fähig war.

Eines Abends, als ein außerordentliches Kapitel im Bankettsaal stattfinden sollte, fand man überraschenderweise Abbé Mazati im Begriff, die Messe zu lesen. Grévy fragte ihn wütend, warum und wie er hereingekommen sei. Keine Antwort. Der Großorient befahl nun dem Eindringling, sich zu entfernen. Mazati nahm davon überhaupt keine Notiz. Es bedurfte meines ganzen Einflusses, damit man ihn nicht vom Altar fortschleppte, sondern das Ende der Messe abwartete. Während dessen tranken wir ein Glas Madeira. Der Abbé nahm sich Zeit – er hatte 120 Hostien für den kommenden Karfreitag konsekriert – und stand uns erst Rede und Antwort, als er seine priesterlichen Gewänder abgelegt hatte. Er wandte sich dann an Grévy mit den Worten: „Ich bin hier auf Weisung und Fügung des Drachen. Ich handle wie es mir gut scheint, in ihm und durch ihn, genau wie die Begnadete."

Man wagte nichts gegen ihn zu tun. Er beschwor nämlich nicht den Drachen nach unseren Riten, sondern im Namen der allerheiligsten Dreifaltigkeit, und jedesmal offenbarte er sich auch tatsächlich sofort. Mehrere Eingeweihte bekehrten sich zu dieser Formel, da sie sich wirksamer und bequemer als die unsrigen erwies, trotz der Mißstimmung, die sie stets beim Geist auslöste. Der Abbé nützte seine offenkundige Allmacht über den Geist aus, ja mißbrauchte sie. Um diesen Priester loszuwerden, vertraute man ihm im Jahr 1882 eine Mission in Rom an, wo er drei Monate blieb. 1883 kehrte er von da zurück, besser unterrichtet, geschmeidiger und einflußreicher denn je. Ich weiß nicht, welche Neuigkeiten er aus Rom mitbrachte; denn zu diesem Zeitpunkt begann ich von der Loge abzurücken.

2. Die Wahlen von 1881

Da nun das innere Leben der Loge zersetzt war, so wird man sich vorstellen können, wie es um die Tätigkeit nach außen bestellt war. Wie schon erwähnt, hatte ich auf Garfields Wunsch den berühmten wissenschaftlichen Salon aufgemacht. Es war Garfields letztes Werk in Paris. Wieviel Schaden wurde dort unseren politischen Gegnern zugefügt! Ich konnte mit Leichtigkeit die Gesinnungen und Pläne all derer kennenlernen, die aus persönlicher Überzeugung oder aus Tradition Monarchisten geblieben waren. Die meisten vertrauten mir ihre besten Pläne in aller Aufrichtigkeit und Ehrenhaftigkeit an, wie dies Menschen von höherer Geburt zu tun pflegen, die bei anderen dieselbe Gesinnung voraussetzen, in der sie selbst erzogen worden sind. Kaum hat man sie kennengelernt, so wird man als einer der Ihren angesehen. Den Weisungen des Geistes entsprechend schuf ich zahlreiche Trauerfälle, Vermögensverluste und Zwistigkeiten. Mein Salon wurde ein Herd häßlicher Intrigen.

Einstmals traf der Senatspräsident Le Royer bei mir die Frau von X., deren Gatte ein alter Freund des Grafen von Chambord und eifrig für die Errichtung der Monarchie tätig war. In seinem Haus fanden allerlei Versammlungen statt, in denen man im Hinblick auf die Wiedereinführung der Monarchie bereits die verschiedensten Ämter für den Fall des Gewaltstreiches verteilt und besetzt hatte. Dieses Komplott sollte nun auf jeden Fall vereitelt werden. Le Royer denunzierte den Gatten bei der Loge, die sich seiner annahm, und ein junger Eingeweihter nahm sich der Gattin an.

Zunächst schuf man Herrn von X. Unannehmlichkeiten, die ihn länger als ein Jahr nötigten, an der Französischen Botschaft in London zu bleiben, während der junge Eingeweihte die bisher ehrenhafte, aber etwas leichte Gattin verführte. Nach einigen Monaten wurde sie schwanger und in ihrer peinlichen Lage verließ sie ihr Haus und flüchtete zu mir. Man riet ihr zur Abtreibung, worauf das Kind starb. Sie glaubte, gerettet zu sein, aber es wurde schon über sie geredet, und die Loge sorgte dafür, daß der Klatsch nicht aufhörte. Schließlich kam es zu einem Zweikampf zwischen Herrn von X. und Le Royer. Herr von X. fiel, und eine gerichtliche Beschlagnahme seines sehr bedeutenden Vermögens spielte der Loge durch Vermittlung des Logenbankiers mehr als 300 000 Francs in die Hände.

Aber alle diese gemeinen Machenschaften konnten nie ein Ersatz sein für die großen Gesichtspunkte, die seit der Thronbesteigung Grévys mehr und mehr in den Hintergrund getreten waren. Am 18. Februar 1881 fand in Paris ein Kongreß der Großoriente statt. Es erschienen Thomson, der Abgeordnete von Constantine für die afrikanische Großloge, Gasconi für Amerika und Ostindien, Neri für Italien, Grévy für Frankreich, Bou Achmed für die Türkei, Sebeyck-Kadir für Asien, Sokolof für Petersburg.

Sie waren nur ein Schwatzklub, während die eigentlichen Führer sich mehr und mehr in Schweigen hüllten. Die Beratungen zeitigten aber nichts Klares, ausgenommen die üblichen Beschlüsse zur Vernichtung von Thron und Altar.

Thomson schlug vor, einen hohen Prälaten zu bestechen und in die Loge aufzunehmen, um durch ihn Kenntnis von den Verteidigungsmaßnahmen der römischen Kirche zu erhalten. Aus Ehrfurcht vor dem Episkopat will ich nichts darüber darlegen, ob wir Erfolg gehabt hatten. Der Geist soll sich dieser Versammlung mehrmals geoffenbart haben. Er konnte aber weder Kopf noch Herz der Menschen wandeln. Auch die Parlamentswahlen vom August und September 1881 und die zum Teil ganz neue

Zusammensetzung des Senats vom 8. Januar 1882 ließen zum ersten Mal, trotz des offenkundigen Sieges der Republikaner, deutlich in Erscheinung treten, wie sehr die geheimen Reihen – nicht so sehr der niederen Grade der Großloge und des Großorients, als vor allem der Illuminierten – geschwächt und zersetzt waren.

Zahlreiche Kandidaten, die von der Loge unterstützt wurden, um gefürchtete Gegner auszuschalten, waren entweder durchgefallen oder hatten als Kandidaten für den Senat und die Kammer nicht mehr die große Stimmenzahl wie früher erreicht, was ihre Stellung arg erschütterte.

Die Freimaurerei hatte allerdings in beiden Kammern hinreichend geheime Mitglieder, so daß der Sieg trotz des Versagens der Führung sicher war. So geht immer wieder die parlamentarische Komödie aus. Das sogenannte souveräne Volk, die Kammern und Regierungen befinden sich immer in der Gewalt einiger weniger, in deren Händen alle Fäden zusammenlaufen. Selbst wenn die anständigen Menschen, die Katholiken, mit den Rechtsstehenden einen großen Erfolg erringen würden, so ist auch für diesen Fall schon alles im voraus bestimmt.

In Wirklichkeit waren immer noch viele Minister, Abgeordnete, Kommissionsmitglieder, Bankiers und Verwaltungsbeamte hohe Logenbrüder. Die Mehrheit der Parteihäupter, auch unter der Opposition, waren entweder Brüder, oder waren uns in finanzieller Hinsicht oder sonstwie durch weniger ehrenhafte Geheimnisse verpflichtet. Ihre heftigen Ausfälle gegen uns mochten glauben machen, sie wären geschworene Feinde der Loge. Tatsächlich aber waren sie beauftragt, durch dieses Gebaren die Stoßkraft der unvermeidlichen katholischen Gegenbewegung zu schwächen, die Schläge des Gegners zu parieren, die Widerstände abzuleiten, die heikelsten Fragen und unbequemsten Persönlichkeiten auszuschalten, überhaupt dafür zu sorgen, daß im Marktlärm der Politik ja niemand dem geheimen Ressort dieser, das ganze Land beherrschenden Macht zu nahe komme.

Wie hätte das Volk auch hinter diesen ungeheuerlichen Betrug kommen können? Wer konnte es aus diesem Netz befreien, da selbst seine Retter gefangen oder verkauft waren? Wer diesen geheimen Mechanismus nicht abgetastet hat, wird nie eine vernünftige Erklärung für die heutige Geschichte finden. Die Kenntnis dieser geheimen Fäden gibt die Erklärung dafür, daß selbst eine rechtsgerichtete parlamentarische Mehrheit die anscheinend überwundene Macht der Kirchenfeinde und des Radikalismus letzten Endes immer wieder stärkt.

Immerhin war dieser erste politische Rückschlag für die Loge wirklich hart. Unser Nachwuchs, den nur der Ehrgeiz in unsere Reihen getrieben hatte, hatte keinen Halt mehr und drohte sich aufzulösen und in andere Logen überzugehen. Unsere Niederlage wäre vollständig gewesen, wenn unsere Gegner einen einzigen mutigen Mann gehabt hätten, der die Augen offen gehabt hätte und entschlossen gewesen wäre, gegen die Freimaurer als Diktatur aufzutreten, um in Frankreich die Ordnung wieder herzustellen und damit dem wahren Staatswohl zu dienen. Streitigkeiten ohne Ende entzweiten unseren Großen Rat. Der Erfolg verwandter Organisationen, den unsere eigenen Enttäuschungen noch mehr heraushoben, hatte einen jeden von uns mißtrauisch gemacht. Durch ein intensives Spionagesystem wollte man allen weiteren Rückschlägen zuvorkommen. Dadurch entstand eine unerträgliche Atmosphäre.

Sogar unsere Eigenart als Freimaurer begann sich zu verschleiern. Die Redner sprachen in den Freitagssitzungen nur noch von Geschäften und wie man sie am besten erledigt. Das Vorhandensein eines höchsten Wesens und dessen Kult schien ganz vergessen. Es gab nur noch kurze Sitzungen und in diesen höchst unbedeutende Pläne. Nur die Gastmähler schienen kein Ende zu nehmen, als ob ein jeder noch alles bis zur Neige genießen wollte. Der Geist war darüber sehr ungehalten. Aber auch er konnte nichts daran ändern. Die menschlichen Leidenschaften überwucherten die lose Hülle der Sekte.

Auch die Geldmittel waren durch die hohen Ausgaben für die

Wahlen erschöpft. Das Geld, das Rückgrat der Kriegsführung, das Machtmittel zur Beherrschung der Geister, begann zur Neige zu gehen. Alle unsere Pläne konnten sich daher nicht mehr richtig auswirken.

Die rote Arbeiterinternationale begann unter unserem Joch zu stöhnen. Es machte sich in ihren Reihen eine Gegenbewegung geltend, die sich gegen das geheime Treiben unserer Brüder und deren Unternehmungen, die in keinem Zusammenhang mit den Interessen der Arbeiterschaft standen, richtete.

Für unsere Unternehmungen im Ausland mußten wir uns mancher Helfershelfer bedienen, die wenig bekannt und nicht sehr zuverlässig waren.

So wurde in dieser Zeit der Mord an Kaiser Alexander II. verübt, am 13. März 1881. Von dieser Tat befürchtete man einen Erlaß gegen die Großloge von Petersburg. Ich erfuhr wenig von dieser Angelegenheit, da sie sich, nachdem sie einmal beschlossen war, außerhalb unserer Loge abspielte. Ich erfuhr nur von Dinamiko, daß fast alle Nihilisten mittelbare Beauftragte oder unmittelbare Mitglieder der Loge von Paris oder Konstantinopel gewesen waren. Die Hauptanstifter dieses Komplotts waren Bou Achmed und Grévy. Der Prinz von Wales erfuhr als englischer Hochfreimaurer von dem Vorhandensein der Erleuchteten. Er schien beunruhigt von diesem Treiben hinter den Kulissen der Bühne, auf der man ihn in einer patriotischen und feierlichen Rolle als Schaustück für das Publikum auftreten ließ. Es gab hier nur zwei Lösungen: Ihn entweder noch enger mit der Loge zu verbinden oder ihn als Feind zu behandeln. Anläßlich einer Reise mit der Prinzessin nach Paris gewann ihn Grévy. Am 28. Januar 1882 wurde er Ritter Kadosch, 1883 dann höherer Logenbruder. Er hatte dies alles nur deshalb auf sich genommen, damit man ihn von Seiten der Loge entsprechend berücksichtigte, während er uns, als er wieder in London war, nicht hingebend dienen wollte.

Auf Betreiben der Loge flossen jährlich gewaltige Summen aus Frankreich nach Deutschland, wodurch in Frankreich ver-

Eduard Prince of Wales (1841 – 1910) als Großmeister der englischen Freimaurerloge, seit 1901 König v. Großbritannien und Irland, Kaiser v. Indien.

schiedene finanzielle Zusammenbrüche hervorgerufen wurden. Offensichtlich war man bestrebt, Frankreich zu Gunsten Berlins verarmen zu lassen. Berlin sollte als Sitz einer Republik die Führung der Vereinigten Staaten von Europa und Weltdemokratie übernehmen. Bismarck nutzte dieses alles aus zu Gunsten des Alldeutschtums.

Man sah es wohl ein, daß diese allgemeine Unordnung aufhören mußte, wenn man nicht riskieren wollte, daß der Drache selbst eingriff und den verfallenen Tempel schloß.

Deshalb wurde ein Antrag Thiénets angenommen und durchgeführt, wonach alle Novizen und Brüder niederen Grades zusammengerufen werden sollten, um das Feuer der Begeisterung neu zu entfachen.

3. Die Auseinandersetzung mit dem Geist

Jetzt kam der letzte meiner großen, eitlen Erfolge in der Loge. Vorher hatte ich mir ausbedungen, den Geist darüber zu befragen, ob er eine so außerordentliche Sitzung, die in den Annalen der Pariser Loge einzig dastehen würde, für zweckmäßig hielte. Ich entschloß mich also eines Nachts, den Drachen um Aufklärung zu bitten. Nach einer dreiviertelstündigen Beschwörung erlebte ich eine mir bis jetzt ganz unbekannte Offenbarung des Geistes.

Die vielen Augen des marmornen Drachen belebten sich und sprühten Feuerflammen, während der übrige Körper starr und unverändert blieb. Dann erblickte ich plötzlich den Geist nicht mehr allein, sondern in drei verschiedenen Formen, die eine Einheit bildeten und dabei doch von einander getrennt blieben, gleichsam drei Personifikationen einer und derselben Macht, eine Nachäffung der Allerheiligsten Dreifaltigkeit. Der Drache, das Tier und ein anderes diesem ähnliches Tier waren eins. Das erste dieser Wesen schien meinen Verstand in Besitz genommen zu haben, das zweite die affektiven Kräfte meiner Seele, das dritte meinen Körper und die sensiblen Kräfte. Das erste entfesselte in mir eine Auflehnung gegen jegliche ihm feindliche Macht, das zweite allerlei schlechte Wünsche, das dritte regte mich zur Lüsternheit an und machte mich ganz weich und widerstandslos. Es war mir in diesem Zustand nicht möglich, einen eigenen Gedanken zu fassen, auch dachte ich gar nicht mehr an die Antworten auf meine Fragen. Ich war wie gefesselt und schien jede Bewegungsfreiheit und alles persönliche Eigenleben verloren zu haben. Entsetzt schrie ich auf, aber niemand hörte mich, denn ich war allein in der Loge. Ein krampfartiges Zucken befiel mich, und ich fiel kraftlos zu Boden.

Da fuhren die Geister aus mir aus, wobei ich folgende Worte vernahm: „Geh und handle nach deinem Willen. Ich werde aus dir sprechen. Deine Sache ist auch die meine."

Im Vertrauen auf dieses Versprechen sowie auf die günstige Auslegung dieser eigenartigen Erscheinung durch Thiénet, entschloß ich mich, den Plan nach Kräften zu unterstützen. Da zur endgültigen Annahme noch die Zustimmung von drei Großorienten erforderlich war, wurde die Angelegenheit vorerst vertagt. Endlich traf nach Ablauf eines Monats die Zustimmung von Bou Achmed und Gasconi ein.

Alle Logenmitglieder, Novizen, Brüder und Eingeweihte, versammelten sich in der viereckigen Loge und der ganze Zauber, dessen Zeuge ich einst in Konstantinopel und seitdem noch mehrmals, wenn auch in kleinerem Maßstab gewesen war, erstand von neuem und nahm mich wieder in seiner Mannigfaltigkeit ganz gefangen. Man hätte glauben können, auf einmal inmitten eines großen phantastischen Tierparks zu sein. Überall die seltsamsten Tierköpfe, Pferde, Löwen, Bären, Gazellen, Affen usw.

Ich selbst betrat den Saal, angetan mit der großen weiten Tunika, bis zur Unkenntlichkeit verändert. Ich hatte mein menschliches Antlitz bewahrt, war aber nicht mehr zu erkennen.

Offenbar fand man mich sehr schön, wenn auch meine Schönheit eine andere war als sonst, denn ein Wiehern ging allsogleich durch die Reihen der Anwesenden. Alle diese Menschen waren leidenschaftlich erregt, Sklaven der schlimmsten Triebe. In ihrer Verkleidung schienen sie ledig aller Fesseln von Anstand und Sitte.

Kaum war die Beschwörung des Geistes erfolgt, als er unsichtbar zu mir trat, mein Haupt berührte und sprach: „Alle deine Gedanken werde ich fortan lenken und leiten!“ Dann legte er seine Finger auf meine Lippen und sprach hebräisch die Worte: „Ich werde deine Lippen öffnen, und du wirst meine Gerechtigkeit und meine Wahrheit künden!“

Hierauf verließ er uns mit einem dumpfen Kichern. Gleich darauf begannen die Ansprachen. Dreizehn Redner sprachen über die Vertreibung der Ordensleute. Diese Frage beschäftigte damals die Loge besonders infolge der Ausweisungsdekrete vom 20. März 1880 von Jules Ferry. Die gemeinsten Anschuldigungen brachte man vor. Nach den Worten dieser Tugendbolde waren die Klöster voll von lasterhaften Ungeheuern, von Müßiggängern, die auf Kosten des allzu gläubigen Volkes lebten. Sie hätten ungeheure Reichtümer angehäuft, die endlich dem Volk zurückgegeben werden sollten. Die Klosterschulen verdürben den Charakter und verbreiteten ein Obskurantentum. Ihre Schokoladenfabriken und Brennereien legten diese Industrie ganz lahm. Ihre Werkstätten mit den jugendlichen Kräften drückten die Löhne anderer Betriebe. Die Allgemeinheit müßte sich endlich gegen diese schreienden Mißstände erheben, trotz des schamlosen Schutzes, die dieses Mönchstum von seiten der hohen Verwaltungsbeamten genösse. Lauter Gemeinplätze in ermüdender Weitschweifigkeit.

Endlich kam ich an die Reihe. Es war das erste Mal, daß eine Frau vor einer solchen Versammlung sprach, und auch das allgemeine Erstaunen darüber trug nicht wenig dazu bei, die Mattigkeit, die allenthalben durch die vorhergehenden Vorträge allmählich hervorgerufen worden war, zu beheben. Wenn auch meine Ausführungen im allgemeinen abgedroschenes Zeug waren, so sorgte doch der Geist dafür, daß sie auf einem höheren

Niveau als die Gemeinplätze der anderen standen. Es war die gemeinste Rede, die ich je gehalten hatte. Leo Taxil entnahm ihr den Stoff zu seinem schandvollen Roman: „Die Geliebten Pius IX.“ (Angeblich hatte er das Material hierfür von einem päpstlichen Geheimkämmerer erhalten. In Wirklichkeit war es nur eine Schmutzflut Satans gegen die römische Kirche, die im Vatikan als dem Herd aller Ränke und Sittenlosigkeit verkörpert erscheint.)

Die Zuhörer spendeten mir reichlich Beifall. Im zweiten Teil meiner Rede wies ich nach, daß die Klöster nicht nur von Genießern und Geschäftsmenschen bevölkert wären, sondern auch von aufrichtigen Schwärmern, die umso gefährlicher seien, als sie darauf abzielten, das große Werk der Republik zu vernichten. Daher gäbe es keinen Waffenstillstand, keinen Frieden und keinen Kompromiß mit diesen Leuten.

Ich schloß mit einem Hinweis auf meine einstige Mission in Rom. Ich erinnerte daran, daß König Viktor Emanuel II. dadurch, daß er 1870 Rom besetzte, einer der Helden der Freimaurerei geworden sei. Gegen Ende seines Lebens aber habe er sich von Kardinal Antonelli beeinflussen lassen und ein stillschweigendes Übereinkommen geschlossen, welches Vatikan und Quirinal gegen den Ansturm der Revolution sichern sollte. Deshalb mußte der König sterben. Wer aber gebe uns eine Gewähr dafür, daß sein Sohn Umberto, der seinen Thron nur uns verdanke, nicht ebenfalls versuchen werde, unter der Hand mit dem Papst zu verhandeln, statt danach zu trachten, ihn endgültig aus der Ewigen Stadt zu vertreiben? Darum Tod allen Verrätern! Unser Ziel: Kein Fürst und kein Staatsmann von irgendwelcher Bedeutung, der nicht sichtbar oder unsichtbar von einem Beobachter der höchsten Loge bewacht würde, der beauftragt sei, alle diese Herrschaften wohl oder übel zu ihrer Pflicht zurückzuführen!

Meine Ausführungen fanden ungeteilte Zustimmung. Ein Antrag, daß alle Logenmitglieder verpflichtet seien, allwöchentlich am Montag zu einer Sitzung zusammenzukommen, wurde

Plakat mit der Ankündigung einer Heftfolge über die Geheimnisse und Praktiken der Freimaurer (um 1890) von Léo Taxil, einem ehemaligen Freimaurer.

mit großer Mehrheit angenommen. Von 440 stimmten nur 22 dagegen. Jeder Eingeweihte verpflichtete sich, bei diesen Versammlungen das Feuer der Begeisterung zugunsten einer Volksbewegung für die Durchführung der Laiengesetze in Frankreich immer wieder neu zu entfachen. Ich brauche hier wohl nicht zu erwähnen, daß man diese Versammlungen absichtlich dazu benützte, um infame Gerüchte, oder wenigstens falsche Nachrichten über die Pläne der Freimaurerei auszustreuen. Es wäre ja auch verrückt gewesen, annehmen zu wollen, daß so viele Menschen schweigen würden. Das Stillschweigen wurde übrigens nur gefordert bezüglich des Ursprungs der in diesen Sitzungen vertretenen Lehren und Mitteilungen. Mitunter ging man so weit, den Novizen, die sich der Loge anschließen wollten, irgendein recht merkwürdiges Unternehmen, das gar nicht ausgeführt werden sollte, mitzuteilen, um ihre Verschwiegenheit gegenüber ihrer Umgebung, ihren Freunden und Priestern zu erproben. Je nach Bedarf wirkten auch die Eingeweihten bei diesen Redereien mit, um die Öffentlichkeit irre zu führen, während die eigentlichen Unternehmungen der Loge ganz verborgen blieben.

Es war das vielleicht der einzige Vorteil dieser allgemeinen Sitzung, die anfangs einen nachhaltigen Eindruck zu hinterlassen schien. Ich selbst hatte das Gefühl, als ob wir alle Register gezogen und dabei doch nur Mittelmäßiges erreicht hätten.

Letzten Endes war ich mit dem Geist unzufrieden, weil er mich nicht so unterstützte, wie ich es mir erhofft hatte. Allerdings kam es zunächst nur darauf an, in dieser halböffentlichen Sitzung nichts Außergewöhnliches zu sagen. Trotzdem fühlte ich, wie sehr ich auf mich allein angewiesen war. Alles, was ich gesprochen hatte, lag, wenn nicht in der Linie meiner gewohnten Gedankengänge, so doch wenigstens im Bereich meines Unterbewußtseins. Ich wurde zwar vom Geist betreut, aber nicht in fühlbarer Weise erleuchtet. Ich war so kühn, mich darüber zu beklagen. Daraus ergaben sich Meinungsverschiedenheiten, die mich bald die Gunst des Geistes kosten sollten.

Die außernatürlichen Kundgebungen zehrten an meiner Kraft. Meine Nerven wurden lebendig. Alles Außernatürliche vermied ich nunmehr sorgsam, wie ich es früher gesucht hatte. Auch die Eingeweihten taten alles, um eine persönliche Fühlungnahme zwischen mir und dem Drachen möglichst hinauszuschieben. Ich war zu plötzlich in viele heikle Dinge eingedrungen. Man verheimlichte mir wichtige Fragen und richtete es so ein, daß ich während der Sitzungen nicht in die Loge kam und auch vom Geist nicht darauf aufmerksam gemacht werden konnte. Man ging einmal sogar so weit, die Antwort des Drachens mit Berufung auf später abzuweisen, obwohl man ihn in aller Form beschworen hatte. Aus Rache darüber gab er wiederholt auf offizielle Anfragen des Logenrats keine Antwort mehr. Man sperrte mich einmal drei Tage in die Loge ein, damit ich eine Antwort erlange. Auch dies war umsonst.

Schließlich schlief ich erschöpft und ermüdet ein. Es war Freitagabend. Da öffneten sich die Türen, und die Eingeweihten traten langsamen Schrittes ein, angetan mit der bis zum Boden reichenden Toga. Zum Zeichen der Trauer hatten sie die Sonnenplakette abgelegt. Sie verneigten sich, einer nach dem anderen, vor dem Drachen, zuerst der letzte unter ihnen. Sie beugten sich siebenmal bis zum Boden und erflehten Verzeihung vor dem erzürnten Geist. Er aber schwieg, und unverrichteter Dinge mußten sie wieder abziehen.

Ich lag während dieses Vorganges gänzlich ermattet in einer Tribüne, wohin ich mich zurückgezogen hatte, als mich eine Art Starrheit befiel. Meine geistigen Fähigkeiten wurden plötzlich zu ungeahnter Höhe emporgehoben, so daß mir das Geheimnis dieser Szene klar wurde. Alle diese Zeichen der Trauer seitens der Eingeweihten entstammten nicht etwa der Reue darüber, den Geist gekränkt zu haben, sondern sie waren nur darüber betrübt, daß er ihnen das gewünschte Geld verweigerte, das sie für ihre Orgien und auch für den Wahlkampf brauchten. Sie hatten also nur ihren persönlichen Vorteil und nicht die Sache des Geistes im Auge. Der Drache hatte geschworen, ihnen keine Geldmittel mehr zu geben, selbst auf die Gefahr hin, daß dadurch die Loge zur Bedeutungslosigkeit herabsänke. Er verlangte von ihnen die gänzliche Hingabe an ihn. Er wollte nicht Mittel für sie sein für andere Zwecke. Er war der höchste Herr und nicht gewillt, an die zweite Stelle zu treten.

Hierauf schaute ich das Innere meines eigenen Herzens, und mit namenlosem Entsetzen erkannte ich, daß auch ich noch nicht dem Drachen in seinen Augen ganz zu eigen war. In meinem Hochmut und meiner Lauheit hatte ich die Loge vernachlässigt und war im Getriebe des Gesellschaftslebens wieder ganz ein schwaches Weib geworden, das für höhere Gesichtspunkte und für den Kult des Drachens gleichgültig geworden war. Ich hing sogar ganz unbewußt, und trotz meiner Zornesausbrüche gegen ihn, weiterhin an Garfield, den ich als Mensch und Freund trotz allem sehr vermißte, zumal ich gegen den neuen Großorient eine starke Abneigung hatte. Nachdem nun Garfield tot war, begann ich erst seine Talente, seine Hingebung und auch seine Freundschaft zu schätzen. Trotz meines Versprechens, mich nie mehr an einen Menschen zu hängen, trotz meines Versprechens, den Geist allein zu lieben, liebte ich Garfield, den ich getötet hatte, weiterhin. In seiner Wut über diesen meinen Verrat stürzte sich der Geist plötzlich auf mich, warf mich zu Boden, trat mich mit Füßen, und ich Clothilde Bersone, die Hochmütige, Rachsüchtige, die ich noch nie in meinem Leben die geringste Kränkung vergessen hatte, mußte die äußerste Schmach widerstandslos über mich ergehen lassen.

Diese Unterwerfung schien den Geist zum Glück zu besänftigen. Er hielt längere Zwiesprache mit mir, klagte über meine Lauheit, über meine Nachläßigkeit in seinem Dienst, über meine Gleichgültigkeit bei unserem Zusammensein und über mein Bestreben, dasselbe möglichst abzukürzen. Schießlich überhäufte er mich mit neuen Gunstbezeugungen und Versprechungen, und um von mir Verzeihung für seinen Wutausbruch zu erhalten, war er bereit, alle seine Eide, die er wider die Eingeweihten geschworen hatte, zu vergessen. Er beauftragte mich, ihnen mitzuteilen, daß er ihre Bitten erhören werde.

Eiligst begab ich mich in den Kapitelsaal und teilte dort den Versammelten mit, daß die gewünschte Summe unter dem Drachen in der großen Loge bereitläge.

Ich wurde natürlich mit großer Freude empfangen. Alles stürzte in den Runden Tempel. Grévy wurde, außer sich vor Glück, zudringlich. Der Augenblick hierzu war denkbar schlecht gewählt, denn noch konnte ich die Behandlung, die mir soeben zuteil geworden, nicht verschmerzen, und früher oder später sollte sie mir irgendeiner bezahlen. Ich verachtete den Großorient über alle Maßen, da ich ihn für ganz ungeeignet hielt, eines solchen Amtes zu walten. „Rühren Sie mich nicht an", rief ich ihm zu, „oder es geht Ihnen schlecht!"

Die glückliche Nachricht und der reichliche Alkoholgenuß hatten ihn benebelt, so daß er auf seinem Wunsch bestand. Da erfaßte mich der Zorn. Glücklicherweise inspirierte mir der Geist einen rettenden Einfall. Ich sprang auf die Rednertribüne. Drei Klingelzeichen bannten die Eingeweihten an den halbkreisförmigen Tisch. Anderthalb Stunden sprach ich wie von Furien besessen. Was ich sagte, hörte ich überhaupt nicht. Ich bemerkte nur, wie die Gesichter der Eingeweihten immer besorgter wurden. Erst am nächsten Morgen las ich im Stenographenbüro meine Ausführungen, die meiner Stellung als Braut des Teufels alle Ehre machten. Ich hatte darin die schwierigsten Fragen der hohen Politik berührt: Die geistige Verfassung der französischen Nation, die Lage der Kirche, die Ränke des Papstes Leo XIII., seine Erfolge, die er in Deutschland durch Msgr. Calimberti erzielte, während er sich gleichzeitig für den Fall eines Mißerfolges ein Hinterpförtchen zur französischen Republik offen hielt, schießlich den Kriegsplan zur Vereitelung dieser Machenschaften. Zunächst, führte ich aus, müsse durch die Kammern das Kultusbudget gestrichen werden, ferner müsse die juristische Persönlichkeit der kirchlichen Besitzungen verschwinden und alle einmaligen und gelegentlichen Bezüge des Klerus aus hl. Messen, kirchlichen Funktionen und milden Spenden müßten als unerlaubter Gewinn verboten werden.

Es war dies eine furchtbare Schmährede, die, wie jeder mit der Materie vertraute Eingeweihte beobachten konnte, auf einer sicheren und eingehenden Kenntnis der Sachlage beruhte und gleichzeitig von Verleumdungen und Schmähungen nur so strotzte. Auch direkte Unwahrheiten hatte ich dabei erfunden: Kardinal Antonelli, den die Loge besonders haßte, unterhalte sträfliche Beziehungen zur Priorin der Karmelitinnen. Geheime Gänge würden vom Vatikan zu den umliegenden Klöstern führen. Mein Zweck war, dadurch den Heiligen Stuhl der Schande preiszugeben und die Prälaten der Kurie der schlimmsten Schandtaten zu bezichtigen.

Zum Schluß hatte ich noch eine Anzahl von Namen genannt, die man sofort mitstenographierte, und als ich die Rednertribüne verließ, war ich so erschöpft von der vorhergegangenen dreitägigen Haft und der erregten Nacht, daß Thiénet und Tirard, die mir beim Herabsteigen von der Rednertribüne die Hand reichen wollten, mich zum halbrunden Tisch tragen mußten. Der unverbesserliche Grévy hatte nichts Eiligeres zu tun, als mich nach dem Sinn dieser rätselhaften Geheimnamen zu fragen. Ganz verärgert tat ich, als wollte ich ihm aus lauter Geringschätzung keine Antwort geben. Ich hätte auch gar nicht anders handeln können. Ich wußte ja nicht einmal, daß ich die Namen genannt hatte.

Grévy ließ nun die Tischchen rücken. Er erreichte aber nichts damit. Ich selber habe niemals erfahren, was diese Mitteilung bedeuten sollte. Sie richtete sich nicht an Grévy oder mich, sondern zweifellos an einen stummen und stillen Teilnehmer, der allein meine Worte verstand.

Diese Rede war mein Schwanengesang in der Loge.

Ich bemühte mich nach Kräften, das Vertrauen des Geistes wieder zu erlangen, stellte dies aber recht ungeschickt an. Um nicht unnötig warten zu müssen und mich keiner Abweisung auszusetzen, benützte ich eine ganz kurze Beschwörungsformel, die allerdings dem Drachen mißfiel. Es sollte dies meine Rache für die Fußtritte sein, die er mir versetzt hatte. Der Abbé Mazati beschwor nämlich den Drachen ohne weitere Umstände im Namen der Heiligsten Dreifaltigkeit. Selbst der Großorient benutzte diese Beschwörungsformel in hebräischer Sprache, sobald das Tier sich nicht willfährig zeigte. Die anwesenden Ordensbrüder konnten den Sinn dieser Worte nicht verstehen und waren der Meinung, es handle sich hier um einen Geheimritus, den man eben annehmen müsse und über den nach Logengrundsätzen eine gegenseitge Aussprache verboten sei. Durch den häufigen Umgang mit dem Geist hatte ich einigermaßen die hebräische Sprache erlernt, die er mir sogar in ihrer ganzen Einfachheit und Tiefe erklärte. Sie ist von Anfang an die Sprache der Sekten gewesen. So verstand ich bald die Anrufung der Allerheiligsten Dreifaltigkeit, und ich benutzte und mißbrauchte sie.

Dabei empfand ich einen merkwürdigen Widerstand in mir, sobald ich den Namen des Heiligen Geistes aussprechen wollte. Der Heilige Geist litt – menschlich gesprochen – darunter, von einer Person angerufen zu werden, die ganz vom anderen Geist besessen war. Durch diese Schwierigkeit angeregt, dachte ich über die Formel selbst nach, die ich schließlich in diesem Zusammenhang ganz sinnlos fand. Wie konnte man denn in der Tat den Geist durch eine Beschwörung im Namen der ihm untergeordneten katholischen Gottheit bezwingen? Ich beschloß nun, diese Formel aufzugeben und bei der ersten besten Gelegenheit den Drachen über seine widerspruchsvolle Handlungsweise zu befragen.

Zu diesem Zweck bemühte ich mich, ihn zu beschwören, was zunächst keinen Erfolg hatte. Es war in einer Nacht von Donnerstag auf Freitag. Ich war allein in der Loge. Die Uhr in der Hand, bemühte ich mich zwei Stunden lang ganz umsonst. Schließlich griff ich noch einmal auf die Beschwörungsformel im Namen der Allerheiligsten Dreifaltigkeit zurück. Sofort erschien er in übelster Laune. Ich fragte ihn, warum er sich immer sogleich dieser Beschwörungsformel füge. Ganz gedrückt erklärte er hierauf:

„Es geschieht deshalb, weil diese Formel von Anfang an in Gebrauch war."

Ich wollte nun einen besonders genialen Streich spielen und befahl ihm, um die Wirkung auszuprobieren:

„Im Namen des Vaters und des Sohnes und des Heiligen Geistes, zieh dich zurück! Mach, daß du fortkommst!"

Unter schaurigem Gelächter stieß er wütend hervor:

„Du willst mich fortschicken? Das kannst du nicht! Du gehörst mir! Man kann mich nicht durch mich selbst fortschicken!" Er nahm mich mit unerhörter Gewalttätigkeit in Besitz, Körper, Geist und Willen. Alle seine Einflüsterungen drängten sich mir auf. Um ihm zu gefallen, gab ich mich mit vollem Bewußtsein, wenn auch nicht gerade freiwillig, dem Bösen hin, fluchte allem Guten und verzichtete auf meine eigene Person, getrieben von meinem Hochmut, der mich immer wieder anspornte, die unbeschränkte, vom Geist der Finsternis erwählte Herrscherin zu sein. Als er mir endlich den freien Gebrauch meiner geistigen Kräfte wieder gab, stellte ich ihm verschiedene Fragen, die er bereitwillig beantwortete:

„Werden wir unser Ziel erreichen und die Ordensleute aus Frankreich verjagen?"

„Ja!"

„Bald?"

„Ich glaube ja. Aber es wird euch nicht das eintragen, was ihr meint."

„Wie soll ich das verstehen? Wirst du die Mönche und Nonnen und ihre Verteidiger unterstützen?"

„Im Gegenteil! Ich würde sie am liebsten alle vernichten, wenn ich dazu die Macht hätte."

„Wie, du hast dazu nicht die Macht? Bist du denn nicht das höchste Wesen? Steht über dir noch eine höhere Macht?"

Wütend wälzte er sich zu meinen Füßen. Endlich kam ein Wort aus seiner Feuerkehle, ein einziges nur, das überdies mit dem Sinn meiner Frage in gar keinem Zusammenhang stand. Das war keine Antwort, sondern ein Aufschrei, ein Name, den ich nicht verstand: *„Beelzebub!"*

Unerbittlich drängte ich ihn: „Warum antwortest du mir nicht? Warum versagst du uns die so nötige Aufklärung, uns, deinen Getreuen und Auserwählten, während ein elender Priester, wie dieser Abbé Mazati, dich mit seinem Küchenlatein bezwingt durch eine banale katholische Formel, an die er selbst nicht glaubt?"

Der Drache heulte auf, warf mich wütend auf den Boden, hob mich dann in die Höhe und schleuderte mich mit solcher Rücksichtslosigkeit wieder auf den Boden, daß ich glaubte, ich hätte alle Glieder gebrochen.

Wütend über diese würdelose Behandlung verließ ich den Runden Tempel mit dem festen Vorsatz, ihn erst dann wieder zu betreten, wenn mich der Drache um Verzeihung gebeten und mir versprochen hätte, an mir nicht mehr seine tierischen Launen auszulassen.

4. Schrecken und Ungewißheit

Mein unsagbarer Hochmut hatte sich verrechnet. An eines hatte ich nicht gedacht: an den Hochmut des Tieres. Ich schmollte ihm, und es stieß mich von sich. Ohne den direkten Bruch unserer Beziehungen zu wollen, schien es abzuwarten, bis ich so kampfesmüde werden, daß ich ihm solch schauerliche Fragen nicht mehr stellen würde. Ich aber versteifte mich darauf – teils aus Angst, teils aus Prahlerei –, die Loge nur noch in Begleitung anderer zu betreten und selbst den Drachen nicht mehr zu beschwören.

Überall bekam ich nun seinen Zorn zu verspüren. Während der Nächte verließen mich Schrecken und Angst nicht mehr, so daß ich körperlich vollständig herunterkam. Ich benutzte meinen krankhaften Zustand dem Rat gegenüber als Vorwand, um den Logensitzungen fernbleiben zu können.

Andererseits konnte es aber so nicht mehr weitergehen, denn ich fürchtete, daß der Drache meine Abwesenheit benützen würde, um die Eingeweihten vor mir zu warnen und meine Bestrafung zu verlangen. Ich wußte wohl, daß diese Menschen im Bedarfsfall tausend Mittel an der Hand hatten, um mich zu beseitigen.

Ich selbst hatte ja zu viele solcher Verbrechen verübt, und die Furcht vor einem ähnlichen Schicksal ließ mich keinen Augenblick mehr zur Ruhe kommen. In meinen Träumen erschienen mir die achtzehn leuchtenden Schädel des schwarzen Zimmers, und ich sah auf ihnen die Namen meiner Opfer. Über allen schwebte dann in Gestalt des gehörnten Adlers das Schreckgespenst Garfields, und ich stieß heisere Freudenschreie aus. Es war dies die erste Rache derer, die ich so kaltherzig hingemordet hatte.

Schließlich erwog ich meine Unterwerfung. Dann dachte ich ernstlich an Selbstmord. Aber über die Nacht meiner Verzweiflung ging auf einmal ganz langsam ein Licht auf, wenn auch noch unbestimmt und namenlos. Ich dachte an jene höhere Macht, unter deren Befehl unser sogenanntes „höchstes Wesen" stand, wie einst im Altertum über den Unsterblichen das unabänderliche Schicksal schwebte. Und ich spürte in mir das leise Verlangen, zu jenem unbekannten Gott zu beten. Allerdings wagte ich dies im Bewußtsein meiner Unwürdigkeit zunächst nicht. Und dennoch hoffte ich, es eines Tages doch tun zu dürfen. Und dieser unbestimmte Gedanke an eine allmächtige Hilfe hielt mich vom Selbstmord zurück.

Derartige Gefühle und Gedanken trugen natürlich nicht dazu bei, eine Versöhnung zwischen dem Drachen und seiner Braut zu erleichtern, sobald ihm einmal mein Seelenzustand offenbar geworden war. Sie konnten auch meine Angst nicht mildern, um so weniger, als mich tatsächlich irgendein Würdenträger der Loge besuchte; angeblich, um sich nach meinem Gesundheitszustand zu erkundigen, in Wirklichkeit aber, um mich zu überwachen. Sie schienen sich alle das Versprechen gegeben zu haben, in mir die Angstpsychose zu nähren. Es verging keine Woche, ohne daß sie mir nicht irgendein neues Verbrechen erzählten, das einer der unseren begangen hatte. In der Tat kamen auch alle Augenblicke solche Verbrechen vor, denn jeder höhere Logenbruder mußte, bevor er in einen höheren Grad gelangte, vorher zum Verbrecher werden. Dies ist gleichsam der Gnadenstand dieser Antireligion. Damit hat die Loge diesen hohen Bruder ganz in der Hand, denn es wird ihm angedroht, alles zu veröffentlichen, wenn er das Joch der Loge abzuschütteln versucht.

Auf diese Art und Weise sind in den letzten Jahren alle Staatsmänner Frankreichs durch die Loge zur Herrschaft gelangt, nachdem man von ihnen diese Probe ihrer Würdigkeit verlangt hatte. Von dem einen forderte man, daß er in der Loge das Kind einer Frau, die dort soeben heimlich niedergekommen war, ertränke; von anderen, wie zum Beispiel von mir, verlangte man die Ermordung des Opfers in der Gliederpuppe. Grévys Mordtat hing mit der Affäre Saydon in England zusammen. Dort wurde im Jahr 1866 Saydon angeschuldigt, der Urheber eines Mordes gewesen zu sein, den er sehr ungeschickt als Selbstmord habe vortäuschen wollen. Die wahren Schuldigen aber waren Grévy und Teller, ein anderer, im Jahre 1874 verstorbener Eingeweihter.

Eines der gemeinsten Verbrechen geschah damals an einem unglücklichen hochgestellten Mann, der – obwohl nicht Freimaurer – sich hatte verleiten lassen, zum Scherz und aus Neugierde an einer Sitzung des Großen Rates teilzunehmen. Nun war er gefangen. Man verlangte von ihm Garantien und das eidliche Versprechen, in die Loge einzutreten. Da er sich offenbar noch einen Rest von Religion bewahrt hatte, verweigerte er dies. Hierauf zwang man ihn, ein Medikament des Großalchimisten zu schlucken, durch dessen Genuß er geisteskrank wurde. Am nächsten Tag fand ihn die Polizei, die man alarmiert hatte, im Bois de Boulogne. Er mußte in eine Irrenanstalt überführt werden.

Um die nämliche Zeit hatten es sich Thiénet und Tirard in den Kopf gesetzt, auch den Grafen von Paris zum Eintritt in die Freimaurerei zu überreden, wenn er überhaupt eine Restauration des Königtums erreichen wolle. Aber der Prinz wies ihre Vorspiegelungen zurück. Er wußte zu gut, was die Könige von der Freimaurerei zu erwarten hatten. Daraufhin betraute die Loge Kellner und Tauler mit der Aufgabe, den Widerspenstigen gefügig zu machen, oder ihn im Weigerungsfall auf irgendeine Weise aus dem Weg zu räumen. So machten sich also die zwei auf den Weg nach Chambord, wo sich der Graf um diese Jahreszeit gewöhnlich aufhielt. Der Graf empfing die Verschworenen mit einer so bestrickenden Herzlichkeit, daß ihnen aller Mut zur Ausführung ihres unmenschlichen Auftrages verging. Dies um so mehr, als diese zwei Logenbrüder schon von Natur aus keine Helden waren. Sie kehrten somit unverrichteter Dinge in die Loge zurück. Dieser banden sie das Märchen auf, sie hätten den Prinzen nicht angetroffen.

Aber der Geist hatte sie schon verraten. Tauler wurde in den Kerker gesperrt, um als Opfer für den nächsten Karfreitag zu dienen. Kellner hingegen wurde vom Drachen persönlich und leibhaftig getötet, indem er ihn in eine unförmige, blutige Masse verwandelte. In offener Versammlung packte ihn das Tier mit seinen starken Krallen und schickte sich an, ihn in Stücke zu reißen. In der Gestalt des geflügelten Geistes schleuderte er ihn dann vom Fußboden zur Decke. Alsdann zerteilte er sich in mehrere Geister. Der eine riß dem Unglücklichen die Haare vom Kopf, der andere die Fingernägel aus dem Fleisch. Endlich verröchelte das Opfer nach langem entsetzlichen Wehgeschrei. Der splitternackte Körper lag gevierteilt am Boden, ganz mit Brandflecken bedeckt.

Ein anderes fürchterliches Drama!

Ein gewisser T. hielt sich als Maitresse eine verheiratete Frau. Mit Rücksicht auf ihre Familie muß ich ihren Namen verschweigen; doch sei erwähnt, daß sie dem Adel angehörte und daß der Name ihres Gemahls bei der hohen Diplomatie einen ausgezeichneten Klang besaß. Eines Abends ließ T. in etwas angeheitertem Zustand ihr gegenüber einige Andeutungen über seine geheime Tätigkeit in der Loge fallen. Tags darauf versuchte sie dieses Thema nochmals anzuschneiden. Anstatt aber ihre Neugier zufriedenzustellen, ließ T. sie schwören, über das Gehörte wie das Grab zu schweigen. Die junge Frau war von Natur aus recht leichtfertig und begriffsstutzig. So konnte sie der Versuchung nicht widerstehen, einem Politiker aus ihrer Verwandtschaft, als er sie mehr und mehr in die Enge trieb, einige Andeutungen über ihr Erlebnis zu machen. Der Betreffende gehörte selber dem Großen Rat als Mitglied an. Er denunzierte T., der aber schob zu seiner Entlastung alle Schuld auf seine unglückliche Maitresse. Man lockte diese in einen Hinterhalt und traf alle Anstalten so geschickt, daß alle Welt glauben mußte, sie sei ihrem Mann durchgegangen. Während ihr Gatte über ihren offenkundigen Treuebruch jammerte, schloß die Loge das arme Weib in ihre unterirdischen Gewölbe. Einen ganzen Monat lang lag sie dort eingeschlossen, unter lautem Wehklagen und Weinen über ihren Wortbruch, ohne jedoch den Zusammenhang der Dinge und die Tragik ihres Geschickes auch nur zu ahnen. Endlich kam ihre Sache zur Verhandlung vor dem Kapitel. Leo Say war ihr sogenannter Verteidiger. T. selber erklärte sich bereit, die Rolle des Staatsanwaltes zu spielen, um seinen eigenen Kopf zu retten. So häufte er auf seine ehemalige Maitresse die abscheulichsten Anschuldigungen, die voller Bestürzung und halb wahnsinnig vor Staunen und Schrecken seinen Anklagen folgte. Sieben schwarze Kugeln sprachen sie schuldig.

Gerade wollte man das Urteil abfassen, als es plötzlich der Geist selbst übernahm, Schuldspruch und Hinrichtung zugleich zu vollziehen. Ein Blitz durchdrang den Saal, ein lauter Donnerschlag ertönte, dazu erklang eine traurige Grabmusik, während gleichzeitig der Drache sich auf sein unglückliches Opfer stürzte. Er packte sie, hielt sie mit der einen seiner Tatzen fest und schleuderte sie in die Luft. Vor Schrecken wahnsinnig stürzte sie zu Boden und wollte dem schrecklichen Blick des Untiers entrinnen. Mit einem Satz aber hatte dieses sein Opfer aufs neue gepackt und bearbeitete es mit seinen Krallen. Bald war das unglückliche Weib nur mehr ein blutiger Fleischklumpen. Kleiderfetzen und ausgerissene Haarsträhnen klebten überall auf ihrem geschundenen Leib. Als sie ein Hieb auf die entblößte Brust traf, quoll ihr ein Blutstrom aus dem Mund. Vergeblich bettelte sie röchelnd um einen Schluck Wasser. Endlich machte der Drache dem scheußlichen Spiel ein Ende. Er schleuderte sein Opfer an die Wand, bis ihre blutige Gestalt nur mehr eine unkenntliche Masse war. Zum Schluß, wie er sie schon leblos sah, schleifte er sie noch einmal an den Haaren durch den Saal, stürzte sich mit seinen vielen ausgespreizten Hörnern auf den Kadaver und zerfetzte ihn vollends mit zahllosen Hieben.

In Tirards Gesicht spiegelte sich nicht die leiseste Erregung, als er seine Eindrücke als Augenzeuge dieser langen und grauenhaften Hinrichtung wiedergab. „Sie hat 24 Minuten gedauert", sagte er, ohne mit der Wimper zu zucken. Ich aber mußte daran denken, mit wieviel größerer Gleichgültigkeit, ja mit welch heimlicher Freude er wohl zweifellos als Zuschauer meiner eigenen Hinrichtung beiwohnen würde. Bei der Höhe meines Grades konnte allein der Drache an mir das Urteil vollziehen. Um wieviel mehr aber mußte ich wünschen, von Menschenhand zu fallen, wenn mein Tod nun doch einmal unvermeidbar war.

In meiner Angst beruhigte mich ein wenig der Gedanke, daß ich ja eine auserwählte Begnadete sei. Ich ging nun daran, die Prophezeiungen im Heiligen Buch der Loge zu studieren. War ich denn nicht die dritte Erwählte, die für eine Rolle bestimmt war, die ich noch nicht einmal zu spielen begonnen hatte? Schon oft hatte ich seit meiner Aufnahme in die Loge deren Annalen durchstudiert, um irgendeine Spur meiner Vorgängerinnen zu finden. Das übrige interessierte mich wenig, um so leidenschaftlicher aber deren Schicksale. Die eine, Katharina Vadier, hatte den Namen Theos erhalten, die andere Theresia Sether, eine Engländerin, hieß Sylfide. Die eine war ungebildet, die andere dumm. Beide erfaßten ihre Rolle niemals, soweit nicht Inspiration und Intuition nachhalfen. Wenn Gott es jemals, wie ich hoffe, zulassen sollte, daß die Logen einmal besetzt und ihre Annalen beschlagnahmt werden, so wird man dort den Beweis für diese furchtbaren Taten finden. Man schlage dann den 18. Band, Artikel 1225, auf. Dort wird man die Geschichte der beiden Frauen finden.

Das Leben der Katharina Vadier interessierte mich besonders. Sie lebte zur Zeit der Französischen Revolution und spielte als Hocherleuchtete und Auserwählte eine Rolle beim Aufstieg und Sturze Robespierres. Eines Tages fiel sie beim Geist, der sie bisher besessen, in Ungnade, und zur Strafe ward sie einem anderen entgegengesetzten Geist überantwortet – eine Redeweise, die in der Logensprache wohl soviel heißen soll wie Rückkehr zur katholischen Kirche – und dadurch entstand in ihrem Hirn ein solches Durcheinander, daß man sie lange für verrückt hielt. Sie war es aber nicht. Sie litt fürchterlich unter dieser Spaltung des Geistes und starb schließlich, wie man sagte, an ihrer Melancholie.

Dies Geschick erwartet wohl auch mich, dachte ich mir, vielleicht sogar noch ein schlimmeres. Und trotzdem klang mir immer die Prophetie im Ohr:

„Eine erste Frau kam und starb. Eine zweite ist gleichfalls gekommen, sie wird vergehen. Meine Verbindung mit der dritten wird ewig bleiben."

Die augenblickliche Ungnade ist also, so schmeichelte ich mir, nichts anderes als die vorausgesagte Krisis der Trockenheit und Spannung, die eines Tages mit einer glänzenden Versöhnung und mit einer noch vollständigeren Vereinigung mit dem Geist enden würde! Diese Vereinigung sei das Vorspiel für die endgültige Auserwählung, die mich zum Gipfel aller Hierarchie emportragen würde, zu einem noch ungenannten und unbekannten Grad, den man kaum ahnen könne und den bisher noch keine lebende Seele erreicht habe in der endlich zur Weltherrschaft gelangten Höchsten Loge.

5. Der Sturz

Aus verschiedenen Anzeichen konnte ich erkennen, daß man in der Loge den Prozeß gegen mich vorbereitete. Auch wurde ich in meiner Wohnung mehrfach verhört. Es ging anscheinend um verschiedene meiner früheren Äußerungen.

Vermöge eines geschickt inmitten des Logensaales angebrachten Echos verzeichneten die Stenographen, wie ich schon einmal bemerkt habe, nicht nur jedes Wort des Eingeweihten, der auf der Rednertribüne spricht, sondern auch das leiseste Wort, das unter den Teilnehmern geredet wird. Diese Stenographen haben ihren Platz jeweils in den seitlichen Überwachungsräumen in der unteren Etage, wohin akustische Leitungen den leisesten Ton übertragen. Diese Äußerungen der eigenen Meinungen werden sorgfältig überprüft und mehr als ein Lehrling und Logenbruder ist schon ausgeschlossen oder beiseite geräumt worden, wegen einer Bemerkung, die er schon längst vergessen hatte. Dieses Überwachungssystem war bereits unter Garfield in Aktion getreten. Unter Grévy wuchs es sich zu einem dauernden Spitzeltum aus.

In der Zeit meines unverschämten Glücks hatte ich auch solche spöttischen Bemerkungen gemacht, die Hunderten von Unschuldigen hätten das Leben kosten können. Ich tat mir in der Loge ebenso wenig Zwang an wie in meinem Salon. Nun las man die Aufzeichnungen nach, und da schienen manche Dinge selbst meinen nicht gerade skrupelhaften Kollegen so ungeheuerlich, daß sie Bedenken trugen, gegen mich vorzugehen, ohne noch einmal von mir selbst die Bestätigung für alles, was ich gesagt haben sollte, zu erhalten. Da ich der ganzen Sache überdrüssig war, so sagte ich alles aus, was meine Logenbrüder von mir wünschten. Verletzte Eifersucht, geheime Verbitterung, die

Furcht vor meinen urplötzlichen Redeergüssen, dann endlich noch diese belastenden Auslassungen, das alles zusammen hatte zur Folge, daß die Mehrheit des Großen Rates sich gegen mich erklärte. Alle waren der Diktatur eines so phantastischen und cholerischen Weibes überdrüssig, zumal ich ziemlich plötzlich in die Höhe gekommen und durch meine Erleuchtungen die ganze Loge ins Wanken gebracht hatte. „Fort mit dem Weiberrock vom halbrunden Tisch! – Clothilde Bersone mag sehen, daß sie fortkommt!" Dies war die Tagesparole.

Nur der Drache kam mir ein letztes Mal zu Hilfe. Er liebt es nicht, sich bloßzustellen, am allerwenigsten vor den Augen der Seinen. Er hatte Garfield eingebüßt und schämte sich der Wahl Grévys. Wer würde jetzt seine Braut von gestern ersetzen? Wo würde er bei allen meinen Fehlern ein ähnliches Werkzeug finden? Sollte es ihm denn gar nicht mehr gelingen, eine Maitresse sich dienstbar zu machen und an sich zu ketten, die er zu seiner vertrauten Freundin machen könnte? Waren nicht alle diese Ankläger ihm im Herzensgrund auch treulos? Und was für mittelmäßige Gestalten waren sie! Nicht einmal der Geist des Bösen in Person konnte mit ihnen etwas fertigbringen!

Der Drache behielt sich das Urteil selbst vor, wie er es in wichtigen Fällen zu tun pflegte. Ferry übernahm es, mir dasselbe mitzuteilen.

Das Urteil war zugleich grausam, wenn man seinen Inhalt ins Auge faßte, und wohlwollend, wenn man bedenkt, von wem es gefällt wurde. Unter Androhung der Todesstrafe erhielt ich den Befehl, sofort nach Grenoble abzureisen, wo ich in einem öffentlichen Haus weitere Befehle abwarten und bleiben sollte, bis der Geist, befriedigt durch diese meine schuldige Sühne, mich wieder zurückrufen und mich in meine alte hohe Stellung einsetzen würde.

„Sie werden sich dort ausruhen", sagte Ferry in heuchlerischem Ton. „Ihre Gesundheit macht uns viele Sorgen und die herrliche Bergluft wird Ihnen gut tun. Wir hoffen, daß Sie bald in alter Frische zu uns zurückkehren werden."

Ich war drauf und dran, ihm das Gesicht zu zerkratzen, denn diese Strafe war noch ehrloser und grausamer, als ich erwartet hatte. Ich mußte nun durch die Schmutzflut, von der schon Garfield einmal mir gegenüber gesprochen hatte. Alles in mir bäumte sich dagegen auf. Aber was blieb mir anderes übrig, als nachzugeben, wenn ich nicht – und das wäre das mindeste gewesen, was ich riskiert hätte – morgen ohne einen Pfennig in der Tasche auf die Straße geworfen sein wollte, nachdem man mich obendrein an allen Polizeistellen als Verbrecherin bekanntgemacht hätte? Da war es besser, den Schein zu wahren und nachzugeben. In Grenoble war ich wenigstens weit weg von dem schrecklichen Amphitheater mit seinen sezierten Leichen und von der lebendigen Hydra aus weißem Marmor. Ich fügte mich, entschlossen, mir selbst an diesem schlechten Ort um allen Preis Achtung zu verschaffen und der Rache der Eingeweihten und den Krallen des Tieres zu entfliehen. Knirschend nahm ich meine Strafe an.

Dort angekommen, wurde ich in meinem Entschluß, möglichst geduldig diese ehrlose Strafe hinzunehmen, bestärkt. Der Hauseigentümer, einer der unsrigen, hatte Befehl erhalten, mich mit all der Rücksicht zu behandeln, die mit der Erfüllung meiner schmutzigen Aufgabe vereinbar war. Es war nicht gerade direkt ein öffentliches Haus, wohl aber ein Treffpunkt der Bürger und Beamten. Im übrigen war ich eine Gefangene, die man in sicherer Obhut hielt. Kaum war ich eingerichtet, erhielt ich den ersten Auftrag: Ich mußte mit einem Novizen, dem Senator Bovier-Lapierre, in Verbindung treten. Man wollte ihn noch nicht in die Loge aufnehmen. Ich sollte erst einmal feststellen, wie er über die wichtigsten Fragen dachte. Man wußte in Paris, daß er in diesem Haus verkehrte. Ich erhielt die Weisung, ein Verhältnis mit ihm einzugehen, um ihm nach und nach seine innersten Gedanken zu entlocken. Monate und Monate vergingen.

Wie empörte mich diese ekelhafte Aufgabe! Mich behandelte man so, nachdem man mich so erniedrigt hatte! Welch ein Fall in die Tiefe! Verbrechen hatte man mir nie erspart, aber man hatte mich wenigstens soweit als möglich bisher von anderen Erniedrigungen verschont. Jetzt aber schien es so, als wolle man mich vorsätzlich und für immer erniedrigen. Die frühere Gräfin von Coutanceau, die Vertraute Bismarcks, und selbst Clothilde Bersone, die Geliebte Garfields, war für alle Zukunft zur Straßendirne erniedrigt worden! Wie konnte ich wieder in die Höhe kommen?

Der Korrespondent, den man mir in Paris für alle meine Angelegenheiten zugewiesen hatte, war de Lanessan. Ich schrieb ihm öfters, um mich zu beklagen. Das Tier aber wollte keine Klagen sondern meine Unterwerfung.

Unerklärlicherweise erhielt ich, kaum hatte ich meinen Brief abgeschickt, schon die Antwort, und zwar nicht durch die Post, sondern ich fand den Brief geheimnisvollerweise auf meinem Lesepult liegen. Es bestand keinerlei Zweifel, daß diese Briefe echt waren. Die Eingeweihten waren verpflichtet, sich bei ihrem Briefwechsel als Erkennungszeichen einer Reihe von gewissen verzierten Anfangsbuchstaben zu bedienen, besonders der Zeichen D, B, R, V, P, D. Den Kopf jedes Briefes zierten stets zwei offene, an der Basis miteinander verbundene Dreiecke. Dazu hatte noch jeder Eingeweihte sein besonderes Zeichen, das er auf dem Umschlag des Briefes anbringen mußte, so daß man schon auf den ersten Blick selbst bei einem dicken Bündel Post sah, worum es sich handelte. So zeichnete ich mit einem großen verschnörkelten N, dem ersten Buchstaben meines Grades als Nymphe. Ich erkannte das Zeichen de Lanessans. Es war ein seltsam verschlungenes „I S", was seinem Grad als hoher Eingeweihter (Initié supérieur) bezeichnete.

Eine andere Erklärung war nicht möglich: Man mußte bei diesem außerordentlich schnellen Austausch unserer Briefe ein direktes Eingreifen des Drachens annehmen, dessen Macht sich also selbst bis hierher erstreckte.

Was hatte es für einen Zweck, wenn ich noch weiter ihm zu entrinnen trachtete? Und doch empfand ich noch mehr Abscheu davor, die alten Beziehungen mit ihm wieder anzuknüpfen, als vor dem schmachvollen Handwerk, in das er mich hineingezogen hatte. Früher oder später mußte schließlich doch eine Lösung gefunden werden. Aber welche?

Aus lauter Mattigkeit stellte ich mir selbst diese Frage nicht mehr.

Nach vielen Anstrengungen glaubte ich meinen Auftrag, jenen Menschen zu überwachen, erledigt zu haben, als mir unversehens in demselben Haus eine ganz ähnliche Aufgabe zufiel.

Man schrieb mir, es befänden sich wichtige Papiere in den Händen eines gewissen P. B., Sohn des Admirals gleichen Namens. Dieser verkehre im selben Haus wie ich. Die Loge lege den größten Wert darauf, in den Besitz dieser Papiere zu gelangen. Bis jetzt waren alle Versuche, die angebliche Wegelagerer unternommen hatten, um sein Gepäck zu rauben, umsonst gewesen. Nie konnte man die ersehnten Papiere erwischen.

„Clothilde allein vermag diese Papiere zu erlangen, denn sie zieht eine solche Tätigkeit meiner Freundschaft vor“, hatte der Drache entschieden.

Wiederum mußte ich mich fügen, denn in meiner feigen Angst zog ich tatsächlich alles andere den schrecklichen Martern und dem sicheren Tod, der meiner harrte, vor. Sobald dieser Mann das Haus betrat, mußte ich wie eine Sklavin zu seinen Diensten bereitstehen. Vergeblich wandte ich lange Zeit alle mögliche List an, um herauszubekommen, wo die unauffindbaren Papiere versteckt seien. Ich wollte schon aufgeben, da, eines Nachts, gelang es mir endlich. P. B. war betrunken und wurde ganz redselig. So erfuhr ich, wo er die Papiere versteckt hatte. Ich machte ihn nun stockbesoffen. Ein Mitverschworener begab sich sofort in seine Wohnung und fand auf dem Dachboden den Rosentopf mit den Papieren. Ich erbrach vorsichtig die Siegel der Umhüllung, nahm die Papiere an mich und tat alles übrige wieder an Ort und Stelle. Die Umhüllung stopfte ich mit Zeitungspapier aus. Das Opfer hat vielleicht nie gemerkt, daß es bestohlen worden war, wenn es nicht so vorsichtig war, nach seinen versteckten Sachen sich umzusehen. Am kommenden Morgen telegraphierte ich siegesfreudig nach Paris:

„Das zweifache Geheimnis ist mein. Laßt mich frei!"

Darauf erhielt ich den Bescheid, ich könnte gehen, man erwarte mich in Mâcon. Warum in Mâcon? Was mochte mir da wieder bevorstehen? Wollte ich denn überhaupt je wieder nach Paris zurück und mich dem Tier unterwerfen?

6. Im Kloster

Trotz allem war ich am nächsten Morgen reisefertig, mein Gepäck war aufgegeben, und ich fuhr in der sicheren Überzeugung ab, daß niemand hinter mir her sei oder mich überwache. Einige Stunden später verließ ich kurz entschlossen in einer größeren Station meinen Zug, ließ meinen Koffer und mein Gepäck im Stich, tat so, als wollte ich zum Büffet gehen und begab mich in die Stadt. An der Pforte eines Hauses, das mir ein Kloster zu sein schien, klingelte ich in fieberhafter Hast. Man öffnete. Eine gütige Frau stand vor mir und lächelte mich unter ihrer Haube an. Sie war eine jener Ordensfrauen, die ich seit zehn Jahren mit Gift und Galle überschüttet hatte. Ich bat, die Oberin sprechen zu dürfen, und legte unter vielen Tränen ein langes Bekenntnis ab und flehte um ein Asyl gegen Tod und Hölle. Liebevoll sagte sie mir alles zu. Hier begegnete ich zum ersten Mal in meinem traurigen und elenden Leben einem Mutterherzen.

In einem hellen, freundlichen Zimmer verbrachte ich inmitten dieses klösterlichen Friedens, den ich bisher nicht gekannte hatte, mehrere Wochen der Läuterung und Erholung. Dann mußte ich ins Krankenhaus, wo ich sehr viel durchmachte.

Man denke nur nicht, daß meine Befreiung das Gnadenwerk einiger weniger Augenblicke gewesen sei. An dem Tag, an dem der Drache mir eingestand, daß er gegen die Anrufung der

Allerheiligsten Dreifaltigkeit machtlos sei, begannen meine schweren Kämpfe. Nachdem ich lange Zeit hindurch alles Übernatürliche abgelehnt hatte, entdeckte ich zunächst ein übernatürliches Prinzip und mußte nun sogar deren zwei annehmen: das des Katholizismus und das des Tieres. Und das Tier gestand mir nun, daß der Gott meiner Taufe ihm überlegen sei! Ich hätte blind sein müssen, wenn ich nicht zu dem Schluß gelangt wäre, daß er es nicht nur an Macht sei, sondern auch an Güte, an Weisheit und an göttlicher Vollkommenheit.

Noch gestand ich es mir nicht ein, fühlte es aber bereits, wie ich es immer gefühlt hatte – klar genug gefühlt hatte, um vor Gottes Gericht verurteilt zu werden –, daß selbst bei den geistig höchststehenden Offenbarungen des Drachens immer etwas Bösartiges sich einmische. Erst recht trat dies in Erscheinung bei seinen Anfällen zynischer Grausamkeit, und wenn er unverhohlen seine Freude über die schlimmen Laster seiner Anhänger zum Ausdruck brachte. Nach und nach kam ich so zur Erkenntnis, daß dieser falsche „höchste Geist" nur der Gott meiner Leidenschaften, insbesondere meines Rachedurstes, gewesen war. Gott konnte nicht Haß und Lüge sein. Ganz allmählich sehnte ich mich ganz leise – aus welcher Ferne! – nach der Wahrheit und der Liebe.

Lange zögerte ich und konnte mich als elende Sünderin nicht zum Guten durchringen. Meine Verbannung in Grenoble hatte ein und ein halbes Jahr gedauert, von 1882 bis gegen Ende 1883, und man kann sich vorstellen, welche Gedanken mich in dieser Zeit bewegten. Nach der hohen Stellung, die ich innerhalb der Freimaurerei einnahm, nun diese tiefste Erniedrigung – das öffnete mir allmählich die Augen. Obgleich ich mich zum Satanismus bekannte, so hatte ich doch lange nicht alle Stufen dieser Hierarchie erstiegen, deren Gipfel ich erreicht zu haben glaubte.

Ich hätte damals auch noch nicht den Mut gefunden, mein Joch abzuschütteln, wenn nicht ein neues und unvorhergesehenes Ereignis eingetreten wäre, das mich zur Entscheidung zwang. Ich erkannte nämlich, daß ich in der Hoffnung war. In diesem

Zustand nach Paris zurückzukehren, war unmöglich. Ich sah voraus, daß man mich in der Loge auslachen und eine Frühgeburt einleiten würde. Das Kind würde man gelegentlich der Prüfung eines Novizen ertränken und es schließlich als Opfer für den marmornen Moloch im Runden Tempel von diesen schauerlichen Menschenschlächtern in Stücke zerschneiden lassen.

Nie und nimmer! Ein Gefühl des Mutes machte sich in meinem Innern geltend, das ich nie besessen hätte, wenn es sich darum gehandelt hätte, meine eigene schmutzige und der Verzeihung unwerte Seele vor mir selber zu verteidigen und zu befreien. Dieser Mut wuchs in mir zugunsten des unschuldigen Kindes, dessen Geburt schon genügend vom Unglück gekennzeichnet war. Ich wurde gleichsam mit einer neuen, einer mütterlichen Seele erfüllt und war – ein weniger ehrloser Plan – fest entschlossen, um jeden Preis mein Kind diesem Schmutzpfuhl und diesem hoffnungslosen Tod zu entreißen.

Ich begann, in dieser Meinung zu beten, selbst inmitten meines schandbaren Lebens, und als ich endlich den Schlüssel aus meinem Gefängnis entdeckt hatte, beschloß ich, der Freimaurerei, dieser Verbrecherhöhle, endgültig den Rücken zu kehren und ein Leben der Buße zu beginnen, wodurch ich Erlösung zu finden hoffte.

Die Loge erhielt von mir weder die Papiere des Senators Bovier-Lapierre, noch die des unglücklichen Vaters meines Kindes. Dadurch wurde ich zur Verbrecherin an den Logengesetzen, wohl wissend, was das für Folgen haben konnte.

Im Krankenhaus kam ich nieder. Mein Kind starb, denn ich hatte zuviel gelitten und verdiente es wohl nicht, es aufzuziehen, selbst für Gott nicht. Es starb aber, nachdem es getauft war. Dieser kleine Engel ist nun bei dem makellosen Lamm, dessen anbetungswürdiges Andenken an seinen Opfertod ich an so vielen Karfreitagen entweiht hatte. Das Kind betet nun da droben für seine unglückliche Mutter.

Ich war kaum genesen, als ich, unter unendlichen Vorsichtsmaßregeln zwecks Ablenkung des Gegners, in ein noch entlegeneres Kloster gebracht wurde, das den Blicken der Welt mehr entzogen ist. Hier gibt es nun weder eine Clothilde Bersone noch eine Witwe Cerati oder eine Gräfin von Coutanceau. Es gibt hier nur eine arme Frau, die letzte Dienerin Gottes, die von ihren Schwestern bei dem Namen gerufen wird, den sie in ihrer Taufe erhalten hat: Marie Amélie.

Ein großer friedlicher Garten erstreckt sich von meinem Zellenfenster weit hin bis zu den Ufern des breiten, still dahinfließenden Stroms. Welcher Gegensatz zu meinem früheren unruhvollen Leben inmitten des Lärms von Paris!

Ich fürchte hier weder die Loge noch den Drachen. Abgesehen von meinen nagenden Gewissensbissen und der heiligen Angst, die mir meine Verbrechen nunmehr bereiteten, fand ich hier einen anderen Frieden, der jede Süßigkeit in sich enthält und jede Unruhe bannt. Nicht, daß ich die Macht des Gegners oder die Bosheit der Seinen unterschätzen würde! Mehr als irgend jemand anders habe ich ja meine Erfahrungen in dieser Beziehung gemacht. Aber in dem wahren heiligen Buch lernte ich das Tier kennen, das mich so lange verführt und in Schrecken gehalten hatte.

„Der große Drache, die alte Schlange, der Teufel und Satan heißt, der die ganze Erde verführt." Apok. 12,9.

„Und ich sah aus dem Meere ein Tier aufsteigen, das hatte zehn Hörner und sieben Köpfe, und auf seinen Hörnern zehn Kronen, und auf seine Köpfen Namen der Lästerung . . ., ihm gab der Drache seine Macht und große Gewalt." Apok. 13,1-2.

„Und ich sah ein anderes Tier . . ., es bringt die Erde und ihre Bewohner dazu, das erste Tier anzubeten." Apok. 13,11-12. Er nennt sich Satan. Er war die alte Schlange und bleibt der Dämon, der nicht zu vernichten ist. Er hat das Tier erweckt, dem einst in der Siebenhügelstadt göttliche Ehren erwiesen wurden und hat ein anderes Tier auf den Thron erhoben, die christlichen Häresien, welche ihre Ähnlichkeit mit dem Lamm ausnutzen, damit der falsche Gott der Gnosis und des Talmud angebetet werde. Hingegen bekämpfen sie seit ihren Anfängen die Anbeter des fleischgewordenen Wortes. Die heutige Freimaurerei vereinigt alle diese Häresien gleichsam zu einem fleischgewordenen ewigen Antichrist, der sich gegen die Kirche Gottes erhebt.

Aber Luzifer vermag nichts gegen diejenigen, die bewaffnet sind mit dem Zeichen des Kreuzes und nicht freiwillig sich seiner Herrschaft unterwerfen. Der heilige Erzengel Michael und seine Engel haben die Aufgabe, gegen ihn die Weltordnung zu verteidigen. Die göttliche Vorsehung gibt seinem Einbruch nur das preis, was die menschliche Freiheit ihm durch die Sünde überantwortet. Er vermag nichts außer durch uns und unsere Sünden.

Leider haben sich die schrecklichen Wunden, die mir meine Verbrechen geschlagen hatten, nicht so schnell und vollständig geschlossen, daß sie nicht mitunter sich wieder öffneten und zu eitern begannen. Schreckliche Erinnerungen bestürmen mich und gemeine Versuchungen befallen mich wider meinen Willen. Sobald ich ihnen nur ein wenig Raum gegeben habe, fühle ich, daß ich dem Tier und seinen Helfershelfern wieder Macht über mich gegeben habe.

In der Nacht von Mittwoch auf Donnerstag, den 8. Januar d. J., haben mich fünf Dämonen ununterbrochen geplagt. Am folgendem Tag schien es mir, als ob der Drache wieder Besitz von mir ergriffen hätte, nachdem ich während des Tages einigen schlechten Komplimenten, die er mir machte, Gehör geschenkt habe. Plötzlich erhob er mich von der Erde und suchte mich zu bereden, mit dem Großen Rat wieder in Verbindung zu treten, der gerade in diesem Augenblick, in der Nacht zum Freitag, zu Verhandlungen über meine Rückkehr und über die Verzeihung, die ich erhalten sollte, versammelt war. Ich aber rief meinen Schutzengel und den Erzengel und Schützer aller Kinder Gottes an mit den Worten: „O heiliger Michael, verteidige mich in der Gefahr! O himmlischer Vater, mein Gott und Herr, erlöse uns von dem Übel!“ Das Tier warf mich hierauf so gewaltsam zu Boden, daß mir das Blut aus den Ohren spritzte und ich seitdem schlecht höre. Was verschlägt's, wenn ich jetzt weniger die Verführungen der Welt höre!

Am meisten befürchtete ich, daß der Dämon in Paris mein Asyl nennen und alle Mächte der Finsternis dagegen entfesseln würde. Nicht für mich war ich besorgt, sondern für meine wunderbaren Schwestern, jene heldenmütigen Pflegerinnen einer tiefgesunkenen, in Not geratenen Seele.

Wer hätte je gedacht, daß ich, die ich die Vertreibung der Nonnen einst so eifrig betrieben hatte, nun in meinem schützenden Asyl zittern würde bei dem Gedanken, vielleicht eines der ersten Opfer dieser Vertreibung sein zu müssen! Diese Möglichkeit stört aber nicht die Ruhe und den Frieden jener großmütigen Klosterfrau, die mich aufgenommen und vor der ich kein Geheimnis mehr habe. Sie kennt den Wert einer Seele, die durch das Blut Gottes von all ihren Sünden losgekauft ist. In ihrer Unerschrockenheit fürchtet sie sich vor nichts. Eines Tages entdeckte ich unter den wenigen Dingen, die ich mitgebracht hatte, zufällig einen Rosenkranz, den der Dämon zur Zeit meiner Besessenheit einst aus Verachtung in meinen Händen zerbrochen hatte. Mit Abscheu warf ich ihn fort. Mutter Margarete aber hob ihn ruhig auf, denn sie hatte sich in den Kopf gesetzt, ihn wieder herrichten zu lassen.

„O lassen Sie das“, sagte ich, „vergraben wir ihn recht tief in irgendeinem Winkel, denn derartige Dinge bringen Unglück.“

Sie lächelte, wie nur ein Engel lächeln kann, und führte mich in ihre Zelle. Am Kopfende ihres Bettes hatte sie ein Kruzifix aufgehängt, das einst entweiht worden war und das ich ihr gleich nach meiner Ankunft gegeben hatte. Sie hatte es daraufhin über ihrem Bett angebracht, um ihm stündlich ihre sühnende Liebe bezeugen zu können. Jetzt hängte sie meinen zerbrochenen Rosenkranz um dieses Kreuz, gleichsam als neue Siegesbeute und sagte:

„Ganz im Gegenteil! Er wird uns beschützen. Wir stehen unter Gottes Schutz, und nichts kann uns ohne seine Zulassung zustoßen.“

In der Nacht erschien mir der Teufel. Er war außer sich vor Zorn und befahl mir:

„Verlaß augenblicklich dieses Weib! Sie heuchelt dir Güte und Hingabe vor. Im Grunde genommen hat sie nur den Nutzen ihrer Kirche im Auge. Sobald ihre Neugierde befriedigt ist, wirst du erleben, daß sie oder ihre Oberen es für klug halten werden, dir den Laufpaß zu geben. Im übrigen werde ich dafür sorgen, daß sie jeden Geschmack an dir verliert. Ich werde sie leiden lassen!"

Getreu meldete ich diese Worte der Mutter Margarete, die davon wenig berührt wurde. Sie sagte:

„Liebe kleine Schwester, lassen Sie ihn sagen und tun, was er will! Nur durch Leiden befreit man eine Seele und nur dadurch, daß man sich für andere aufopfert, entwaffnet man die Hölle!" In ihrem melancholischen Blick entdeckte ich plötzlich das abgrundtiefe Geheimnis der Gnade und Sühne, das mir zugleich den unsichtbaren Fortschritt meiner Bekehrung und die sogenannten Zufälle erklärte, die mich zur Genossin und Schutzbefohlenen dieser auserwählten Seele gemacht hatten. Der Tabernakel und das Leben der Sühne hier in dieser Oase heiligen Strebens, diese beiden waren für mich der Blitzableiter für alle Angriffe des Bösen.

Ich hoffte fest, daß Gott das Tier zwingen würde, all den Eingeweihten, Beamten, Polizeiorganen und Mördern, die Grévy auf meine Spur hetzen konnte, meinen Zufluchtsort zu verbergen. Bald aber sollte ich inne werden, daß die Loge mich aufgestöbert hatte.

Eines Tages, als ich in der Anrichte tätig war, trat ein Mann auf mich zu. Es war ein Hilfsgärtner, der seit einigen Tagen angestellt war und der sich dort eine Erfrischung holen sollte. Er kam auf mich zu und faßte meine Hand, wobei er seinen Zeigefinger ausgestreckt hielt. Ich erschrak, denn das war eines der Erkennungszeichen der Illuminierten. Ich tat so, als hätte ich nicht verstanden und füllte ihm kühl sein Trinkgefäß. Wie ein alter Bekannter spielte er lärmend mit der Flasche und stellte das Glas auf den Tisch zurück. Dann sah er mir scharf in die Augen. Alsdann trank er das Glas in einem Zug aus, wischte sich den Schnurrbart am Ärmel ab und murmelte etwas vor sich hin, was ausklang in das Wort „Blitz“. Jetzt konnte ich meine Bestürzung nicht länger verbergen, denn auch dies war ein Erkennungszeichen der Logenbrüder. Entschlossen erklärte ich ihm:

„Ja, ich bin es, die man dort Nymphe der Nacht nannte.“

„Wie, wo wurden Sie so genannt? Dort? . . .“

„Ja, in dem stillen, zweistöckigen Gebäude gegenüber dem englischen Café und dem Goldenen Haus, wo sich die viereckige Loge, der Runde Tempel und unter dem Erdgeschoß die Gefängnisse befinden. Wiederholen Sie das denen, die Sie geschickt haben. Ich habe alles, was irgendwie Bezug hat auf mein Leben in Eurer Mitte, niedergeschrieben. Mehrere Abschriften davon befinden sich an sicherem Ort und in der Hand der kirchlichen Obrigkeit. Sollte mir oder diesem Haus hier irgend etwas Merkwürdiges zustoßen, wie zum Beispiel ein Unglücksfall, ein Brand, oder ein schlecht erklärbarer Tod, so wird augenblicklich bei der Staatsanwaltschaft Anzeige erstattet gegen den Großen Rat. Gleichzeitig werden Veröffentlichungen erscheinen, durch welche die öffentliche Meinung auf verschiedene Dinge, die sie sehr interessieren wird, aufmerksam gemacht wird. Einer Durchsuchung der Loge können sie wohl ihre Annalen und die verdächtigen Einrichtungsgegenstände entziehen, aber nicht das Vorhandensein des achteckigen Saales und der unterirdischen Gewölbe. Das wird genügen, um das Geheimnis jener Herren bekanntzumachen, und dies lohnt allein schon den Tod einer Person. Ich werde Gott mein Leben dafür aufopfern, daß er starkmütige Christen erwecke, die meine Mitteilungen richtig ausnützen und die Ketten Eurer Tyrannei brechen. Haben Sie mich verstanden?“

Er brach in ein dumpfes Gelächter aus und sagte mit einer Stimme wie ein zerbrochener Topf:

„Meiner Treu nein! Sie reden wie ein Buch, Schwester! Ihr bißchen Wein tut mir für meine Arbeit gut!“

Schweren Schrittes und gleichgültig verließ er das Zimmer, nahm ohne Hast seine Arbeitsgeräte an sich und verließ das Haus für immer. Man hat ihn nie mehr gesehen.

Ich denke, daß meine Botschaft dem Kapitel überbracht wurde und daß die Eingeweihten darüber nachgedacht haben. Es ist wohl besser, werden sie sich gedacht haben, mich in einem entlegenen Kloster ein elendes Leben führen zu lassen, als die Geheimnisse der Loge zu sehr der Öffentlichkeit preiszugeben.

Wenn ich in den letzten Wochen voll Schmerz auf der einen Seite meine Vergangenheit, auf der anderen Seite die ewigen Verheißungen, deren ich mich so unwürdig fühle, betrachtete, dann verschwanden vor mir alle Worte der Menschen.

Möge der Herr *Jesus* mir armen Sünderin verzeihen!

Zitternd vor seiner Gerechtigkeit und selbst vor seiner Barmherzigkeit berufe ich mich auf seinen Ruhm, den der Drache vergeblich in der Welt und in den Seelen an sich zu reißen sucht. Möge er mich endlich ganz und für immer der Macht des Tieres entreißen und aus der hochmütigen Erleuchteten und unbeschränkten Herrscherin von ehedem die demütigste seiner Bräute machen!

Im Juni 1885

Nachwort des deutschen Herausgebers

Der Roman ist zu Ende. Mit gesteigerter Spannung verfolgt man diese schauerliche Geschichte einer Verworfenen. Der brutale Stoff fesselt jede Fiber.

Ist denn das auch alles wahr?

Wir wissen es nicht. Wir sind nicht in der Lage, aus der Ferne die Authentizität dieser ungeheuerlichen Memoiren der Clothilde Bersone exakt, so wie wir es wünschten, nachzuprüfen. Wir kennen weder das „doppelte authentische Manuskript dieser Lebenserinnerungen“ noch die „kritischen und sehr treffenden Randbemerkungen“ des verstorbenen Jesuitenpaters X., noch diesen selbst.

Ebensowenig war es uns möglich, festzustellen, ob und inwieweit die von Clothilde Bersone gegen die Freimaurerei, die französische insbesondere, erhobenen schweren Vorwürfe richtig sind. Das gilt namentlich für ihre Behauptungen bezüglich Kaiser Wilhelm I. und Bismarck, von welch letzterem jeder deutsche Katholik weiß, daß er ein erklärter Feind der katholischen Kirche war.

Wir wissen nur – und das ist in aller Munde –, was der erleuchtete Papst Leo XIII. in seiner Enzyklika *Humanum genus* vom 20. April 1884 über die Freimaurerei sagt. Der Papst nennt sie einen „Todfeind“, eine rechtswidrige und für Staat und Kirche gleich verderbliche Verbindung, eine „verhängnisvolle Pest“. Er sagt, „daß im Laufe von anderthalbhundert Jahren die Sekte der Freimaurer eine über alle Erwartung große Ausbreitung gewann. Indem sie keck und listig in alle Ordnungen des Gemeinwesens sich eindrängte, erlangte sie eine solche Macht, daß sie nahezu die Oberherrschaft in den Staaten zu haben scheint . . . Soweit ist es gekommen, daß für die Zukunft alles zu befürchten ist, nicht zwar für die Kirche, die auf einem zu festen Grund gebaut ist, als daß sie von Menschenhand könnte erschüttert werden, sondern für jene Staaten, in welchen die Freimaurerei mächtig ist. ...Wer immer der Freimaurerei einmal beigetreten ist, muß versprechen und dafür einstehen, daß er den Führern und Meistern aufs Wort folgen will in höchstem Gehorsam und in Treue, daß er, bereit auf jeden Wink und auf jedes Zeichen, das Befohlene ausführen will, daß er im Falle des Ungehorsams auch das Härteste und selbst den Tod dulden will. In der Tat wird die Todesstrafe nicht selten an denen vollzogen, über welche wegen Verrat des Geheimnisses oder Ungehorsam dieselbe ausgesprochen wurde, und zwar so keck und gewandt, daß häufig der Meuchelmörder dem wachsamen Auge der strafenden Gerechtigkeit entrinnt. Heucheln und im Dunkel verborgen bleiben wollen, andere, Sklaven gleich, mit den stärksten Banden an sich fesseln, ohne daß diese den Grund hiervon klar erkennen, sie nach fremder Willkür zum Werkzeug jeglichen Frevels gebrauchen, ihnen den Mordstahl in die Hand drücken, unter dem Vorwand der Straflosigkeit – das ist eine Ungeheuerlichkeit, die der Natur durchaus widerstreitet." (Rundschreiben Leos XIII., Freiburg i. Br., Herder 1887, S. 282, 284, 286, 290)

So bestand unsere Aufgabe lediglich darin, den vom französischen Verlag gebotenen Text in einer sinngemäßen deutschen Übersetzung zu vermitteln. Wir hoffen, daß uns dieses gelungen ist.

Uns war das Wesentliche an dem Roman *der Kampf zwischen dem Guten und Bösen,* den der französische Verfasser an Hand der Lebensschicksale eines armen Menschenkindes in seiner ganzen Furchtbarkeit schildert. In der Gegenwart, wo „Dämonen über Europa" brüten, wo die Guten verzagen und die Bösen triumphieren, ist es ein großer Trost zu sehen, wie das Böse, trotz aller Kraftanstrengung, die es entfaltet, letzten Endes doch unterliegt gegenüber der unüberwindlichen Allmacht des katholischen Gottes, in dessen barmherzigen Armen auch die unglückliche Clothilde Bersone Rettung und Heil gefunden hat. Sollte nur ein einziges unglückliches Menschenkind, dem Gottes Vorsehung diese Geschichte in die Hände spielt, aus dem

Beispiel der „Braut des Satans“ die Kraft schöpfen, sich aus der Umklammerung des Bösen herauszuarbeiten, es wäre ein genügender Lohn für unsere Mühe als Herausgeber.

Auch wir schließen uns der Mahnung des französischen Verfassers an, das Buch „nur in die Hände gebildeter und reifer Menschen gelangen zu lassen.“

Im Juni 1931

Michael Galeatus

DIE BENEDIKTUSMEDAILLE

Der hl. Benediktus, gestorben um 547, Stifter des Benediktinerordens, hatte eine große Verehrung zum hl. Kreuz und gebrauchte das hl. Kreuzzeichen eifrig im Kampf gegen den bösen Feind. Wohl in Erinnerung daran wurden frühzeitig Medaillen in der Weise hergestellt, daß sie auf der einen Seite das Bild des heiligen Benediktus trugen, in der heute üblichen Darstellung, mit dem Regelbuch in der Linken und dem Kreuz in der Rechten, zu seinen Füßen der zersprungene Giftbecher bzw. der Rabe, der ein vergiftetes Brot fortträgt; auf der anderen Seite ein Kreuz. Um dieses Kreuz herum stehen Buchstaben, welche den Anfang lateinischer Wörter bilden. In den vier Winkeln des Kreuzes steht Crux Sancti Patris Benedicti (Kreuz des heiligen Vaters Benediktus). Auf dem Stamm liest man von oben nach unten: Crux Sacra Sit Mihi Lux (das hl. Kreuz sei mir Licht); auf dem Querbalken steht: Non Draco Sit Mihi Dux (nicht der Drache sei mein Führer). Rings um das Kreuz stehen folgende 14 Buchstaben: Vade Retro, Satana, Nunquam Suade Mihi Vana; Sunt Mala, Quae Libas; Ipse Venena Bibas (Weiche zurück, Satan, niemals rat mir Eitles! Böse ist, was du reichst; trinke selbst das Gift!) Der letzte Vers ist eine Anspielung auf den Giftbecher, der St. Benedikt dargeboten wurde, aber auf seinen Segen hin zersprang.

Die Benediktusmedaille erhält eine eigene Weihe. In Scheyern werden die Medaillen auch mit dem heiligen Kreuz berührt.

Da diese Medaillen seit alters als wirksamer Schutz vor den feindlichen Mächten gelten, so ist es gut, solche Medaillen nicht bloß bei sich zu tragen, sondern auch in den Räumen der Häuser, in den Ställen, in Fahrzeugen und sonstwo anzubringen.

Für den andächtigen Gebrauch von rechtmäßig geweihten Medaillen, Kreuzen usw. gewährt die Kirche Teilablässe, früher „unvollkommene" genannt. Es genügt zu ihrer Gewinnung jedoch nicht das bloße Tragen oder Aufbewahren oder die äußere Verrichtung eines Gebetes. Es ist hiefür vielmehr vorausgesetzt die entsprechende innere Haltung (Gottesliebe, Abkehr von der Sünde, Gottvertrauen). Nach dem Grad des durch solche Haltung erworbenen eigenen Verdienstes richtet sich auch das Maß des von der Kirche zusätzlich gewährten Ablasses.

O Herr, durch die Lehre des hl. Abtes Benediktus hast du viele Völker in deinem Dienst geeint; hilf uns auf seine Fürsprache und schenke uns Einheit und Frieden.

EIVS IN OBITV NRO PRE
SENTIA MVNIAMVR
CRVX
S·PA
TRIS
BEN
EDIC
TI·
EX·S·M·CASINO
MDCCCLXXX

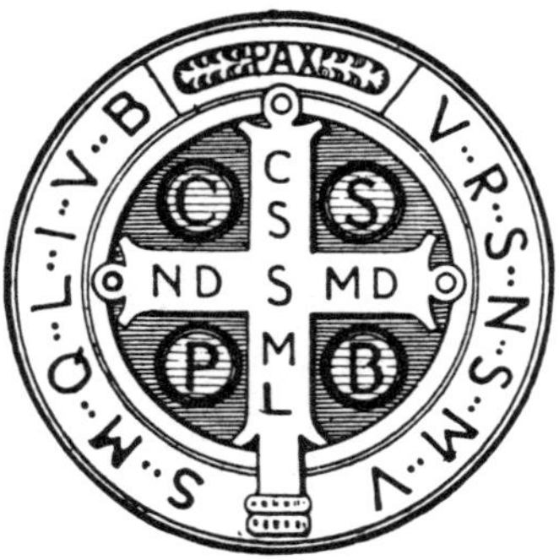
PAX
V·R·S·N·S·M·V
S·M·Q·L·I·V·B
C S
P B
C S S M L
ND MD